UAU
LÍDERES VISUAIS
NOVAS FERRAMENTAS PARA VISUALIZAR E GERIR MUDANÇAS ORGANIZACIONAIS
DAVID SIBBET
implementação
estratégia

LÍDERES VISUAIS

NOVAS FERRAMENTAS PARA VISUALIZAR E GERIR MUDANÇAS ORGANIZACIONAIS

ALTA BOOKS
EDITORA

DAVID SIBBET

ISBN: 978-85-7608-834-3

Impresso no Brasil — 1ª Edição, 2014

Produção Editorial
Editora Alta Books

Gerência Editorial
Anderson Vieira

Editoria de Negócios
Thiê Alves

Supervisão Gráfica
Angel Cabeza

Supervisão de Qualidade Editorial
Sergio Luiz de Souza

Supervisão de Texto
Jaciara Lima

Conselho de Qualidade Editorial
Anderson Vieira
Angel Cabeza
Jaciara Lima
Sergio Luiz de Souza

Design Editorial
Auleriano Messias
Aurélio Silva

Marketing e Promoção
marketing@altabooks.com.br

Equipe Editorial
Claudia Braga
Cristiane Santos
Daniel Siqueira
Elaine Mendonça
Hannah Carriello
Livia Brazil
Marcelo Vieira
Milena Souza
Natália Gonçalves

Tradução
Elisa Vianna Nakaguma

Copidesque
Mateus Colombo Mendes

Revisão Técnica
Carlos Bacci Júnior,
Economista e empresário do setor de serviços

Revisão Gramatical
Patricia N. R. Chaves
Thiê Alves

Diagramação
Lucia Quaresma

Dados Internacionais de Catalogação na Publicação (CIP)

S563l Sibbet, David.
Líderes visuais : novas ferramentas para visualizar e gerir mudanças organizacionais / David Sibbet. – Rio de Janeiro, RJ : Alta Books, 2014.
256 p. : il. ; 17 cm.

Inclui bibliografia, índice e apêndice.
Tradução de: Visual leaders : new tools for visioning, management, & organization change.
ISBN 978-85-7608-834-3

1. Liderança. 2. Comunicação visual. 3. Mudança organizacional. 4. Sucesso nos negócios. I. Título.

CDU 658.012.46
CDD 658.4092

Índice para catálogo sistemático:
1. Liderança 658.012.46

ALTA BOOKS EDITORA

Rua Viúva Cláudio, 291 – Bairro Industrial do Jacaré
CEP: 20970-031 – Rio de Janeiro – Tels.: (21) 3278-8069/8419
www.altabooks.com.br – e-mail: altabooks@altabooks.com.br
www.facebook.com/altabooks – www.twitter.com/alta_books

Este livro é dedicado a todos os jovens líderes que estão encarando os desafios deste século em suas muitas organizações, e para a minha equipe de liderança no The Grove, que levará este trabalho adiante.

Sumário

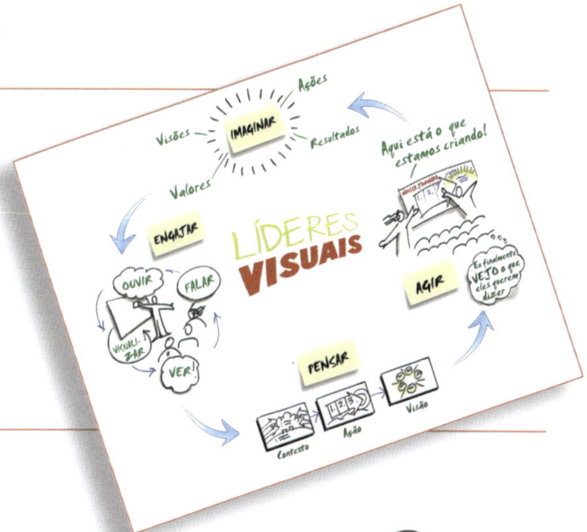

LÍDERES VISUAIS
IMAGINAR
ENGAJAR
AGIR
PENSAR
OUVIR
FALAR
VER!
Aqui está o que estamos criando!

POSSO VER O QUE EU QUERO DIZER!
MODELO MENTAL

Parte Três:
Ferramentas Poderosas para Líderes Visuais

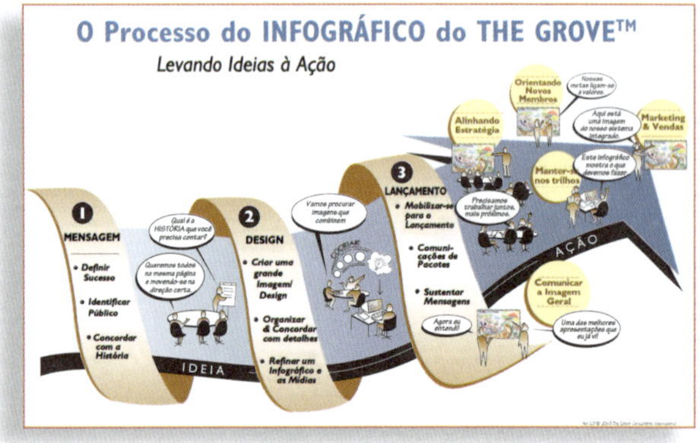

Parte Quatro:
Administrando as Novas Mídias

Parte Cinco:

Liderando a Mudança na Organização

Parte Seis:

Links, Livros & Outros Recursos

SEÇÃO DE TÓPICOS

O QUE HÁ NESTE LIVRO PARA MIM?

I. A Vantagem da Liderança Visual

- Inspire com recursos visuais
- Fixe visualmente a sua identidade
- Conheça maneiras convincentes e consistentes de conseguir aliados
- Aprenda a usar ferramentas para traduzir seu pensamento para os outros
- Apoie a implementação

II. Analisando Sua Própria Liderança

- Diagnostique estilos de pensar
- Aprenda maneiras visuais de pensar sobre sua organização como um sistema inteiro

III. Ferramentas Poderosas para Líderes Visuais

- Ajude seu pessoal a aprender de maneiras diferentes:
  - Visual
  - Verbal
  - Prática
- Reconheça claramente contribuições e realizações
- Colabore visualmente em decisões-chave
- Crie uma responsabilidade forte por meio de planos de cocriação

IV. Administrando as Novas Mídias

- Nutra transparência e confiança
- Engaje trabalhadores virtuais
- Crie fortes memórias de grupo

V. Liderando a Mudança na Organização

- Antecipe os padrões de mudança previsíveis
- Mantenha o pessoal orientado e confiante durante o caos

VI. Links, Livros & Outros Recursos

- Encontre o melhor pensamento sobre a visualização organizacional
- Encontre links para praticantes visuais experientes

Harvard Business Review
How Strategists Really Think
EVOLUTION AND REVOLUTION AS ORGANIZATIONS GROW
The Machine and the Garden
MINTZBERG ON MANAGEMENT
INSIDE OUR STRANGE WORLD OF ORGANIZATIONS
HENRY MINTZBERG
THE FUTURIST
GOVERNMENT AGENCIES
FUNCTION
Gareth Morgan
IMAGES OF ORGANIZATION
The Launching Pad
ASTD VISION 2000

Introdução

Acompanhando uma Revolução Visual

Se você pegou este livro, provavelmente está interessado em visualização e liderança. Talvez você tenha vivência em reuniões visuais nas quais um facilitador usou grandes telas gráficas para registrar conversas. Pode ser que tenha sido solicitado a elaborar um novo plano de negócios ou convencer um sócio a se afiliar à organização, e suspeita que o aspecto visual pode ajudar. Ou, quem sabe, você tenha acabado de ser promovido para uma posição de gerência e precisa alinhar seu pessoal para que vocês possam cumprir seus objetivos. Ou, ainda, você pode adorar usar notas autoadesivas para organizar seus pensamentos.

Você deve ter notado que a geração mais jovem é descaradamente visual. Vídeos, fotos digitais, gráficos, mapas interativos, jogos, filmes e sites já são uma parte integrante da vida no dia a dia. Tudo isso está embutido no contexto de uma revolução maior que está acontecendo na visualização de informações, design gráfico e facilitação visual. Então, vamos presumir que você entende a parte visual.

Você Precisa Desenhar?

Se você está pensando "Eu não consigo desenhar. Não consigo usar essas ferramentas. Este livro é para facilitadores", bem, este livro é direcionado exatamente para você. Líderes, mais do que nunca, precisam saber como usar ferramentas visuais, lidar com praticantes visuais e seus trabalhos, e entender como ajudar sua organização inteira a ser alfabetizada visualmente — principalmente se você não se considera visualmente habilidoso.

Mas nós vamos procurar por algumas evidências para mostrar que você já é uma pessoa altamente visual, mesmo que essa não seja sua maneira preferida de pensar conscientemente. Vamos explorar como você pode tirar vantagem da revolução visual de todas as formas criativas sem ser a pessoa que faz os desenhos e designs. Vamos ver como você pode trabalhar com praticantes visuais para focar o apoio deles para conseguir os melhores resultados. E você aprenderá a aprimorar seu próprio pensamento sobre como metáforas e modelos mentais funcionam para filtrar e focar as comunicações. A visualização é uma parte crítica da excelência em liderança em nosso tempo. O propósito deste livro é fornecer a você o entendimento e a prática que lhe garantem a possibilidade de tirar toda a vantagem dessa revolução.

PARA QUEM É ESTE LIVRO?

Novos Gerentes
Líderes de Equipes
Chefes de Departamentos
Líderes de Unidades
Supervisores
Diretores
Líderes de Grupos
Executivos
Líderes Comunitários
Diretores de Entidades
Sem Fins Lucrativos
Empresários
Treinadores Executivos
(Coaching)
Presidentes de Conselhos
Assistentes Executivos
Equipe de RH Executivo
Consultores de Gestão
&
Praticantes Visuais
que trabalham com líderes

Este Livro É para Líderes e Gerentes

Você também pode estar se perguntando se é um líder e se este livro lida com seus tipos de desafios. Meus mentores insistem que liderança e gerência caminham juntas, no sentido de que a maioria dos líderes precisa gerir a execução, além de ajudar a moldar a direção e os objetivos. Considerando isso, este livro compartilhará ferramentas para a visão e estratégia — afazeres-chave para líderes designados — mas também inclui ferramentas que são formidáveis para a implementação. Este, no entanto, não é um livro sobre liderança em geral — existem muitos outros bons já publicados (encontrados na última seção, sobre links e recursos). Mas existem poucos livros, se é que existe algum, que foque diretamente a liderança visual.

Você Conhecerá Heróis Sem Nome

Líderes visuais são colaboradores que frequentemente são heróis não-aclamados. Você conhecerá Betsy Stites e Pam Hull, do Sistema de Saúde da Health East em St. Paul, Minnesota; Evert Lindquist, professor de administração pública na Universidade de Victoria; David Warren, consultor de TEDx em Santa Cruz; Luke Hohmann, da Innovation Games Company; Don Neubacher, superintendente do Parque Nacional de Yosemite; e John Schiavo, antigo diretor-chefe executivo da Otis Spunkmeyer. Nenhum deles usa muitos marcadores. No entanto, eles "compreendem" a importância de suas organizações utilizarem elementos visuais para conseguir resultados e possibilitar que as pessoas que trabalham com eles adquiram as comunicações visuais de uma maneira contínua e produtiva. Todas elas são pessoas que estão tirando vantagem da facilitação visual — uma categoria mais ampla da visualização visando as comunicações de grupos de apoio, tomada de decisões e desenvolvimento organizacional.

Você É um Pensador Visual?

Dan Roam escreveu o popular (e recomendado) livro *Back of Napkin: Solving Problems and Selling Ideas with Pictures*. Ele gosta de conduzir votações informais em seus workshops, perguntando "Quem são pessoas caneta preta, quem são pessoas caneta amarela, e quem são pessoas caneta vermelha?". Bem, você não pode responder a isso sem saber o que significa. Pessoas caneta preta são aquelas que não conseguem resistir a usar um quadro branco ou cavalete, se houver um disponível, para expressar suas ideias. Dan diz que cerca de 25% das pessoas estão nessa categoria. As pessoas caneta amarela são aquelas que não conseguem resistir a destacar e parafrasear diagramas e desenhos que outros fizeram. Dan declara que cerca de 50% se encaixam nessa categoria. Muitos líderes se encaixam aqui e dependem de facilitadores habilidosos e equipes de canetas pretas. Pessoas caneta vermelha são aquelas que acham que os gráficos simplificam demais as coisas. Geralmente são especialistas que resistem a trabalhar de maneira colaborativa. Alguns se irritam bastante com visualizações. Dan diz que uns bons 20 a 25% estão nessa categoria. Qual delas é você?

Este livro é escrito tanto para as pessoas caneta preta quanto para as caneta amarela. No entanto, mesmo que você seja uma pessoa caneta vermelha, pode apreciar o valor da visualização quando terminarmos. Pense sobre ter consciência de seus próprios filtros mentais e lentes como um desafio de visualização. Considere que a atividade de desenhar é, na verdade, tanto um processo de pensar quanto de produzir algo concreto a partir desse processo. Há uma extraordinária sutileza no desafio de visualizar algo — principalmente coisas sistêmicas como processos de ponta a ponta, cenários e infraestruturas. Não importa qual tipo de líder você seja, a visualização é um desenvolvimento que você gostaria pelo menos de conhecer.

Quadro Geral da Visualização

Perceba, à medida que for lendo este livro, que ele lida com a vanguarda de um fenômeno muito amplo. Para alguns, a palavra visualização apenas sugere análise de computador de um grande fluxo de dados. Para outros, significa visualização científica ou compartilhar imagens em smartphones. Para muitos, significa usar visuais para facilitar reuniões. Como, em qualquer campo que você tente entender, é útil ter um mapa, então nós começamos com um. Evert Lindquist, diretor da Escola de Administração Pública na University of Victoria, na Colúmbia Britânica, criou um deles como uma maneira de ajudar analistas que estavam auxiliando políticos a compreenderem como eles podiam usar elementos visuais para fazer um trabalho melhor. Sua pesquisa de campo o levou a identificar três domínios. Eles são mapeados nesta página.

VOCÊ É DO TIPO CANETA PRETA, AMARELA OU VERMELHA?

- ❑ **PRETA:** Não resiste a desenhar e esboçar quando cavaletes e quadros brancos estão disponíveis.
- ❑ **AMARELA:** Não resiste a destacar e comentar os desenhos de outros.
- ❑ **VERMELHA:** Irrita-se com desenhos simples de assuntos complexos.

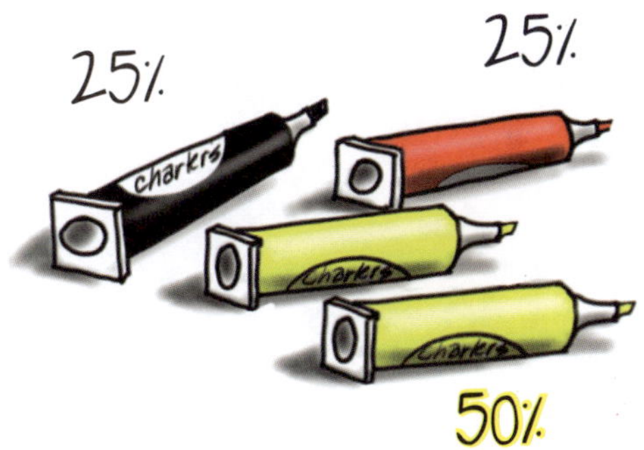

LINDQUIST/SIBBET
MAPA PARA O MUNDO DA VISUALIZAÇÃO

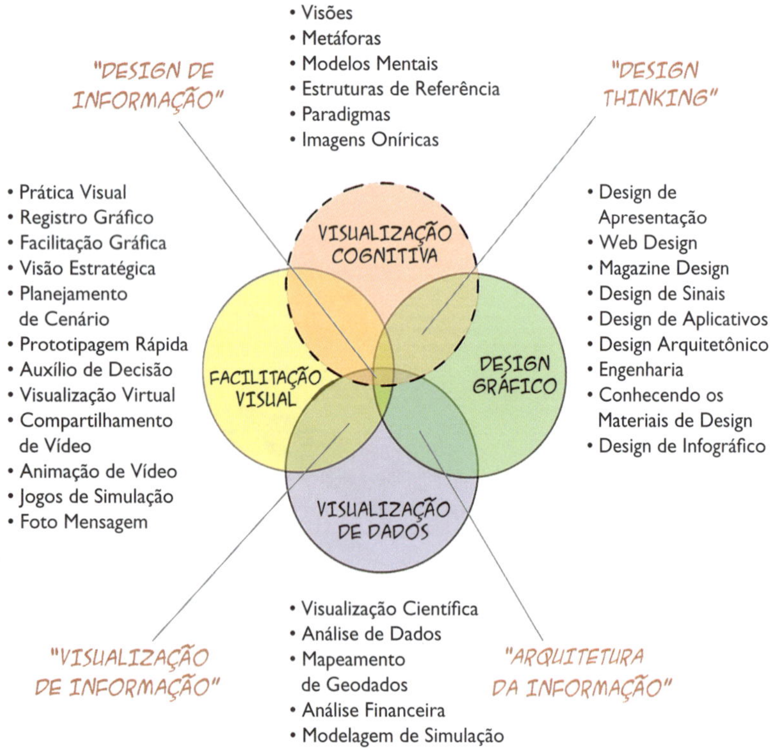

Elaborei este diagrama em colaboração com Evert Lindquist, diretor e professor da Escola de Administração Pública, University of Victoria, Canadá. Mantenha em mente que termos e limites são fluidos e estão em evolução e debate contínuos.

1. **Visualização de Dados:** Este domínio inclui a visualização científica de todos os tipos, análises financeiras e de dados, modelagem, mapeamento de geodados e todos os outros tipos de visualização que dependem de poderosos softwares de visualização. Este livro não é sobre esse assunto, embora o problema de comunicar resultados analíticos com tomadores de decisão o seja.

2. **Design Gráfico:** Tudo o que é feito, no mundo físico e no das mídias, é projetado por alguém. Arquitetos, engenheiros, projetistas de software, web designers, designers gráficos e muitos outros profissionais usam a visualização como uma habilidade central no trabalho que realizam, e seus produtos são visuais. Isso foi verdade por muito tempo, mas, até recentemente, a maior parte do conhecimento sobre os métodos e técnicas desses profissionais era confinada às escolas profissionais. No entanto, desde a década de 1970, essas maneiras de trabalhar têm se espalhado além dos limites do design, dando origem ao "design thinking" como uma habilidade aceitável para líderes.

3. **Facilitação Visual:** Este é um termo para a crescente prática de facilitação visual do planejamento estratégico, implementação estratégica, formação de equipe, solução de problemas grupais e os muitos tipos de trabalho em equipe. O Fórum Internacional de Praticantes Visuais, uma associação de facilitadores e gráficos profissionais em período integral, está em seu décimo sétimo ano, com milhares de praticantes independentes. Quase todas as grandes e pequenas firmas de consultoria agora usam a visualização ativamente para o auxílio de decisões estratégicas, inovação, desenvolvimento de estratégia e planejamento de todos os tipos. A maioria das grandes empresas têm centros de

inovação e pesquisa que operam com esse tipo de ferramentas. É primordialmente sobre esse campo que este livro trata, porque suas ferramentas são algumas das mais poderosas para os líderes visuais entenderem.

Quando Evert dividiu seu diagrama comigo inicialmente, eu reconheci um arquétipo profundamente embutido no trabalho, com um elemento faltante. (Um arquétipo é um padrão muito difundido e comumente compreendido.) O que faltava era a outra extremidade do continuum da visualização de dados, aquilo que existe entre as orelhas, na imaginação das pessoas que usam essas ferramentas. Nela está incluída a questão de como a visualização funciona nos nossos processos cognitivos, com o aspecto mais estruturado sendo o mundo de modelos mentais e metáforas. Esse aspecto é incluído aqui como um quarto domínio, uma ramificação da ciência cognitiva, e rotulado como visualização cognitiva. O que pertence a esse domínio?

4. **Visualização Cognitiva:** Inclui visões pessoais, metáforas, modelos mentais e outras estruturas de referência que guiam e moldam o nosso comportamento. É a conexão desses elementos com suas manifestações externas em quadros e mídias que tornam os materiais visuais significativos. É um domínio essencial a se incluir! Peter Senge, em seu popular livro *A Quinta Disciplina: Arte e Prática da Organização que Aprende* (Best Seller, 2009), identifica visão, modelos mentais e sistemas de pensar como três das cinco disciplinas (ao lado de trabalho em equipe e responsabilidade pessoal). Essas são todas visualmente baseadas e se referem às maneiras estruturadas pelas quais nós filtramos e interpretamos as informações. Com visão, nós imaginamos oportunidades e bens futuros. Nós elevamos metáforas à qualidade de modelos mentais que filtram nossas informações. Entendemos nossos sistemas de organização e a maneira como eles funcionam através dessas lentes internas.

Como você pode ver, este é um universo enorme a se considerar. Este livro foca nos dois domínios mais relevantes para a liderança ativa — os domínios de visualização cognitiva e de facilitação visual — e sete ferramentas essenciais que, em 40 anos de experiência de visualização, têm surgido como as ferramentas básicas que um líder deve conhecer. Dentro dessa estrutura, examinaremos insights, práticas e ferramentas que qualquer líder pode usar.

A VISUALIZAÇÃO PODE AJUDAR NA COMPLEXIDADE?

Evert Lindquist, professor de administração pública na University of Victoria, que ajudou a fazer o Mapa para o Mundo da Visualização, na última página, representa um número crescente de pessoas tentando tirar sentido da revolução da visualização. Ele escreveu um trabalho sobre o assunto:

"No século XXI tem havido um amplo reconhecimento de que a complexidade é um desafio inerente ao desenvolvimento da política pública [...]. Uma maneira de abordar a complexidade é com tecnologias de visualização, variando da projeção de achados de grandes conjuntos de dados, a encontrar formas criativas de exibir informações e engajar equipes e comunidades no reconhecimento da complexidade e identificar as direções estratégicas."

Ele buscou ajudar os assessores políticos a fazer recomendações melhores. Mas ele poderia ter sido um tecnólogo no Google esperando para tirar sentido de fluxos de dados, ou um biólogo molecular sondando o funcionamento interno de células cancerígenas com simulações visuais, ou ainda um membro do America Speaks conduzindo fóruns comunitários para milhares de pessoas de uma vez e visualizando temas de entradas de rede. A complexidade é um desafio inerente em todos os níveis da vida organizacional, e uma maneira de lidar com ela é utilizar técnicas de visualização.

Este livro vai ajudá-lo a entender dois dos domínios e estimular compreensões que devem ser relevantes para os outros.

(Quadros vermelhos serão usados neste livro para histórias que você pode usar ao explicar a visualização de ideias para os seus colegas.)

Este livro foca nos dois domínios mais relevantes para a liderança ativa — os domínios de visualização cognitiva e de facilitação visual — e sete ferramentas essenciais que, em 40 anos de experiência de visualização, têm surgido como as ferramentas básicas que um líder deve conhecer.

Você Poderá Usar Este Livro de Três Maneiras

1. **Aprimorando sua perspectiva pessoal e seus pensamentos:** Começar consigo mesmo é sempre uma boa prática de liderança. A visualização é uma porta de entrada para compreender suas próprias visões, estratégias e planos de implementação. É um caminho para apreciar a interconexão e totalidade das coisas. Este livro deve ajudá-lo a entender que tipo de organização você está liderando e quais tipos de consciência e estruturas mentais são úteis. Várias molduras explanatórias bastante poderosas são visualizadas neste livro, com convites a usá-las para explorar suas próprias percepções sobre a organização que você lidera — seja uma equipe, uma unidade dentro de uma organização maior ou a organização inteira.

2. **Comunicando direções e planos:** A visualização se torna uma ferramenta poderosa quando se trata de se comunicar com outros sobre o que eles devem fazer, como todos os pedaços e partes da sua organização funcionam juntos, e como os eventos fluem com o passar do tempo para conseguir resultados. Você terá um monte de ideias que pode usar pessoalmente para implementar planos e sustentar mudanças sem precisar ser um especialista em desenho ou na criação de elementos visuais. Os conceitos se aplicam tanto para as comunicações presenciais como virtuais. Você também será capaz de pensar sobre as várias ferramentas e plataformas que estão disponíveis para a facilitação visual.

3. **Capacitando o aprendizado organizacional e a criatividade:** O encorajamento de reuniões visuais e de métodos visuais da equipe em toda a organização se dirige diretamente à necessidade de aumentar a excelência criativa, inovadora e operacional. As pessoas aprendem e mudam melhor quando engajadas em processos que são interativos, orientados pela descoberta e adaptáveis. Você aprenderá como conseguir que seus subordinados diretos e outros líderes-chave adotem a linguagem visual e experienciem a aceleração no entendimento e colaboração.

Organização de Líderes Visuais

Parte Um: A Vantagem da Liderança Visual irá orientá-lo sobre por que é uma vantagem tão grande usar a visualização, e discorrerá sobre as sete ferramentas que são essenciais para a liderança visual eficaz. Essa parte também lidará com o que todo gerente deve saber sobre conduzir reuniões visuais caso queira trabalhar com registros visuais, facilitadores e consultores visuais.

Parte Dois: Examinando Sua Própria Liderança convidará você a começar com seu próprio desenvolvimento — não importa se você está abrindo sua própria empresa, supervisionando um departamento ou divisão em uma que já está organizada, ou se mantendo nas mais altas posições do mercado, governo e organizações sem fins lucrativos. Um líder que é inconsciente de seu próprio "sistema operacional" para fazer sentido de organização terá muito menos sucesso do que um que é consciente. Esta parte define algumas das ideias-chave, distinguindo metáforas, modelos e sistemas operacionais. Ela introduz o Modelo de Organizações Sustentáveis como uma forma de determinar qual tipo de organização você dirige e como os elementos visuais podem ajudar. Esta parte termina com sete exercícios práticos que você pode fazer pessoalmente para impulsionar o seu QI visual.

O coração deste livro é a *Parte Três: Ferramentas Poderosas para Líderes Visuais*. Um capítulo para cada ferramenta revê exemplos de casos, ferramentas, exercícios e adaptações visuais. Essas ferramentas são sobre escolha e implementação de uma estratégia. Esta parte foi escrita na suposição de que você pode se familiarizar o suficiente para guiar sua equipe e outros líderes utilizando essas ferramentas — não necessariamente usando-as todas diretamente.

Parte Quatro: Administrando as Novas Mídias aborda diretamente o papel do líder no que se refere à nova tecnologia. Não mais é aconselhável que os líderes fiquem à margem e deixem que os especialistas em tecnologia ditem os meios pelos quais uma organização se comunica. A mídia molda a percepção de todos. Ela fornece vantagens para certas formas de pensar e operar, e evita outras. Vamos examinar como você pode ser uma boia e um farol nesse novo mundo ao usar sua presença online como um "indicador de organização" para focar atenção e também ajudar a determinar as plataformas que outros usarão.

LÍDERES VISUAIS AJUDARÁ VOCÊ E SUA ORGANIZAÇÃO A OBTER VANTAGEM DA REVOLUÇÃO DA VISUALIZAÇÃO

A visualização está transformando o mundo do trabalho e o papel dos líderes em uma era de comunicações globais e de crescente complexidade. Este livro é um guia para aumentar sua própria alfabetização visual e sua habilidade de ajudar os outros com a deles. Oferece ferramentas comprovadas que alcançam resultados.

REUNIÕES VISUAIS AUXILIA O CICLO DE APRENDIZADO DE UM GRUPO

Reuniões Visuais explica como você pode usar registros gráficos, lembretes e mapeamento de ideias ao imaginar, engajar, pensar ou agir em reuniões. É repleto de descrições muito práticas e detalhadas sobre como conduzir diferentes atividades de visualização. Também revê o Teclado Gráfico de Grupo e as sete escolhas de arquétipos para a organização de painéis.

Parte Cinco: Liderando a Mudança na Organização ilustra como todas as ferramentas consideradas nos capítulos anteriores entram em ação quando você está guiando sua organização em uma mudança. Um mapa prático, bem desenvolvido, dos estágios e ferramentas para mudança está incluso neste capítulo. Um capítulo final considera como você pode usar estruturas e planos visuais para fornecer ambientes seguros para a mudança, como um casulo para uma borboleta durante a transformação.

Como *Reuniões Visuais* e *Equipes Visuais, Líderes Visuais* inclui uma parte final, a *Parte Seis: Links, Livros e Outros Recursos,* que compartilha a bibliografia sobre liderança e visualização que inspirou este livro.

Para Mais Conhecimento sobre Ferramentas Visuais

Embora este livro seja uma extensão direta de *Reuniões Visuais* e *Equipes Visuais,* foi escrito para ser lido independentemente. Se, no entanto, você estiver interessado em mais detalhes sobre os tipos de reuniões visuais e ferramentas, técnicas e métodos de equipes visuais que você pode querer apresentar na sua organização, estes livros anteriores adicionarão uma camada inestimável de riqueza ao seu entendimento.

Reuniões Visuais: Como Gráficos, Lembretes Autoadesivos & Mapeamento de Ideias Podem Transformar a Produtividade de um Grupo analisa como as pessoas podem usar a visualização para auxiliar um ciclo de aprendizado e implementação em reuniões. É organizado em torno de um ciclo de aprendizado simples que começa com a imaginação, muda para o comprometimento, depois pensamento, e depois ação. Foi escrito para qualquer um que conduza reuniões, não apenas facilitadores gráficos profissionais, e se concentra em técnicas que qualquer um pode usar para ser visual, até pessoas que não têm habilidades de desenho. Ele descreve o Teclado Gráfico de Grupo, uma articulação dos sete arquétipos básicos para a exibição de informação em um quadro ou tela.

Equipes Visuais: Ferramentas Gráficas para Comprometimento, Inovação & Alta Performance explora como uma equipe pode usar métodos de reuniões visuais através de todo o arco de seu trabalho, não apenas em reuniões mas também entre elas. Ele se aprofunda nas novas mídias, no trabalho virtual e no desafio da mobilidade e sugere que muito pode ser ganho ao aprender a trabalhar como designers

— usando protótipos, interação e visualização do começo ao fim. Também usa a linguagem visual para descrever o Modelo Drexler/Sibbet de Performance de Equipe (MPE). O MPE é uma ferramenta amplamente aceita que fornece uma interface de usuário gráfica para pensar sobre os desafios previsíveis tanto da criação como da sustentação da performance da equipe. *Equipes Visuais* é uma cartilha altamente visual para conseguir resultados em todos os tipos de equipe. Ele também inclui capítulos sobre a subjacente Teoria dos Processos que permeia todos estes três livros.

Líderes Visuais complementa os dois primeiros livros da série ao se dirigir diretamente àqueles de vocês que são responsáveis pelos resultados de suas organizações no geral, não apenas pela performance da equipe e eficácia das reuniões. Se você, ao final, ler todos os três livros, verá que o tipo de pensamento visual sugerido aqui fornece uma maneira integrada de pensar sobre dinâmicas organizacionais de uma perspectiva não somente micro, mas também macro. Encontrar e ajudar a integrar a miríade de modelos mentais e ferramentas que pululam no espaço do desenvolvimento da liderança tem sido uma das minhas paixões, e do The Grove, no passar dos anos. A visualização tem sido uma parte essencial dessa pesquisa.

Minha Base para Escrever sobre Liderança Visual

Este livro é o resultado de 40 anos de experiência de campo direta, minha e de uma ampla rede de colegas ao redor do mundo. Não é o produto de pesquisa acadêmica. Os exemplos são desenhados de uma base excepcionalmente ampla de experiência direta com organizações, tanto nas Américas quanto no exterior. Eu tive a boa sorte de estudar tanto liderança quanto visualização em conjunto, construindo oito anos de desenvolvimento de liderança baseada em experiência com o Centro Coro de Liderança Cívica no litoral de São Francisco. Elementos-chave foram os estágios intersetoriais em organizações governamentais, políticas, de negócios, de trabalho, mídias e comunitárias. Líderes nesses setores foram nossos campos de estudo, em todas as esferas da vida pública. A orientação intersetorial do Coro continuou no meu grupo, The Grove Consultants International, que começou em 1977.

Nós trabalhamos em todos os tipos de negócios em todos os níveis, tanto sem fins lucrativos, quanto em agências governamentais e grupos comunitários na América do Norte e Sul, Europa, África e Ásia.

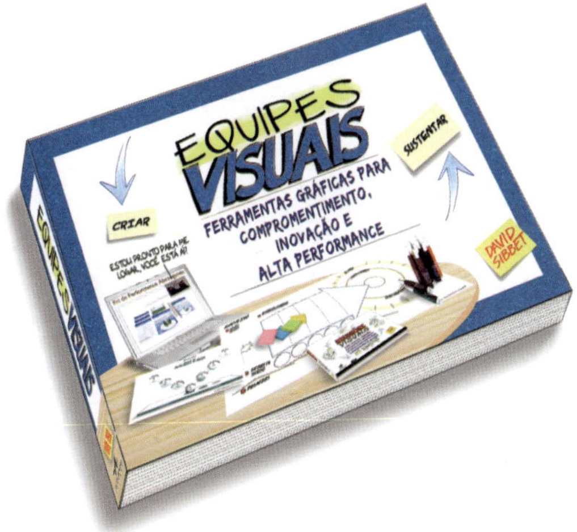

EQUIPES VISUAIS EXPLICA COMO CRIAR E SUSTENTAR A PERFORMANCE DA EQUIPE COM ELEMENTOS VISUAIS

Equipes Visuais se baseia em *Reuniões Visuais* e mostra como usar esses métodos através de todo o arco do processo de equipe, incluindo as partes entre as reuniões. Também fornece uma interface de usuário gráfica para pensar sobre a dinâmica de equipe com o Modelo Drexler/Sibbet de Performance de Equipe. Os sete desafios de equipes de alta performance são explicados em detalhes e relacionados a ferramentas que ajudam a encontrá-los. Os capítulos incluem histórias detalhadas sobre diferentes tipos de equipes visuais de alta performance.

TODO APRIMORAMENTO É FEITO NA ÁREA PROIBIDA...

Ao longo dos anos, Buckminster Fuller, um dos pensadores mais gerais e inventivos dos nossos tempos, tem sido uma grande inspiração. Tenho uma citação dele em meu estúdio desde que comecei a trabalhar como empresário e consultor organizacional. Eu perdi a referência, mas aqui está a citação:

"Todo aprimoramento é feito na área proibida. Você não pode reformar o homem, e não pode aprimorar sua situação onde ele está... mas quando você tiver feito coisas tão boas aí fora na área proibida que não possam deixar de ser reconhecidas, então gradualmente elas serão buscadas e assimiladas."

Isso está finalmente acontecendo no que diz respeito à visualização em reuniões e equipes. A nova área proibida é para os líderes serem visuais e visíveis. Então, se você é um jovem líder ou um novo antigo líder, ou um antigo líder que está pronto para uma mudança, venha.

Aqueles de nós envolvidos na facilitação visual têm a experiência única de ter nosso entendimento e aprendizado escrutinados publicamente em cada passo do caminho. Como facilitadores gráficos, levamos equipes de gerência a entender visualmente suas visões, estratégias e planos, assim como hipóteses sobre o ambiente, concorrentes e forças de trabalho. Essa escuta está registrada. O feedback é imediato. Pensamento descuidado e entendimento superficial não duram muito. Como líder e inovador no campo de desenvolvimento organizacional, eu me importo profundamente em dividir meu aprendizado com a próxima geração. Contar histórias reais protege contra a armadilha em que muitos livros de negócios acabam caindo, que é projetar um tipo de "verdade" e autoridade que acoberta o fato de que o mundo de organizações e liderança é inerentemente ambíguo e dependente do contexto. É importante dividir o conhecimento adquirido dos insights intuitivos e da experiência real por parte daqueles de nós que "estiveram lá e fizeram isso" no que tange a estratégia e mudança organizacional.

Um outro viés guia este livro. É a suposição de que o conhecimento é criado por cada um de nós por meio de nossas experiências diretas e não apenas pelo aprendizado e repetição de conceitos. A ideia original de *conhecimento* é que ele é o "know-how". É o entendimento de como colocar ideias em ação. Essa orientação segue querendo ser o mais acessível possível com sugestões práticas sobre coisas que você mesmo pode fazer. Até que você brinque pessoalmente com essas ideias e as coloque em prática por si mesmo, você não vai realmente "conhecê-las".

A tecnologia está renovando a visualização como uma verdadeira fronteira. Você não precisa mudar sua organização para começar. Você apenas precisa começar consigo mesmo e encorajar alguns outros. Se um número suficiente de nós começar a se inclinar para esse caminho, então talvez nossos netos experienciarão um mundo no qual as organizações são lideradas por pessoas que conseguem manter uma noção do todo enquanto trabalham em partes — importando-se com suas interconexões assim como com sua vantagem competitiva.

Agradecimentos

Muito mais pessoas contribuíram para as ideias deste livro do que é possível agradecer aqui. Em *Reuniões Visuais* e *Equipes Visuais* reconheci as muitas pessoas que me guiaram para esse trabalho de visualização como uma profissão e me ensinaram sobre reuniões e equipes. Meus muitos colegas, sócios, parceiros e equipe no The Grove Consultants International têm sido inestimáveis. Eu não repetirei esses agradecimentos.

Em relação a este novo trabalho sobre liderança e organização, existem algumas pessoas que merecem uma menção especial. Meu pai, um pastor, liderou cinco igrejas diferentes ao longo de seus anos ativos (que terminaram quando ele deixou a Igreja Congressional Trindade em Weaverville aos 92 anos!). Robert Denton, MD, PhD, meu padrinho e médico do interior, acreditava em medicina geral e pensamento geral. Sua esposa Betty Denton, enfermeira e técnica de pesquisa, acabou sendo a prefeita de nossa cidade natal, Bishop, na Califórnia. Aim Morhardt, meu professor de arte no ensino médio — pesquisador, compositor e artista — exemplificou a liderança criativa e viu e acreditou no brilho dos meus olhos. Essas pessoas moldaram a minha orientação para o serviço público e a liderança.

Meu trabalho específico em liderança começou na Fundação Coro, hoje chamada de Centro Coro de Liderança Cívica. A Coro foi iniciada em 1942 e foi pioneira em educação de liderança baseada na experiência. Muito do meu trabalho cresceu a partir dos oito anos que passei na Coro nos anos 1970. Donald Fletcher, seu fundador, moldou o aprendizado Socrático. William A. Whiteside, diretor do Centro de Los Angeles onde fui membro em 1965, seguiu para criar a Corporação de Reinvestimento da Vizinhança, uma organização de treinamento de liderança disfarçada de um programa de reabilitação domiciliar. Ele foi imitado em centenas de cidades, através de seis administrações, e ainda funciona hoje como NeighborWorks. Estou em débito com esses homens e com a grande rede de líderes da Coro por aprender a pensar em um nível sistêmico sobre assuntos metropolitanos e liderança.

Michael Doyle e David Straus, cocriadores do Interaction Associates, me apresentaram à facilitação. Ambos exemplificaram ao serem líderes pensadores em um campo profissional emergente. No início do meu trabalho, aprendi a Teoria do Processo com o grupo de estudos de Arthur M. Young no Instituto para o Estudo da Consciência em Berkeley, Califórnia. As teorias de Young são uma integração magistral de ciência contemporânea e metafísica tradicional e se tornaram o sistema operacional subjacente em todo o meu trabalho, incluindo todos os três livros nas séries de John Wiley & Sons sobre visualização.

Martin Paley, um dos mais inovadores filantropos a trabalhar em fundações comunitárias nos anos 1980, forneceu um exemplo extraordinário de liderança visual, ao apoiar amplamente a facilitação gráfica mas não ser pessoalmente um praticante. Nós trabalhamos juntos em muitos cenários de mudança em organizações, incluindo o Conselho Nacional de Fundações. Eu aprendi trabalho de estratégia e mudança com um grupo de consultores de gestão sênior, todos os quais foram convencidos de que a visualização era essencial para suas lideranças. Obrigado a David Cawood em Vancouver, Rob Eskridge do Growth Management no Sul da Califórnia, Allan Drexler em Annapolis, Juanita Brown no litoral de São Francisco e Ranny Riley de São Francisco. Rob continua a ser um aliado próximo e colaborador. Allan se tornou um sócio no desenvolvimento do Sistema de Performance de Equipe. Ranny Riley me trouxe para a equipe que estava auxiliando na criação da Universidade Apple e da Experiência de Liderança Apple nos primórdios do mandato de John Sculley. Jim Ewing, nosso consultor de desenvolvimento executivo, Lenny Lind, fundador da CoVision, e Jim Kouzes, que passou a definir os principais hábitos dos líderes, estavam todos na equipe Apple e se mantiveram colegas próximos.

Brian O'Neil, o superintendente carismático da Área de Recreação Nacional da Golden Gate, um dos maiores parques nacionais do país, apoiou cedo as práticas visuais e trouxe o The Grove para dentro da transformação do Presídio em um parque nacional. The Grove continua a trabalhar extensivamente com os parques nacionais. Uma equipe de mudança no Semicondutor Nacional no começo dos anos 1990 fez da visualização uma âncora em seus esforços bem-sucedidos para resgatar a empresa de uma quase-falência. Auxiliado pelo CEO Gil Amelio e seu assessor, Bob Miles, a equipe de mudança se transformou em praticantes visuais habilidosos e liderou amplamente a reengenharia e a organização de processos de estratégia. Reconhecimentos especiais para Kevin Wheeler, diretor da Universidade Nacional, que compareceu a um workshop do Grove e achou que a maneira visual de trabalhar seria útil. Barbara Waugh e Srinivas Sukumar dirigiram as funções de recursos humanos e estratégia, respectivamente, nos Laboratórios Hewlett-Packard (HP) nos anos 1990. Nós trabalhamos próximos, em um processo de vários anos de transformação de visão e organização que foi o berço de muitas das ferramentas que se tornaram padrão nesse trabalho. Barbara compreendeu o poder da "audição visual". Sukumar acabou aplicando essas lições em trabalhos interculturais na Índia e apoio para Indianos da Califórnia na área de San Diego. Em outra parte da HP, Vivian Wright, estudante de longa data e gerente muito bem-sucedida, tornou-se uma pioneira em trabalhar virtualmente e inovou no que é possível com a prática visual. Ela continua a inspirar pela maneira como faz seu trabalho global virtual.

Durante toda a década de 1990, o The Grove foi um parceiro estratégico com O Instituto para o Futuro (IFTF), colaborando em um Projeto de Usuários de Groupware que definiu o campo de softwares colaborativos e reuniu quase 50 grandes organizações e agências governamentais em um projeto de clientes múltiplos que gerou seis ou sete estudos a cada ano. (Veja o Capítulo 17 em *Equipes Visuais* para uma visão geral do rico aprendizado que nós experienciamos.). Eu devo muito a Bob Johansen, nosso líder, campeão e exemplo de liderança visual. Em grande parte por conta de sua influência e da tutela do Grove, a visualização se tornou uma assinatura do IFTF.

Tamio Nakano, diretor de comunicações na Hakuhodo propagandas em Tóquio, começou a fazer workshops como uma nova forma de trabalhar com clientes no Japão e levou a visualização adiante no final dos anos 1990. Ele e sua equipe interna me ensinaram muito sobre visualização intercultural. Scott Kriens, quando era CEO da Juniper Networks durante um período crítico no começo da década de 2000, usou sua liderança visual para alinhar a empresa para crescimento e transição ao novo CEO. John Shiavo, recentemente aposentado como CEO da Otis Spunkmeyer, demonstrou como a liderança visual poderia criar raízes em uma empresa de porte médio em crescimento, que não possuía nem uma equipe de recursos humanos quando começamos a trabalhar juntos. Recentemente, trabalhos intensivos na Nike, Inc. confirmaram quão poderosa a prática visual pode ser em uma empresa maior. Agradecimentos especiais vão para Susan Kerosky, diretora da Global Procurement, uma líder visual e facilitadora exemplar. Devo agradecimentos especiais a Betsy Stites e Pam Hull do Sistema de Saúde HealthEast em St. Paul, Minnesota. Elas foram líderes-chave em um grande processo de visualização e alinhamento no início dos anos 2000 e me ajudaram a descobrir como o trabalho com Infográficos pode terminar progredindo e evoluindo para uma prática visual sob suas inspiradas lideranças. A colaboração delas ao contar a história completa do projeto

Jornada de Qualidade baseou este livro em um exemplo inspirador de liderança visual em prática. Craig Svendsen, o chefe responsável pela área de qualidade médica na HealthEast, forneceu algumas validações maravilhosas sobre a utilidade da prática visual para a sua autorreconhecida inclinação em direção à "análise do lado esquerdo do cérebro".

Finalmente, eu gostaria de estender alguns agradecimentos especiais a Meryem LeSaget, minha colega de muito tempo de Paris, que me ajudou no começo do desenvolvimento do Modelo de Organizações Sustentáveis. Ela é uma autora sindicalizada bem conhecida sobre gestão e liderança na França e é apaixonada por encontrar e dividir as melhores ideias na área. Seu apoio e sua parceria intelectual têm sido inestimáveis.

Como é meu terceiro livro com John Wiley & Sons, passei a apreciar profundamente meu editor, Richard Narramore, e sua assistente, Lydia Dimitriadis. A orientação paciente e o trabalho detalhado de Richard sobre estrutura geral e intenção forneceram o equilíbrio crítico para o meu apetite versátil para o pensamento de quadro geral. Ele é ávido sobre levar adiante ferramentas que gerentes em ascensão podem realmente usar. Eu compartilhei sua paixão. A quantidade de detalhamento que é necessária para levar de fato um livro como este para a publicação não seria possível sem alguém como Lydia.

Este livro e a série sobre visualização em três livros não teriam sido possíveis sem o total apoio da minha equipe no The Grove Consultants International — Megan Hinchliffe, Bobby Pardini, Laurie Durnell, Tiffany Forner, Rachel Smith, Tomi Nagai-Rothe, Donna Lafayette, Noel Snow, Andrew Underwood, Ed Palmer e Thom Sibbet, meu filho mais velho e colega de negócios desde 1985. Jerda Sibbet, minha filha, ajudou com a produção. Eles são a verdadeira personificação da prática visual.

Não há palavras que possam expressar quão importante minha querida esposa, parceira intelectual, e poeta/professora Susan tem sido. Nós dividimos uma vida mental rica, assim como uma família grande, jardins e as artes.

Parte Um:
A Vantagem da Liderança Visual

Parte Um:
A Vantagem da Liderança Visual

1: Sete Ferramentas Essenciais Este livro começa revisando as ferramentas mais essenciais para a visualização que um líder deve ter em seu kit. A Parte Três dedica-se a elaborar essa questão. Esta visão global abrange o uso de metáforas e modelos, facilitação gráfica, modelos gráficos, cenários de decisão, roteiros, infográficos, vídeo e o que você pode fazer com visualização virtual.

2: Vendo os Resultados em Ação Este capítulo conta a história de líderes visuais em uma empresa de assistência médica que aprenderam a usar muitas das ferramentas essenciais aqui citadas. Eles não tinham habilidades em desenho ou experiência em visualização, mas conseguiram resultados incríveis e se movimentaram para tornar a visualização uma maneira padrão de trabalhar em sua organização. O caso é intercalado com práticas que você pode usar imediatamente.

3: Como Conduzir Reuniões Visuais Este capítulo cobre o que todo gerente deve saber sobre como trabalhar com reuniões visuais e praticantes visuais. Líderes definem as normas de como todos se relacionam em reuniões. Há espaço criativo para moldar expectativas e oportunidades se você possui uma ideia clara de quais resultados gostaria de alcançar.

1. Sete Ferramentas Essenciais

Metáforas & Modelos, Reuniões Visuais, Modelos Gráficos, Salas de Decisão, Roteiros, Infográficos & Vídeo

Você alguma vez já se dispôs, em sendo adulto, a aprender algo novo, como praticar um esporte ou tocar um instrumento musical? Você provavelmente já sabe algo sobre seja lá o que pretende aprender, ou não estaria atraído, mas as chances são de que você não aprendeu a disciplina subjacente ou praticou o suficiente para dominar o assunto. Se tiver sorte, encontrará um professor que tenha experiência e saiba como reunir os elementos de base certos sobre os quais você pode adquirir mais proficiência. É um processo de um passo de cada vez.

Se você é um jovem já imerso em mídias visuais, se beneficiará de ver o que uma pessoa experiente como eu descobriu que funciona através de uma ampla gama de líderes de organizações. Você pode checar para certificar-se de que suas habilidades estão bem fundamentadas.

Se for mais experiente, talvez já tendo aprendido a ler sua própria forma de "partitura" para liderança, pode se aprofundar para ampliar seu repertório ao aprender um pouco da teoria e prática subjacentes, as quais lhe permitirão improvisar em diferentes situações e diferentes organizações.

Começando com o que Está Comprovado

Na música, começar com simplicidade, passo a passo, com os elementos básicos que todo músico sabe, faz a diferença. O objetivo, se você está estudando jazz, é ter liberdade de improvisação. Curiosamente, porém, um bom professor fará o aluno começar o aprendizado constrangendo-o a executar melodias básicas, tons e acordes, em vez de partituras com todas as notas. Partituras não ensinam de verdade o que a música é, nem encorajam uma ampla gama de variações possíveis. Se você coloca o básico primeiro, em pouco tempo sua capacidade de tocar pulará para um outro nível. Ferramentas de visualização funcionam exatamente como os componentes básicos da música. Assim como nesta, você aprenderá melodias específicas (estratégias e práticas) que soam bem, mesmo em seus estágios mais básicos. Essa abordagem levará em consideração a liderança visual. Por todo o caminho adiante estão histórias que explicam a "música" e exercícios que ensinarão o básico a você. Praticando-os como sugerido neste livro, você irá literalmente ver os resultados. Em razão deste livro ser escrito por líderes e gerentes, incluí o básico sobre aprimorar seu QI visual, bem como treinar e guiar suas equipes para trabalhar visualmente de maneira que elas não dependam necessariamente de você para fazer tudo. Este capítulo é para orientação, e então cada ferramenta terá o seu próprio capítulo na Parte Três. À medida que você começar a entender as ideias básicas, nós as ampliaremos para mais além, e espera-se que você venha a ter uma noção maior do mundo da visualização que o aguarda. É, em cada aspecto, tão vasto quanto a música!

O que É uma Ferramenta Visual?

"Ferramenta" é obviamente uma metáfora. É usada para indicar coisas tangíveis que você pode fazer para conseguir os resultados desejados. Toda ferramenta é um produto de alguma intenção de fazer algo. Com o uso repetido, uma ferramenta evoluirá e se tornará refinada. Uma boa ferramenta tem um uso central, mas também é utilizável para outras coisas além das indicadas. Por exemplo, um bom martelo pode ser usado para abrir uma porta. Neste livro, a metáfora *ferramenta* indica qualquer processo, ou prática, distinto e passível de aprendizado que pode ser descrito e repetido para conseguir um efeito, tal como a estrutura Quatro Fluxos nesta página.

Pensar sobre todas as ferramentas que um líder visual pode usar ajuda a entender os desafios repetitivos que um líder precisa conhecer, em qualquer situação, nos níveis mais gerais. Do ponto de vista mais amplo possível, seu desafio é focar a consciência organizacional, apoiar o empenho do seu pessoal, esclarecer insights para as coisas certas a serem feitas e estabelecer iniciativas e projetos próprios. Um modelo simples de Objetivos de Liderança é ilustrado na próxima página (uma improvisação dos Quatro Fluxos). As sete ferramentas essenciais são aquelas que você pode usar para alcançar esses objetivos.

Perceba que qualquer generalização como essa objetiva revelar os elementos de fundação, não todas as variações, assim como na música. Ao ler este capítulo, deixe sua experiência pessoal ressoar com os exemplos e trabalhe sua própria adaptação a essa estrutura.

PENSAMENTO EM QUATRO FLUXOS

A estrutura dos Quatro Fluxos é uma ferramenta-chave para facilitadores, mas também se relaciona à liderança. Você deve ter notado a faixa de quatro tons de azul que cruza as páginas de abertura das Partes destes livros e dos anteriores. É uma maneira gráfica de indicar as quatro maneiras como os humanos tiram sentido das coisas. Em termos comuns nós falamos sobre espírito, alma, mente e corpo. Carl Jung as identificou como intuição, sensação, pensamento e percepção do saber. Aqui nós as chamamos de atenção, energia, informação e operações. Todas as ferramentas em liderança e gerência visam lidar com elas separadamente ou em conjunto.

Cartunistas usam gráficos adimensionais, dimensionais, bidimensionais e tridimensionais para mostrar a mesma ideia.

Objetivos de Liderança

Ed Friedrichs, ex-CEO da Gensler, uma firma de arquitetura grande e muito bem-sucedida, diz: "Líderes focam em fazer as coisas certas e gerentes focam em fazer certo as coisas. Você precisa de ambos em uma organização, mesmo que muitas vezes as pessoas tenham inclinações para um jeito ou outro". Este livro é escrito para ambos, então, mantenha-os em mente ao examinar os cinco objetivos ilustrados nesta página. No nível mais geral, líderes e gerentes focam no que precisa ser feito, com quem, em quais momentos e com que qualidade.

UM APARTE SOBRE MNEMÔNICOS

Especialistas em memória sabem há tempos que a visualização é a chave para o tipo de memória que os mágicos e ilusionistas que se apresentam ao vivo demonstram. Um antigo chefe de equipe da Casa Branca imaginava, de manhã, o seu dia e todos os assuntos e eventos como pratos em cima de um fogão em uma cozinha. Ele imaginava quais estavam nos queimadores da frente, quais estavam nos de trás e quais estavam ao lado sendo preparados, configurando o dia inteiro desse jeito. A imagem o ajudava a lembrar de tudo. Modelos visuais como esse abaixo, com acrônimos memoráveis, são maneiras de lembrar informações importantes sem ter que tomar notas. Não os confunda com o próprio mundo real. Use-os como lentes, olhando através delas para ver tanto o que se encaixa quanto o que não se encaixa na sua situação atual.

Tudo se resume a nutrir o máximo de entendimento de todas as coisas certas a se fazer distribuídas o mais amplamente possível através de sua organização. Em sistemas vivos, as instruções de DNA estão em todas as células!

FERRAMENTAS ESSENCIAIS QUE AJUDAM A MANEJAR OS FLUXOS

As sete ferramentas essenciais são organizadas na ordem na qual você iria provavelmente aprender a implantá-las. Elas se aninham umas nas outras como acordes na música. Aqui elas estão colocadas visualmente nos seus centros de foco, mas, como acordes musicais, elas podem ser tocadas de muitas maneiras diferentes.

Cada ferramenta é na verdade um conjunto de ferramentas. A Parte Três fornece exemplos específicos que você pode colocar em uso de imediato, em paralelo com as histórias de líderes que usaram tais ferramentas com sucesso. Isso lhe dará uma noção de aonde as ferramentas podem levá-lo se você aprender a usá-las regularmente. Como a intenção deste livro é dar a você o suficiente, como líder, para orientar sua equipe e consultores em como ajudá-lo, esses últimos capítulos não se estendem em detalhes técnicos, mas sim, focam no propósito e resultados esperados dos quais geralmente essas abordagens tratam.

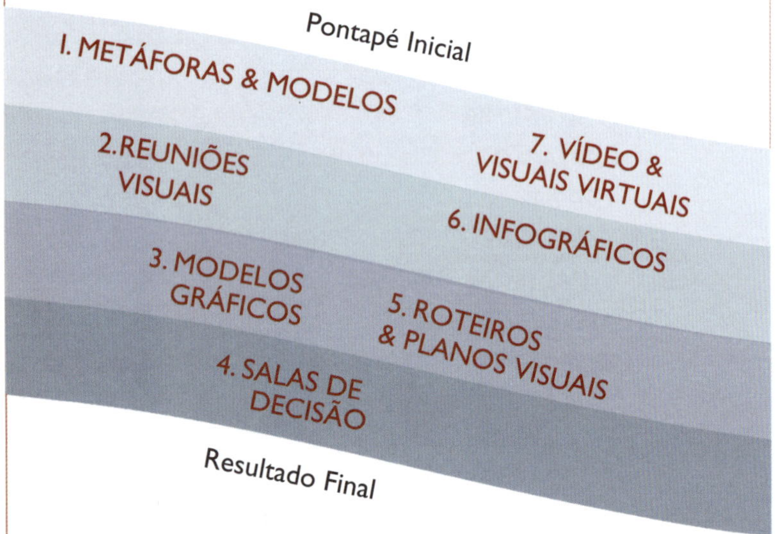

O que Significa "Entender"?

Você pode reconhecer na analogia do DNA na página anterior um viés em direção a pensar nas organizações como sistemas vivos (diferentes de sistemas mecânicos). Em sistemas vivos o DNA contém a história de como diferentes partes do organismo devem crescer e se comportar. Se uma célula em uma planta se encontra subterrânea, ela sabe ser uma raiz. Se ela se encontra no final de um galho, se transforma em uma folha. Não há "comando central" em uma planta.

A lição dessa analogia é que quando as pessoas realmente sabem como os seus trabalhos se relacionam com objetivos maiores e têm um entendimento completamente desenvolvido da maneira como devem fazer seus trabalhos, a organização funciona mais eficazmente. Desenvolver esse entendimento geral sobre as coisas certas a se fazer é o trabalho básico da liderança e um poder-chave da liderança visual.

As ferramentas compartilhadas neste livro são algumas das maneiras mais eficazes de criar o entendimento real dos seus subordinados diretos e outras pessoas acerca da maneira como a organização precisa funcionar. Algumas dessas ferramentas também são sobre auxiliar a fazer as coisas da maneira certa — o trabalho do gerente.

Você verá que as escolhas nas quais as ferramentas visuais são essenciais focam-se naquelas que convidam a *mais* em vez de menos compromisso e que capacitam a *mais* em vez de menos entendimento. As pessoas precisam responder a novas ideias e jogar com elas para criar conhecimento real. Assistir a uma apresentação de slides não sustenta esse tipo de aprendizado. Trabalhar interativamente com visualização faz — presumindo que você queira nutrir consciência, empenho, insight e propriedade — um nível de entendimento traduzir-se em resultados reais.

Sete Ferramentas Essenciais para Líderes Visuais

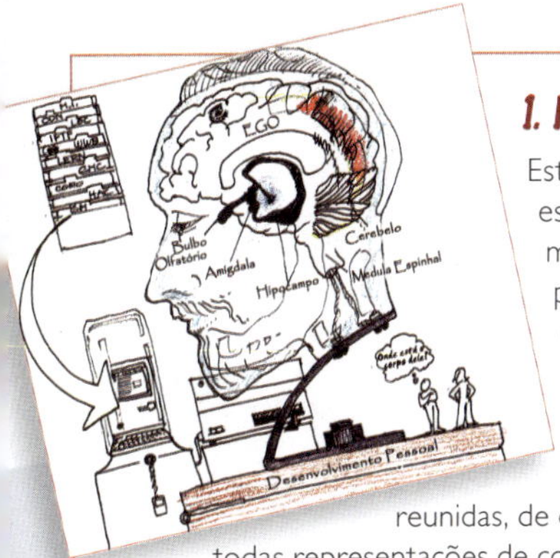

1. METÁFORAS & MODELOS

Este primeiro conjunto de ferramentas essenciais para líderes visuais consiste nas metáforas visuais e modelos que você usa para filtrar seu entendimento de como as coisas funcionam em sua organização.

Se você pensar bem, seu cérebro nunca saiu do crânio! Todas as imagens, figuras, sons, cheiros e memórias foram reunidas, de dados sensoriais primários, por você! São todas representações de coisas no mundo externo e não do mundo propriamente dito. Nós entendemos o que não sabemos ao comparar com o que nós sabemos, ou comparando com algum modelo que aprendemos. Isso é pensamento metafórico. Metáforas visuais são o padrão de entendimento que nós podemos visualizar explicitamente. O Capítulo 7 as explora com alguma profundidade.

Perguntas-chave para Questionar-se

- ❑ Posso tornar-me ciente de quando uso pensamentos metafóricos?
- ❑ As metáforas e os modelos mentais que são significativos para mim são significativos para minha equipe e para a organização?
- ❑ Sei como conectar meus pensamentos com imagens e histórias memoráveis em comunicações visíveis?
- ❑ Algumas das minhas metáforas e modelos mentais funcionam como o sistema operacional de um computador e podem ser compartilhadas amplamente?
- ❑ Aprender a visualizar minhas metáforas e meus modelos centrais vai me ajudar a impulsionar meu QI visual?

2. REUNIÕES VISUAIS

Reuniões visuais são aquelas em que você usa a visualização ativamente para inspirar, engajar, dar suporte aos pensamentos e sancionar esse apoio. Inclui tanto as coisas que você, como líder, faz com os elementos visuais, como também o apoio visual que pode conseguir dos outros. A coisa mais poderosa sobre ser interativo com elementos visuais é que você consegue quatro coisas imediatamente — mesmo que os gráficos não sejam praticados.

O Poder das Reuniões Visuais

IMAGINAÇÃO: Imagens geram novos pensamentos.

PARTICIPAÇÃO: O comprometimento aumenta imediatamente.

PENSANDO NO QUADRO GERAL: A exibição é a chave para que se pense no sistema como um todo, para que se vejam relações e se desenvolvam entendimentos alinhados por todo o grupo.

MEMÓRIA GRUPAL: Visualizar produz um produto memorável que todos veem ser criado. A retenção aumenta. O ímpeto do processo de acompanhamento é mais forte.

O Capítulo 8 explicará isso em mais detalhes.

Ferramentas Essenciais, continuação

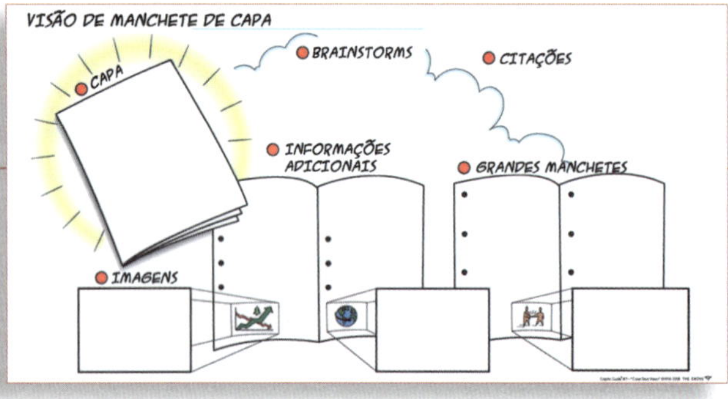

3. MODELOS GRÁFICOS

Uma maneira eficaz de ser visual sem facilitadores ou consultores é usar modelos gráficos simples tanto para coletar informações como para ter relatórios de equipe e outros. O modelo acima é um modelo de visualização popular do The Grove chamado "Guia de Visão Gráfica da Manchete de Capa." O Capítulo 9 aborda muito mais.

Modelos gráficos possuem áreas pré-estruturadas para informação e são projetados para otimizar a capacidade de todos em observar relações importantes.

Benefícios de Usar Modelos Gráficos

INSIGHT: Fazer o modelo gráfico requer que você e sua equipe determinem a informação mais relevante a ser compartilhada.

PANORAMA: Modelos colocados ao redor da sala criam um cerco total de informação para que todos possam ver relações críticas.

RETENÇÃO: Modelos podem ser enrolados e desenrolados em outra sala sem quase nenhuma perda de memória e podem se destacar de outras comunicações por serem grandes e, ainda assim, facilmente compartilhados por meio de fotografias digitais.

4. SALAS DE DECISÃO

Ver a floresta **e** as árvores é essencial durante a tomada de decisões. Como líder, você precisa saber como pedir à equipe, e a outros que estejam auxiliando você, para exibir informações críticas de maneira a aprimorar a tomada de decisões. Grande parte disso envolve pensar sobre o que precisa ser comparado com o quê. Muitas das melhores ferramentas são grandes matrizes com lembretes colados.

O Capítulo 10 mostrará como criar salas de decisão simples que você mesmo pode operar, e como preparar outras mais complexas para grupos maiores. O design de salas de decisão ajuda a aperfeiçoar o uso de ferramentas de reuniões visuais e de modelos gráficos.

Aqui está uma maquete de uma sala de decisão de uma equipe de gestão feita na Second Life. É moldada a partir do design de espaço do The Grove no Presídio. Algumas organizações, como a Procter & Gamble, possuem espaços inteiros, como seus ginásios, dedicados a sediar reuniões especiais que são altamente visuais.

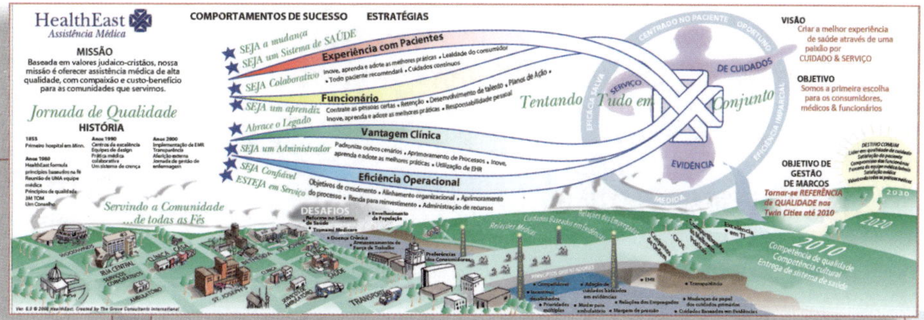

5. ROTEIROS & PLANOS VISUAIS

Você pode imaginar gerenciar projetos sem cronogramas e gestão de marcos? Mas muitas ferramentas de gestão de projetos são detalhadas demais para usar no seu papel de liderança de manter a atenção nas coisas certas e encorajar a execução dentro do prazo. Os roteiros e planos de ação visuais descritos como uma ferramenta essencial para líderes visuais são visualizações de alto nível — essencialmente "mapas de rodovias" (para continuar a metáfora de direção) — que permitem a você e aos demais líderes de sua equipe contar uma história de visão geral alinhada sobre grandes projetos e planos.

O gráfico abaixo é um roteiro que o Serviço Nacional de Parques usou para orientar o público para a conversão da Base do Exército de Presídio em um parque nacional, hoje chamado Presidio Trust. O Capítulo 11 explica como isso foi criado e como você pode conseguir que a equipe crie roteiros de alto nível e outros planos visuais que auxiliarão a implementação.

Principais Aplicações dos Roteiros

COMPROMISSO COM A IMPLEMENTAÇÃO: Envolva a liderança na implementação fazendo com que eles cocriem mapas e planos.

ANDAMENTO DO PROJETO: Foque a organização nas principais gestões de marco.

ENGAJAMENTO DO INVESTIDOR: Seja capaz de explicar o processo facilmente para aqueles não diretamente envolvidos.

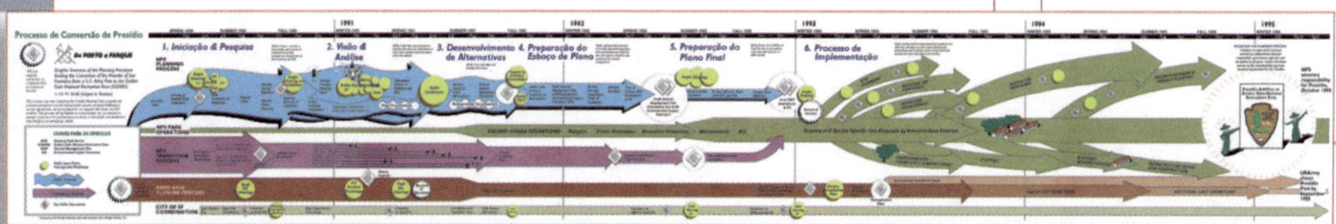

6. INFOGRÁFICOS

Murais grandes e cartazes que integram histórias, visões, desafios, valores, comportamentos críticos e outras ideias-chave em um único gráfico são chamados de "infográficos" pelo The Grove, ou murais por outros. Durante mudanças culturais ou qualquer mudança organizacional de grande impacto, essas ferramentas ajudam as pessoas a conectar visões e objetivos à cultura que as pessoas experienciam todos os dias.

Você geralmente cria grandes murais com a ajuda de designers de informação internos ou externos. O seu papel é guiar qual história você precisa contar e como usar o processo de criação para alinhar sua equipe de liderança. O infográfico de Qualidade de Jornada é um exemplo. O processo, descrito no Capítulo 2, foi liderado por dois gerentes internos, que não eram designers de informação mas sabiam quem e o que precisava estar envolvido.

Principais Aplicações dos Infográficos

ALINHAMENTO: Use o produto para alinhar a linguagem-chave e objetivos.

MUDANÇA DE CULTURA: Faça com que todos entendam quais comportamentos precisam mudar para alcançar as suas visões e objetivos.

AUTENTICIDADE: Providencie uma forma de você e outros líderes se mostrarem autênticos e pessoais — e conte sua história de uma maneira flexível.

DIÁLOGO ORGANIZACIONAL: Itere os infográficos para mostrar que você está escutando.

Ferramentas Essenciais, continuação

7. VÍDEO & VISUAIS VIRTUAIS

Vídeo, smartphones e tablets estão mudando a maneira de todo mundo trabalhar. Como líder, você precisa saber como usar essas ferramentas eficientemente, quais são suas vantagens e como pode garantir que suas equipes possuam a infraestrutura correta para o trabalho visual a distância.

Este livro não é sobre mídias sociais, mas descreverá como os outros seis conjuntos de ferramentas essenciais podem funcionar virtualmente em seminários online e conferências. Irá também explorar como você pode ser um "indicador" mais consciente para a atenção organizacional. O vídeo é uma maneira cada vez mais poderosa de realizar isso. Existem boas opções emergentes, além de produções de vídeo muito caras e profissionais. O Capítulo 13 explora essa área.

O Poder dos Visuais Virtuais

FOCANDO A ATENÇÃO: Uma consequência de haver tanta comunicação digital é que ela torna mais difícil passar pelo "barulho" e manter o foco de todos nas coisas importantes. Novas mídias podem ajudar, se você souber como.

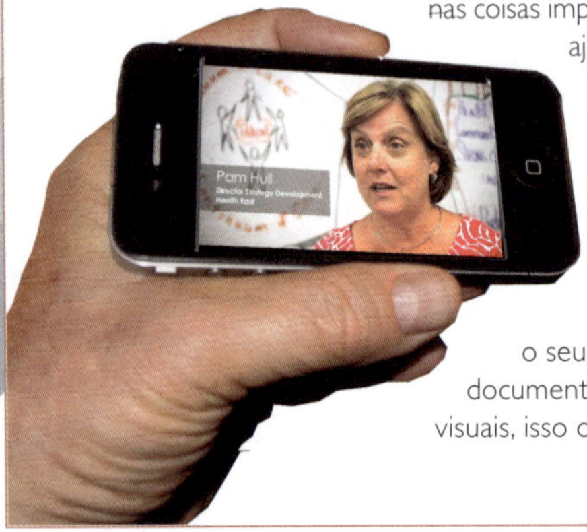

TOQUE PESSOAL: Vídeos capturam movimento e emoção melhor que qualquer outro meio. Existem maneiras de combinar vídeos com outras ferramentas.

MEMÓRIA MÓVEL: Se o seu pessoal puder referenciar documentos-chave de maneiras fáceis e visuais, isso os ajudará a lembrar.

Perguntas para um Novo Líder Visual

Este capítulo começou comparando aprender a visualizar com aprender a tocar piano. As ferramentas essenciais são como os diferentes acordes que você pode tocar. Todas elas usam notas visuais, por assim dizer — palavras, ícones e formas da linguagem gráfica a fazem funcionar. À medida que você seguir com a leitura, mantenha estas perguntas em mente:

1. Como eu mesmo, enquanto líder, posso usar a visualização?
2. Com quais ferramentas devo começar?
3. O que é linguagem visual e como ela funciona?
4. Quais são as regras básicas da improvisação?
5. Como posso fazer com que os outros me ajudem com a visualização?

Traga a Liderança Visual à Vida

Por mais útil que um livro em quatro cores seja, ao mostrar a você diferentes exemplos de trabalho visual, ele não fornece a experiência de como é ter esses visuais evoluindo e se desenvolvendo em tempo real durante um processo de cocriação. Você terá que imaginar isso tudo durante todo o caminho. Para ajudá-lo, o próximo capítulo revisa uma história real, na qual muitas dessas ferramentas foram usadas com bastante eficácia. Isso deve auxiliá-lo a imaginar o que é possível. Outra forma é fazer os exercícios incluídos neste livro. O verdadeiro poder da visualização está na *ação* — no fazer. Desenh*ar* e diagram*ar* são de fato maneiras de pensar, assim como, para alguns, falar é uma forma de pensar. O Capítulo 5 inclui exercícios específicos que você pode fazer para experienciar por si mesmo esse aspecto importante da visualização.

2. Vendo os Resultados em Ação
Por que Líderes se Tornam Visuais

Betsy Stites e Pam Hull tinham um problema. Elas tinham completado um processo de estratégia focado em sua organização, o HealthEast Care System em St. Paul, Minnesota, e decidiram alcançar um grande objetivo: ser a "referência de qualidade em Twin Cities". Os cinco hospitais e inúmeras clínicas que compunham a organização tinham uma boa reputação. Entretanto, custos crescentes, Medicare, reforma do sistema de saúde, e demandas cada vez maiores por qualidade vindas de órgãos regulatórios e de seus próprios consumidores estavam levando-as a fazer mais. O problema era como! "Havia muita incerteza", Betsy reflete. "Qualidade é algo muito etéreo. Nós tivemos que descobrir uma maneira de integrar as coisas de um ponto de vista organizacional e cultural." Isso soa familiar?

A história da HealthEast incorpora muitos exemplos de como você pode responder a tal situação com liderança visual. Como líder, você define ou herda objetivos e, então, tem que estimular sua organização para descobrir como realizá-los. Se você é um novo líder, esta história lhe dará uma

É UM MAPA DE VERDADE!

NÃO EXATAMENTE, MAS ESSE É O ESPÍRITO!

MODELOS GRÁFICOS

A HealthEast começou a trabalhar visualmente depois que sua chefe de desenvolvimento de liderança, Betsy Stites, e a diretora de desenvolvimento estratégico, Pam Hull, aprenderam sobre modelos gráficos em workshops no The Grove Consultants International. O Capítulo 9 explicará em mais detalhes como eles funcionam. A seguir está um modelo que Betsy e Pam usavam frequentemente.

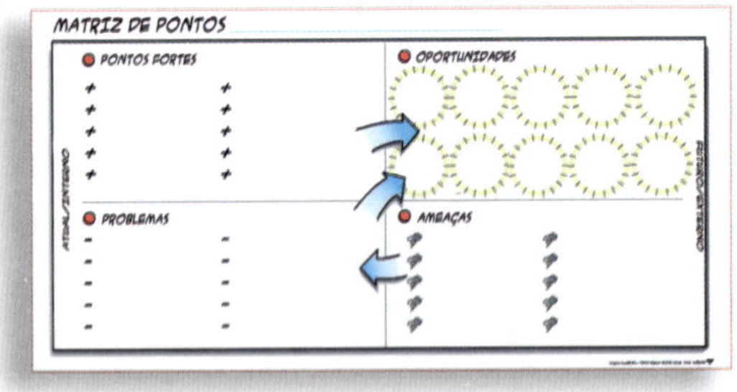

Este modelo de PONTOS é uma das estruturas de estratégia mais antigas (geralmente chamada de SWOT). Ela permite que um grupo veja os pontos fortes, os problemas, as oportunidades e as ameaças, como um sistema, e não como elementos separados.

noção do que será capaz de fazer com um pouco de prática. Caso seja alguém mais experiente, pode confirmar o que funciona na prática e aproveitar algumas ideias novas.

Betsy e Pam eram gerentes de médio escalão na HealthEast e tinham experiência em conseguir resultados em sua organização. Em 2007, Betsy era uma consultora organizacional interna, responsável pelo desenvolvimento de liderança, trabalhando dentro do sistema para ajudar a fortalecer a organização e sua cultura. "É realmente uma organização extraordinária. Nós somos a empresa de assistência médica mais ecumênica dos Estados Unidos, o resultado de fundir, nos anos 1980, cinco sistemas diferentes baseados na fé", Betsy notou. Mas isso quase os levou à falência. Voltar tinha sido um trabalho duro, mas eles conseguiram. A liderança firme de seu CEO, vice-presidentes (Vps) experientes e uma organização empenhada fizeram a diferença. Eles investiram em desenvolver a organização, e foi por isso que Betsy, uma enfermeira de formação e líder veterana na HealthEast, estava focada na cultura.

Betsy é dotada de uma energia sem limites e de um brilho contagiante. Ela é paciente e esperta também. Mas levantar os ânimos para todos trabalharem juntos não é o suficiente. Uma aliada estratégica era Pam Hull, a "diretora do sistema de desenvolvimento estratégico". Pam era centrada na estratégia. Elas tinham trabalhado o foco duplo da estratégia e cultura durante os anos 1990. No entanto, Pam estava com as mãos completamente ocupadas na tarefa de alinhar as pessoas nos planos. Tais empresas são notoriamente difíceis de gerir, com tensões embutidas entre administradores e equipe médica, entrelaçadas com profissionais de enfermagem pressionados — todos atormentados por legiões de acionistas, governo e a comunidade.

Betsy Tem uma Ideia

Betsy foi apresentada à prática visual em um pequeno workshop com Joan McIntosh em Minnesota, no qual ela viu Joan fazer mágica em reuniões com a facilitação gráfica — basicamente ouvindo todo mundo e mapeando as ideias interativamente em tempo real. Joan foi treinada no The Grove Consultants International, líder nesse campo. Pam aprendeu sobre visualização em um workshop de planejamento participativo em St. Paul, Minnesota. Pam e Betsy começaram usando modelos gráficos simples para focar o planejamento — coisas como os gráficos de Pontos (mostrado na página anterior). "Muitas das pessoas-chave foram expostas a essa maneira de trabalhar porque nós realmente adoramos os modelos gráficos", Betsy disse. "Eu não sou boa para desenhar, mas sempre adorei o Mapeamento Mental e ser visual. Nós estávamos conseguindo resultados."

Em 2007, Betsy foi a uma reunião de renomados líderes no campo de desenvolvimento organizacional na Califórnia. Estava bem curiosa sobre no que mais o The Grove estava trabalhando. Ela aprendeu sobre como é eficaz usar grandes infográficos e recursos visuais. Algo estalou. "Nós precisamos criar uma história visual da HealthEast e uma visão para os nossos programas de qualidade irem para frente", ela escreveu em um e-mail no final de 2007. "Você pode vir se encontrar com a gente e ver se é possível?" Olhando em retrospectiva, ela disse que acreditava que esse processo de visualizar o caminho à frente traria a concordância de todos sobre linguagem, ações concretas *e* como o trabalho comportamental que ela vinha fazendo era centrado em uma história coerente capaz de ser compartilhada. Mas nenhuma delas tinha visto isso feito de fato.

Esse foi o início de um processo que levou a HealthEast a se tornar uma cultura organizacional visualmente alfabetizada, que literalmente via o caminho para conseguir resultados. Esta história contém muitas das lições sobre as quais precisamos começar a pensar, e exemplos de várias das ferramentas descritas em mais detalhes nos capítulos seguintes. Boa parte delas podem ser usadas independentemente de um grande processo como este.

Sobre o que Estamos Falando?

Betsy e Pam sabiam que precisavam de uma equipe de projeto para concordar com a visualização da Jornada de Qualidade e suas ligações com a estratégia geral. Elas escreveram um conjunto de objetivos e explicações da abordagem e convenceram o chefe médico, líderes em enfermagem, estratégia, comunicações e o Instituto de Qualidade a formar uma equipe de projeto para ver o que poderia ser feito. A lista de objetivos que elas elaboraram é mostrada na próxima página. Embora o grupo fosse positivo quanto à visualização, não se tinha visto tal coisa ser feita em grande escala em murais. Pam e Betsy se encontraram individualmente com cada um deles para explicar e compartilhar amostras de

VOCÊ ESTÁ TRABALHANDO COM UM MARTELO OU COM UMA CAIXA DE FERRAMENTAS?

Existem muitas ferramentas envolvidas na liderança visual. Você pode ter algumas favoritas. Espera-se que este capítulo dê uma noção de como uma caixa de ferramentas inteira se parece. Seja você um líder iniciante ou mais experiente, ter uma variedade de escolhas lhe permite sair da armadilha de sempre procurar por pregos porque tudo o que você tem é um martelo.

Ao longo deste livro, quadros como este explicam ferramentas úteis e ideias visuais (como esta) que você pode colocar em seu kit e usar imediatamente, mesmo sem contar com profissionais especializados.

OBJETIVOS DA EQUIPE DE PROJETO NA JORNADA DE QUALIDADE

No final de 2007, muitos gerentes na HealthEast se predispuseram a alinhar a organização em relação a como ela conseguiria alcançar um objetivo ambicioso de qualidade em 2010 que a liderança havia previamente estabelecido. Uma comunicação por e-mail listou o que eles esperavam realizar. É claro que estavam cientes do poder da visualização (*observe abaixo os componentes em itálico que são visualmente distintos*).

- Crie uma *estrutura de visão* e alinhamento de líderes executivos.
- Demonstre que tudo o que a HealthEast está fazendo tem um propósito e está vinculado a um melhor cuidado com o paciente em todos os aspectos.
- Forneça uma *exibição gráfica e visual, ferramentas* e *linguagem* para contar a história de qualidade HealthEast/2010.
- Estabeleça conexões dentro do ambiente atual, *consolide uma imagem única.*
- *Forneça ferramentas consistentes* para nos ajudar a expandir o desenvolvimento de liderança.
- Posicione sua organização para o futuro; não apenas cuidados específicos ou um hospital focado, mas o sistema inteiro, e o que tornará todos bem-sucedidos.
- Use o *mapa* como uma plataforma para a tomada de todas as decisões e cenários prioritários em Minnesota.

Se você pensar bem, e-mails escritos dessa forma são uma maneira de comunicação visual. Comunicar os objetivos em um conjunto mapeável de tópicos bem escritos ajuda todos a ficarem focados e inicia a conversação necessária para o verdadeiro alinhamento.

outras organizações. “A equipe médica e o pessoal da qualidade eram os mais preocupados”, Betsy diz. “Eles estavam tendo problemas em comunicar como a qualidade na determinação dos marcos a serem alcançados era a ponta de lança da estratégia da HealthEast para seguir em frente. Eles precisavam de uma maneira de explicar e contar a história.” Quando lhe perguntaram como ela conseguia que as pessoas assinassem o projeto, Betsy disse, “Somos muito respeitadas em nossa organização. Acho que as pessoas confiam em nossa reputação”. Quando elas se reuniram com Tim Hanson, o CEO, ele foi cauteloso, fazendo jus ao que um bom líder de uma organização colegiada, típica de uma empresa de assistência médica nos EUA, é treinado para ser. Ele disse que poderia dar seu apoio se todos os VPs fizessem o mesmo. Isso estabeleceu o parâmetro para Betsy e Pam.

Pense em momentos nos quais você tinha um grupo de acionistas-chave os quais de certa forma entenderam o que você estava falando quando sugeriu uma nova ideia. É um desafio comum. Você acha que uma comunicação clara e simples e uma oportunidade real resultam em todos concordando? Normalmente, não. Líderes precisam repetir as coisas infinitamente, principalmente em relação a visões predominantes, objetivos e expectativas. As pessoas estão simplesmente concentradas em seus próprios compromissos e preocupações. É preciso não apenas a repetição de comunicações mas uma imersão em uma experiência bem-sucedida que tenha algo diferente que consiga movimentar o pessoal. Isso foi o que Betsy e Pam concluíram. A equipe de projeto precisava observar a visualização em ação e ser convencida de que funcionava. (Como leitor, você precisa ser capaz de imaginar isso também, uma vez que nós estamos partindo de uma história real que alcançou resultados reais.)

Primeira Reunião da Equipe de Projeto

A oportunidade de criar uma experiência real veio no final de 2007 em uma reunião da nova Equipe da Jornada de Qualidade em Minnesota. Betsy estava de férias, e o chefe de Pam, responsável pelo planejamento estratégico, a substituiu. Craig Svendsen, um dos maiores acionistas e chefe da área de qualidade médica e do Instituto de Qualidade, mandou sua subordinada direta, Karen MacDonald, à reunião. Com a ausência de Betsy e Pam, Susan Nelson, uma líder operacional muito eficiente no setor de qualidade da organização, liderou. Os dois quadros nesta página ilustram a agenda dessa primeira reunião e os participantes. Vê-los serem criados foi, para alguns, a primeira experiência do que pode ser possível com elementos visuais.

Metáforas e Mapas

Esses quadros são exemplos de algumas das sete ferramentas essenciais para a liderança visual em ação. Uma é a **facilitação visual**. Duas outras estão refletidas aqui: **metáforas** e **mapas**.

Considere o nome usado para esse projeto — "A *Jornada* de Qualidade". Consegue "ver" a metáfora? Não foi um acidente a palavra *jornada* estar incorporada no nome do projeto. Em todas as sessões anteriores de planejamento estratégico e processos de formação do Instituto de Qualidade, as pessoas sabiam muito bem que a única maneira pela qual poderiam conseguir alinhamento e foco das organizações maiores seria com um processo *muito* cativante, ao longo do tempo. Teria que ser uma experiência imersiva. As pessoas simplesmente não mudam seu comportamento rapidamente e não mudam se não *sentem* ser necessário.

Na Apple, durante os primórdios da MacIntosh, Steve Jobs mandou imprimir camisetas com o slogan "A Jornada é a Recompensa." Elas se tornaram uma preciosidade, posteriormente. A declaração brinca com a metáfora de uma forma que manteve as pessoas focadas no trabalho imediato que precisavam fazer e reformulou a ideia de que visões são apenas para os últimos estágios. Uma afirmação importante que eu faço neste livro é que um líder visual é aquele consciente de seus próprios filtros metafóricos e modelos mentais, e é ciente de seus usos nas principais comunicações organizacionais.

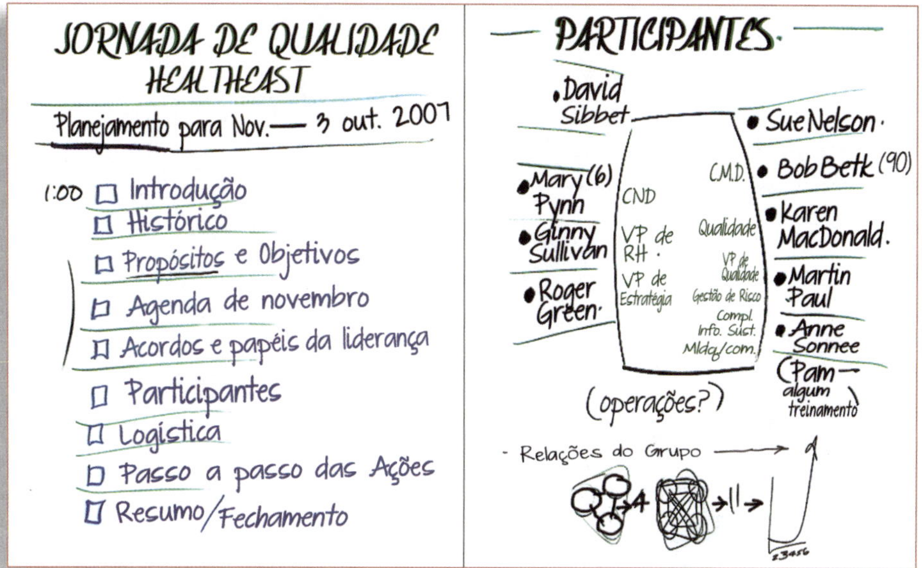

AGENDAS E MAPAS DE ASSENTO

De todas as coisas que você pode fazer visualmente para focar uma reunião, colocar uma agenda e um mapa de assento nos quadros é o mais útil possível. Em equipes iniciantes, como aquela na HealthEast, as pessoas podem se conhecer, mas há sempre o caso de um ou outro no qual não se tem muita certeza disso (neste exemplo, o consultor). Você pode notar o pequeno desenho abaixo do mapa de assentos. Foi feito para ilustrar a complexidade de um pequeno grupo ao se desenhar linhas que indicam o número de possíveis relações. Esses dois quadros simples ilustram três métodos visuais de reunião: agenda visual, mapa de assento e as falas do quadro.

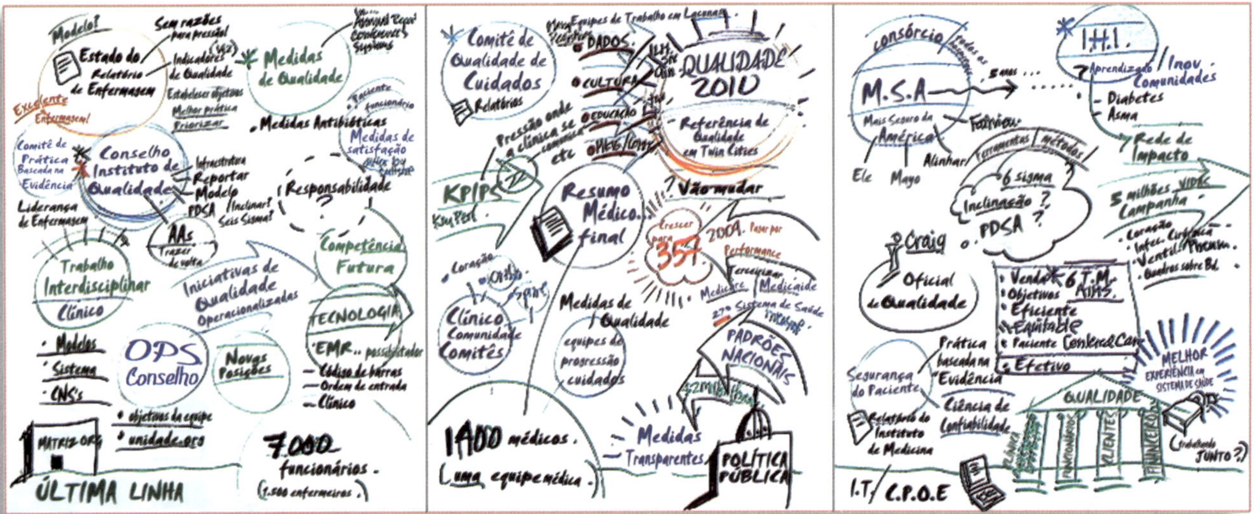

DIAGRAMAS DE PROGRAMAS DE QUALIDADE NA HEALTHEAST

Este diagrama foi criado em três quadros de cavalete enquanto membros listavam para a Equipe da Jornada de Qualidade da HealthEast os diferentes programas de qualidade que existiam na época. Nenhum esforço foi feito para avaliar ou conectá-los, apenas se justapôs toda a informação. Isso era um registro muito simples que qualquer um com caligrafia decente poderia fazer. Mas o efeito acumulativo era retratar a complexidade de convencer os líderes de que precisavam gastar tempo no alinhamento. Os membros da equipe ficavam olhando esse conjunto de quadros, balançando a cabeça.

Mapas são outra ferramenta essencial. Alguns, como o pequeno mapa de assentos, parecem simples, porém, colocar o nome de todos em um mapa de lugares fez uma declaração clara — "Nós estamos nisso juntos; nós estamos em uma folha de papel; nós somos uma equipe." Os mapas permitem que as pessoas vejam relações diferentes. Nós valorizamos mapas de lugares que visitamos quando viajamos porque eles ajudam a nos orientar mas não nos dizem para onde ir. (Talvez a Equipe da Jornada de Qualidade tenha vista algo no arranjo de lugares, mas este refletiu apenas onde as pessoas realmente estavam sentadas.) A parte seguinte da reunião convenceu a equipe de que uma visualização em grande escala era uma maneira promissora de alcançar seus objetivos.

Mapeando os Programas de Qualidade

A equipe começou a explicar alguns dos diferentes programas de qualidade atualmente em andamento. Os três quadros começaram a ser preenchidos em um formato de diagrama, um dos tipos de mapa mais simples, com itens apenas espaçados um pouco uniformemente, sem conexões. (O resultado é mostrado acima.) Seu impacto foi drástico, mesmo tendo sido desenhado apenas em quadros em uma pequena sala de reuniões. Você precisaria estar no local para sentir a equipe responder à medida que mais e mais e mais itens eram adicionados. Ver era acreditar, nesse caso. Além de apreciar a necessidade do projeto, a equipe também teve a chance de experienciar a facilitação gráfica. Muitos dos membros da equipe não haviam sido expostos a essa maneira de trabalhar. Eles estavam bem animados. Um dos aspectos poderosos da "audição" gráfica desse tipo é a forma como ela indica de maneira concreta se a pessoa que escreve está ouvindo o que está sendo dito. Essa ferramenta dá forma, melhor que outro meio qualquer, ao propósito do engajamento, que é a real compreensão do que se está examinando. É um jeito de liderar pela audição.

Como Podemos Envolver o Sistema Inteiro?

A preocupação seguinte na reunião da Equipe da Jornada de Qualidade era ter alguma confiança de que a estratégia da ampla visualização funcionaria em um grupo maior. A equipe precisava que todos os acionistas chegassem à mesma conclusão a que ela havia chegado — de que algo realmente precisava mudar no que dizia respeito à cooperação entre todos esses programas bem-intencionados. Experiência histórica com grandes reuniões não necessariamente lhes dava confiança. Nesse momento, precisavam de alguma orientação.

Se você deixa as pessoas animadas sobre trabalhar visualmente, elas vão querer saber de forma concreta como a reunião transcorrerá, e vão querer acreditar que será bem-sucedida. Você precisará entender os métodos de reunião visual suficientemente bem para explicar como eles funcionam, ou trabalhar com alguém que entenda. Nesse caso, Betsy e Pam dependiam de consultoria para guiar a equipe, e de Susan para manter todos orientados para as realidades práticas. Elas sabiam o suficiente para confiar nas recomendações que estavam recebendo. Se você está pensando "Eu não sei o suficiente e não possuo os recursos para trazer profissionais", ainda pode pedir ajuda a outras pessoas experientes em sua organização. Este livro vai acelerar sua habilidade de fazer boas escolhas sobre seus parceiros e saber como gerenciá-los para conseguir os resultados que você deseja.

Escolhas em uma Caixa de Ferramentas Visual

Os esboços nesta e na próxima página ajudaram os membros da equipe da HealthEast a imaginar o que era possível para estarem preparados para organizar uma grande reunião envolvendo 65 a 70 acionistas-chave.

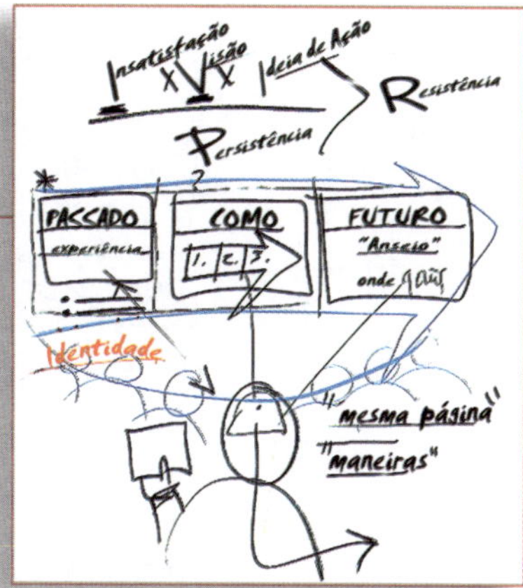

CONVERSA DE QUADRO
IxVxI > R

Uma ferramenta no trabalho organizacional é o modelo IVI > R para mudanças. É um modelo mental importante para os líderes pensarem sobre os componentes que são necessários para a mudança começar. Esse esboço rápido foi usado para explicar a questão para a HealthEast.

INSATISFAÇÃO: Um sentimento de que as realidades atuais precisam mudar.

VISÃO: Uma imagem atraente de uma oportunidade de futuro.

IDEIA DE AÇÃO: Algumas ideias claras sobre passos imediatos que podem levar, com credibilidade, em direção à visão.

RESISTÊNCIA: IV&I precisam ser mais fortes que R. Resistência e inércia estão sempre presentes na mudança.

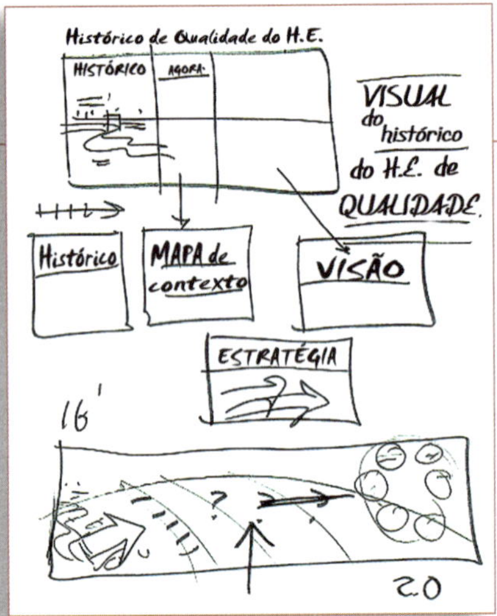

ROTEIROS PARA MUDANÇAS

No caso da HealthEast, Betsy e a equipe foram explícitas ao pedir orientação sobre como realizar seus objetivos.

Este quadro ilustrou duas opções para visualizar os aspectos do IVI de uma história de mudança.

1. Elabore mapas separados.
2. Reúna-os em uma imagem integrada.

Criar esboços simples como esse é uma habilidade importante para os líderes desenvolverem. Os desenhos não precisam ser complicados, ou, de maneira alguma, refinados. Eles são peças auxiliares que ajudam todos a memorizar a comunicação verbal associada a eles.

Os conceitos surgem dos interesses recorrentes que as pessoas têm quando se trata de ouvir líderes conversarem sobre planos. Pense em sua própria organização e nos tempos em que seus líderes quiseram fazer algo novo. Para conseguir convencê-lo, eles provavelmente precisaram que suas histórias tocassem em cada um dos quatro elementos listados aqui:

1. **História:** As pessoas querem saber o que levou à situação atual. Isso é especialmente importante para pessoas que temem ser passadas para trás durante as mudanças. É na hora de contar a história que todos começam a se sintonizar na necessidade de mudança.
2. **Contexto/Por que Mudar?** As pessoas precisam de uma história sobre por que elas precisam mudar. Na Parte 3 vamos nos aprofundar em como trabalhar como um líder nessas sessões para fazer as pessoas identificarem os anseios de mudança e os principais problemas, ou o que alguns chamam de queimar plataformas.[1]
3. **Visão:** Imaginar o futuro desejado e os benefícios da mudança também é importante. Apenas dizer que as coisas são um problema não altera a situação. Há a necessidade de um empurrão para a frente em direção a algo novo.
4. **Plano de Ação:** Mesmo com uma ideia clara de que a realidade atual precisa ser mudada e de que existe uma possibilidade melhor em algum lugar no futuro, as pessoas não se movimentam a não ser que possam ver passos claros de ação ao seu redor. Essas histórias são as estratégias, os objetivos de prioridade imediata e as imagens que sugerem um caminho de credibilidade à frente.

Se você analisar o desenho nesta página, pode ver essas escolhas ilustradas de forma bem simples. O quadro mostra como elas poderiam ser tratadas separadamente, ou todas integradas em um grande mural. Os líderes do projeto seriam capazes de determinar de qual maneira depois de cada reunião. Nós revimos como a reunião poderia ser estruturada para englobar as ideias de todos ao longo dessas quatro linhas. Antes da reunião, a equipe pôde ver amostras do que outras organizações fizeram com suas visões, então, eles estavam confiantes de que esses esboços poderiam se desenvolver em mapas completos. Vamos observar as próximas etapas da história antes de olhar o resultado final.

[1] N.E.: Trata-se de uma expressão que indica a necessidade de adotar medidas extremas para evitar uma situação insustentável.

A Grande Reunião do Mapeamento

Betsy, Pam e Susan receberam aprovação para organizar uma reunião com todos os VPs e seus subordinados diretos — cerca de 65 pessoas de todas as clínicas e hospitais relacionadas. Apoiado pelos VPs, Tim agora contava com apoio total. A Reunião de Mapeamento da Jornada de Qualidade da HealthEast, realizada em janeiro de 2008, foi memorável. Os resultados e a programação são mostrados aqui no quadro ao lado.

Preparação de Atividades de Alavancagem

Um grande evento de visualização é um pretexto para fazer um trabalho de preparação muito importante. Na verdade, grande parte do trabalho de conseguir apoio é feita nessas sessões mais informais. (Algumas das principais oportunidades conseguidas pela preparação avançada são listadas na lateral da próxima página.) Betsy e Pam foram meticulosas sobre tirar vantagem de cada uma dessas oportunidades. Tudo isso aconteceu sem o envolvimento de consultores, a não ser no dia do evento. Em termos específicos, aqui está o que Betsy e Pam tiveram que fazer para conseguir o apoio:

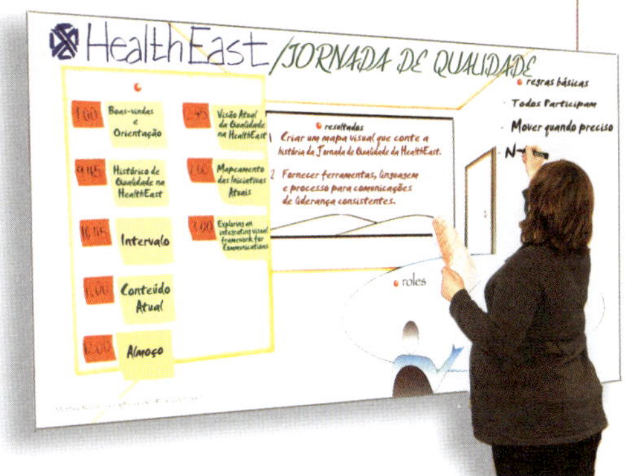

1. Falar sobre o trabalho que elas estavam fazendo com modelos
2. Compartilhar amostras de mapas visuais da história de outras organizações
3. Encontrar-se individualmente com todos
4. Encontrar-se individualmente com o CEO
5. Encontrar-se individualmente com os VPs de operação
6. Fazer uma reunião conjunta com VPs e líderes apresentando a ideia

OPORTUNIDADES DA EQUIPE DE PREPARAÇÃO

Na imagem acima estão Susan Nelson, Betsy Stites, Pam Hull e uma participante (da esquerda para direita). Parte do trabalho de liderança delas era certificar-se de que a logística e todas as etapas tinham sido cuidadas, e de que os líderes do escalão mais elevado estavam informados. Elas também se asseguraram de que havia o máximo possível de pessoas envolvidas em assessorar o consultor de modo que pudessem aprender com a experiência.

A figura à esquerda mostra um membro da equipe preenchendo um Guia Gráfico de Início de Reunião enquanto as pessoas iam chegando.

A foto abaixo mostra Susan e Betsy sugerindo elementos-chave na história que poderiam ser acrescentados ao quadro mais adiante. Esses detalhes serviram como um catalisador para contar a história que iniciaria a reunião.

CHECKLIST PRÉ-REUNIÃO

Abaixo estão algumas das coisas sobre as quais você deve pensar com relação à alavancagem de qualquer evento que envolva personagens-chave.

- ❑ **Informar os Executivos:** Fazer com que pessoas de nível executivo liderem a reunião fornece um pretexto para prepará-los, obter sua colaboração e fortalecer seu apoio.
- ❑ **Visibilidade:** Você pode querer que certas informações fiquem visíveis durante sua reunião. Murais possibilitam reforçar seus objetivos e manter a equipe focada.
- ❑ **Treinamento em Facilitação:** Obter o auxílio de pessoas-chave aprofunda o entendimento delas, fortalece o apoio e aumenta a liderança colaborativa.
- ❑ **Treinamento em Consultoria:** Como líder, você precisa saber gerir os consultores. É essencial que você molde esses tipos de evento para que sua organização se beneficie. Grandes empresas de consultoria possuem interesse em vender tempo e não estão necessariamente orientadas para construir capacitação. Insista para que seu pessoal tenha toda a experiência relevante que puder e mantenha o consultor apenas nas partes que você realmente não puder fazer sozinho.
- ❑ **Ação Movida pelo Evento:** Em organizações maiores, muitas coisas disputam o tempo das pessoas. Ter um compromisso para realizar um evento introduz algumas urgências e força as pessoas a não apenas pensar nas coisas com antecedência, mas também organizá-las, se o trabalho delas puder ser visível na reunião. Para muitas empresas de alta tecnologia, gerir em direção a novos lançamentos de produtos é um estilo de vida.

CEO
Tim Hanson

Diretora de Desenvolvimento de Liderança
Betsy Stites

Chefe da Área de Qualidade Médica
Craig Svendsen

Chefe da Área Médica
Bob Beck

Líderes Emolduram a Oportunidade

Uma das tarefas mais críticas de um líder é *emoldurar* eventos e oportunidades. Isso é, evidentemente, uma metáfora elaborada a partir de nossa experiência com imagens em galerias e nas nossas casas. Assim como porta-retratos são dicas para valores, o mesmo é verdade para eventos e processos organizacionais. A equipe da HealthEast fez um trabalho exemplar com respeito a isso. É uma prática que você pode colocar em sua caixa de ferramentas agora mesmo.

1. **CEO:** Tim Hanson, o CEO, abriu o evento e deu sua bênção total. Esse era um patrocínio importante. Ele ficou totalmente engajado imaginando usar um mapa como esse com seu conselho de diretoria.
2. **Diretora de Desenvolvimento de Liderança:** Todo mundo sabia que Betsy era uma condutora conhecida por conseguir resultados práticos em seus projetos anteriores. Ela contou a história de como eles chegaram a esse ponto e todo o trabalho que foi feito nos bastidores.
3. **Chefe da Área de Qualidade Médica:** Como acionista-chave e membro--chave da equipe do projeto, Craig Svendsen era a voz dos resultados e objetivos da reunião.
4. **Chefe da Área Médica:** O apoio de Bob Beck era outro sinal essencial de que os médicos e enfermeiros estavam apoiando o processo. Bob me apresentou como facilitador do evento para deixar tudo bem claro. Ele era parte da equipe do projeto e a essa altura estava completamente consciente de como a reunião seria conduzida e o que eles poderiam esperar.
5. **Facilitador:** Eu facilitei a reunião. Uma das vantagens de uma pessoa externa nessa situação era todo mundo saber que meu único interesse era fazer a reunião funcionar, sem posicionamento nos resultados. Ter um facilitador cujo principal interesse era o sucesso da reunião propriamente dita permitia que os líderes-chave participassem plenamente no evento.

Quando você trabalha com um profissional de fora, é muito importante manter total controle sobre os resultados alcançados e/ou desejados. A melhor forma é que você e outros líderes sejam sempre aqueles que darão voz àquilo de que se trata a reunião.

Visualização Panorâmica

A próxima parte dessa reunião incluiu três atividades centrais para uma grande reunião visual objetivando a visão. Elas espelham as três partes da fórmula IVI > R mencionada anteriormente. Esses elementos seriam bem interativos e focados nos participantes.

FORNECENDO UMA ESTRUTURA PARA O PROCESSO

Você pode ter tido experiência com "orientação de processo" em excesso por parte de consultores externos ou facilitadores internos e profissionais bem-intencionados do RH. Mas os líderes organizacionais são focados no resultado e geralmente respondem à visualização baseada nos resultados. A imagem acima sou eu apresentando um modelo gráfico para orientar todos sobre os elementos--chave em um Infográfico — o nome do The Grove para esses murais grandes. Ele ilustra uma abordagem integrada de visualização da estrutura IVI > R. É direto e orientado para os resultados, e clama por clareza em:

1. Onde estamos agora, e por que mudar?
2. Aonde queremos ir no futuro?
3. Como chegaremos lá?

A tangibilidade e orientação para resultados dessa estrutura são vantagens reais da visualização.

HISTÓRICO DE QUALIDADE DA HEALTHEAST

Esta e a próxima página reproduzem o infográfico inteiro criado na abertura da reunião de liderança da HealthEast. Os detalhes não serão significativos para o leitor que não está inteirado deste sistema, mas tente imaginar como deve ter sido escutar todas essas histórias. O St. Joseph's, o hospital mais antigo do sistema e o mais antigo de Minnesota, foi fundado em 1853. Ao longo dos anos, cinco organizações diferentes surgiram! Muito raramente, se tanto, o grupo de liderança teve a chance de celebrar suas histórias. "Essa reunião foi tão divertida!", Betsy exclamou quando eu lhe falava sobre publicar essa história. "A experiência nos deu a chance de celebrar quem nós somos."

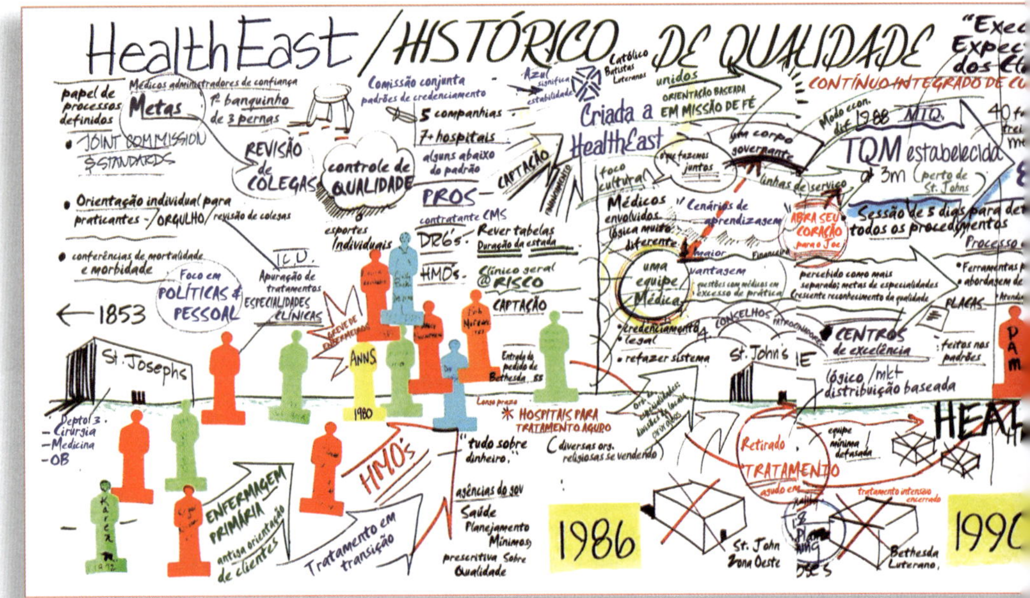

COMO FAZER SUA PRÓPRIA HISTÓRIA

Estes são os passos para criar a sua própria história:

1. Coloque um pedaço de papel bem comprido na parede e desenhe uma linha horizontal.
2. Use notas autoadesivas para registrar os anos ou os meses e espace-os; privilegie a história recente.
3. Desenhe alguns eventos/pessoas/projetos-chave para ancorar a memória de todos.
4. Faça com que cada um coloque um adesivo no momento em que ele ou ela tenha se juntado à organização.
5. Peça que os mais antigos digam como foi quando eles se juntaram e escrevam títulos e pontos-chave. Use círculos para reuniões-chave, setas para projetos e imagens simples.
6. Pergunte "Quando isso aconteceu?" e continue!

Uma História de Qualidade

Seguindo a configuração, a reunião criou vida, com a primeira grande sessão falando da qualidade de uma perspectiva histórica. A história inteira está incluída aqui para que você tenha um sentimento visceral de quão poderosa uma experiência pode ser. Os detalhes não significarão nada para você, leitor, mas as pequenas imagens e a energia geral lhe dão uma noção da qualidade cinética do processo. Inicialmente, a história era um cronograma simples com alguns desenhos-chave de eventos sobre os quais todo mundo sabia, tal como quando os diferentes hospitais se juntaram (mostrados como prédios). Essas eram importantes âncoras para a memória de todos. A segunda parte era fazer todos se levantarem e colocarem uma nota autoadesiva no momento em que se juntaram à organização. As pessoas circulavam e conversavam, inundadas com memórias, e trombavam com colegas que haviam se juntado no mesmo momento que eles. Isso demonstrou, imediata e graficamente, a ampla abrangência da experiência em jogo.

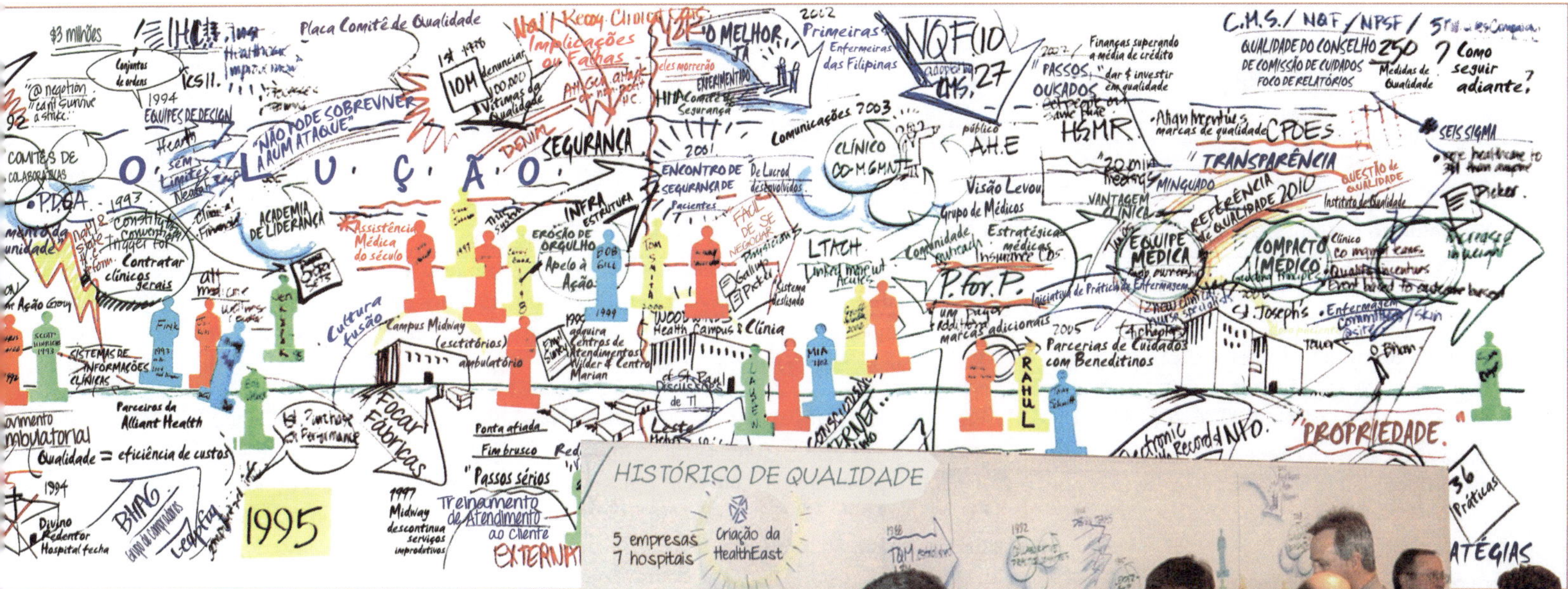

O contar da história de fato foi feito em grupo, como um todo, começando com os primeiros membros. Isso os honrou e começou a descobrir alguns dos elementos de iniciação que criaram a cultura da HealthEast. A história se tornou dinâmica e muito animada. Como facilitador, você precisa continuar perguntando "Quando isso aconteceu?", para saber onde escrever no quadro. É rápido, intencionalmente. Fazer o quadro organizado é uma preocupação secundária. Então, o que está realmente acontecendo aqui, e por que esse é um processo tão poderoso?

LOGANDO: Líderes da HealthEast acrescentam seus nomes à linha do tempo, no início do evento.

PRINCÍPIOS DE ORIENTAÇÃO PARA UMA SESSÃO DE EXPOSIÇÃO GRÁFICA

Se você está interessado em fazer uma história gráfica da sua organização, abaixo está uma lista que poderá dividir com quem quiser recrutar para facilitar a sessão:

- ❑ **Disponibilize bastante tempo:** Uma vez que a história começa, é bem difícil frear o processo. Um bom revisor de história pode facilmente usar duas horas para uma organização maior.
- ❑ **Crie uma estrutura simples:** Encoraje seus facilitadores a ter alguns dos eventos âncoras já acrescentados, com marcações claras dos anos e meses.
- ❑ **Use lembretes para obter envolvimento:** Fazer com que todos se levantem e postem coisas é um poderoso energizador. Podem ser nomes, produtos-chave ou qualquer coisa que você queira que apareça.
- ❑ **Encoraje os facilitadores a focar em escrever de forma rápida e simples:** Reconhecimento é a chave neste processo. Se você quer uma história gráfica refinada, então trabalhe nela mais tarde e passe por versões.
- ❑ **Chame as pessoas que você sabe que devem compartilhar histórias:** Há sempre algumas pessoas que são tímidas em cenários de grupos. O facilitador não saberá tanto quanto você sobre quem desenhar.
- ❑ **Dê uma folga:** Deixe que as pessoas continuem conversando. Há sempre mais histórias.
- ❑ **Tire fotos digitais:** As pessoas amam ter registros desses quadros.

Interação É Essencial

A bagunça do processo de contar a história é uma de suas grandes virtudes e funcionou muito bem com a HealthEast. Em organizações, todo mundo, mais cedo ou mais tarde, elabora algum tipo de história sobre o passado, sobre por que isso ou aquilo aconteceu, e por que certas coisas são valorizadas e outras não. Para algumas pessoas que estão há muito tempo na organização, essas histórias podem se desenvolver bem. Tais indivíduos se tornam filtros pelos quais toda nova discussão deve passar. Quantas vezes você esteve em reuniões em que alguém opinou: "Nós não podemos fazer isso. Nós tentamos antes e não funcionou."

Em uma sessão para contar histórias, como a da HealthEast, logo se torna claro que não há história que inclua todos os fatos ou todas as partes importantes. As pessoas percebem que se esquecem de grandes trechos. O processo mexe com as histórias enraizadas e fornece uma chance de atualizá-las. Ninguém perde a credibilidade ou tem sua história individual desafiada. Na verdade, os elementos da história individual que são compartilhados são celebrados e registrados de modo que todos possam ver.

Uma das razões para usar gráficos simples — como círculos para reuniões, setas para grandes projetos e principalmente tópicos — é que tentar refletir interpretações sobre o que tudo significa não é a questão. A questão é dar às pessoas a chance de ouvir umas às outras. No mínimo, as pessoas devem prestar atenção nos oradores.

Os gráficos, porém, exercem um papel importante na medida em que criam uma prova sólida da riqueza e complexidade da experiência da organização, e fornecem detalhes suficientes para permitir que as pessoas comecem a enxergar padrões maiores. O valor primário dessa atividade é a construção e celebração comunitária. Mas um forte valor secundário é o insight de nível de sistema. É possível seguir uma sessão de história com uma atividade analítica que reflete os valores centrais, por exemplo, ou princípios-chave de operações, ou uma volta para pontos-chave de mudança. No caso da HealthEast, o propósito era a celebração.

Continuando a Interação em torno de "Por que Mudar?"

A parte seguinte da Reunião de Mapeamento começou ancorando a emoção da sessão de história nas realidades atuais do esforço de qualidade na HealthEast. Essa parte responde à questão "Por que mudar?". Nós replicamos a experiência de mapeamento que a Equipe da Jornada de Qualidade vivenciou, mas em uma escala muito maior e autogerida. O quadro mostrado aqui (duas vezes mais longo) tinha um número de classificações com as quais começar (veja na lateral). Foi solicitado que pequenos grupos identificassem atividades de qualidade que estavam acontecendo no momento nos lembretes hexagonais, e projetos planejados nos circulares, mapeando-os nas categorias.

Os grupos pequenos tiveram discussões estimulantes. Não é importante ler esses dados mas compreender que eram conversas reais e evidências poderosas e irrefutáveis da grande apresentação que fez o caso que todos precisavam para alinhar.

Se você é um líder que normalmente não exerce o papel de facilitador, deve compreender que esse tipo de exercício pode ser conduzido por qualquer um com alguma experiência em grupo. Se você sugerir e encorajar quem quer que esteja conduzindo a reunião para trabalhar em grande escala, obterá resultados similares. O panorama faz a diferença. Todo mundo pode sentir a informação, bem como pensar sobre ela. A vantagem dos lembretes é que você não precisa de um facilitador tentando anotar tudo. Você precisa encorajar as pessoas a escrever claramente.

MAPEANDO REALIDADES ATUAIS

O quadro mostrado abaixo é um mapa de contexto com estrutura simples. Foi perguntado a pequenos grupos para identificar todos os programas de qualidade atuais em lembretes hexagonais e todos os programas propostos e planejados em lembretes redondos. As cores eram variadas apenas para uma exibição mais colorida. Para estruturar minimamente a exibição, pode ser pedido que os grupos coloquem seus lembretes na área relevante da organização. As classificações eram coisas como:

CONSUMIDOR — FUNCIONÁRIOS
INFRAESTRUTURA — MÉDICOS
CULTURA — OPERAÇÕES
CLÍNICOS — CLÍNICAS

(Veja o Capítulo 9 para mais conselhos sobre como fazer.)

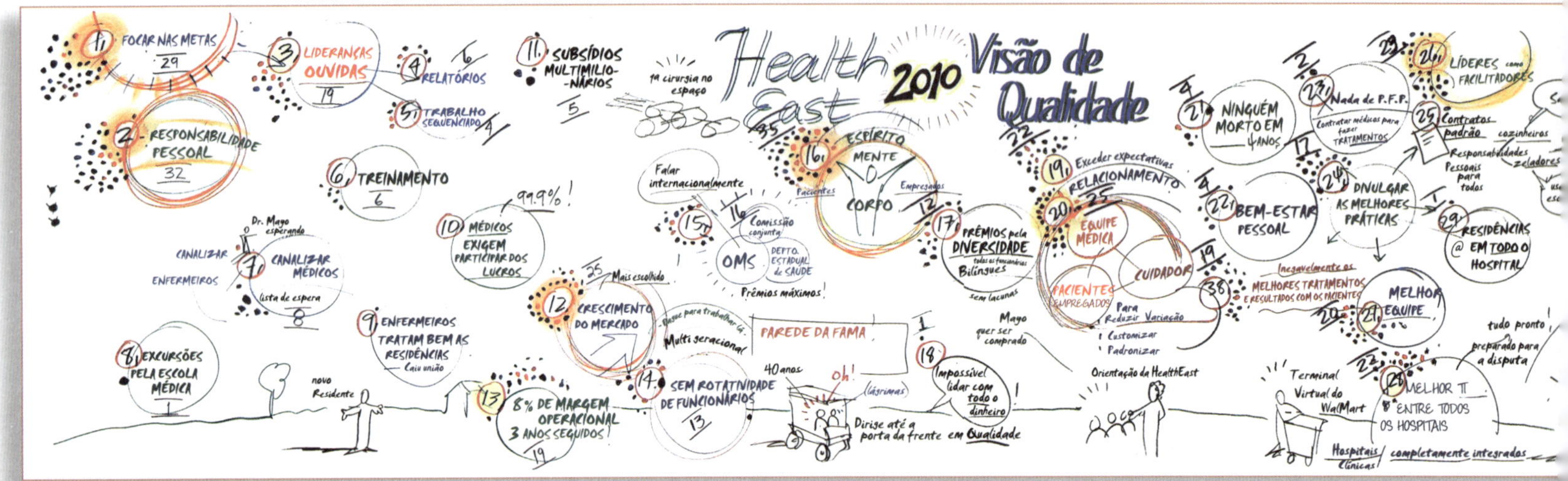

VISÃO DE QUALIDADE DA HEALTHEAST

Depois de identificar todos os elementos de visão em potencial em um grande diagrama, participantes de liderança pontuaram elementos que eles queriam que estivessem no centro de suas visões prospectivas.

Concordando em uma Visão de Qualidade

A parte seguinte da Reunião de Mapeamento foi tão excitante e inspiradora quanto a última parte foi moderada. Solicitou-se aos pequenos grupos que pensassem sobre o futuro e quais resultados

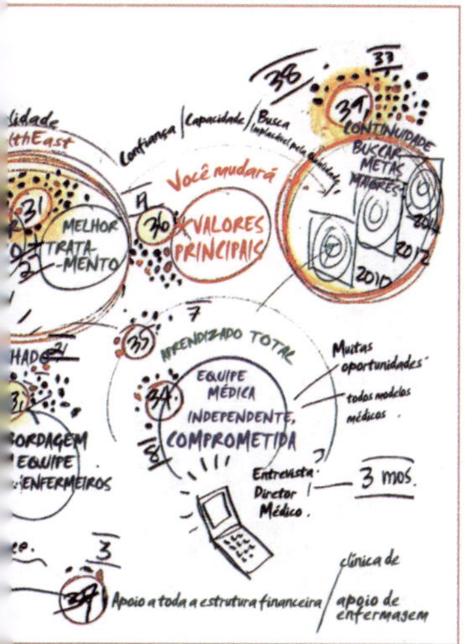

gostariam de ver. Esses são chamados de elementos de visão. Indivíduos nas mesas foram solicitados para ser registradores das ideias-chave. Durante o procedimento pediu-se que um grupo compartilhasse uma ideia. Isso foi colocado no quadro em um círculo. Então, perguntou-se para as pessoas em outras mesas se elas tinham a mesma ideia ou pensamentos adicionais. A seguir, outra mesa ofereceria uma nova ideia e a veria escrita em algum outro lugar. Todo o foco estava nas pessoas falando e em suas visões do que era possível. Nenhum esforço foi feito para organizar os itens. Todos os elementos de visão eram apenas átomos de informação nesse momento.

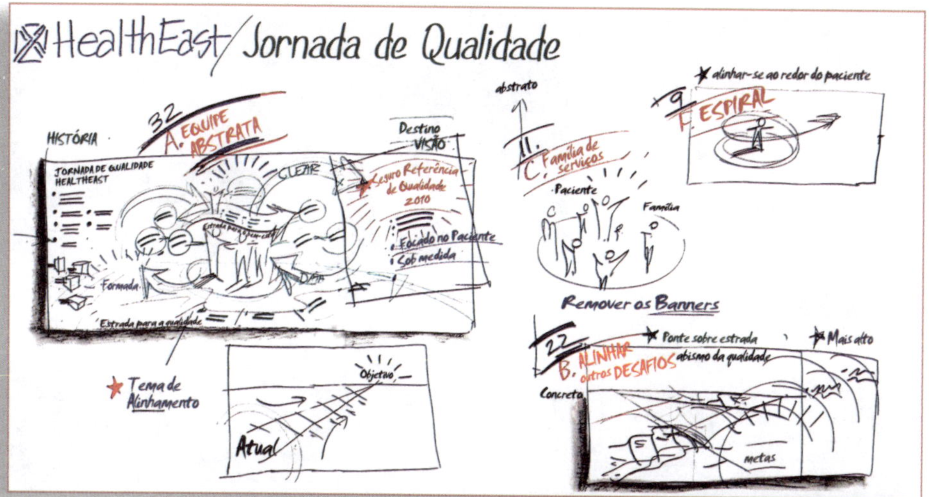

ENCONTRANDO UMA METÁFORA GRÁFICA INTEGRADA

Diversos esboços simples ilustraram metáforas sugeridas pelo grupo para juntar a informação de visão. Alguns queriam uma imagem centrada em uma equipe abstrata; outros sugeriram uma família de serviços; outros, uma jornada de imagem mostrando o alinhamento passar por uma série de desafios; outros, uma simples espiral. (Havia mais quatro ou cinco no quadro.) Todos votaram em suas três melhores opções, e duas dessas foram escolhidas pelos líderes mais representativos para serem consideradas no dia seguinte. Esses são os tipos de escolhas que um designer lhe apresentaria baseado na forma como você prefere pensar sobre sua organização.

A troca em torno das ideias foi muito inspiradora. Depois de postadas, todas as ideias foram numeradas. Todo mundo recebeu um terço do número total para votar. Nós usamos marcadores, não post-its, e pedimos que as pessoas colocassem os pontos ao redor dos números dos itens. Em 15 minutos, podíamos ver graficamente onde o interesse e a paixão estavam. Os itens com mais pontos foram circulados para se destacar visualmente. Esse tipo de processo valoriza todas as ideias individuais e o coletivo ao mesmo tempo. Envolve a visão em torno de todos de uma maneira fisicamente dramática que acrescenta animação real ao processo. A votação por pontos é uma outra chance de participar interativamente com outros fora das mesas de grupos. A participação dá a chance aos principais líderes de ver onde todos estão focados e quem está se relacionando com quem. Para Tim, o CEO, que queria todos envolvidos, foi a prova que ele precisava para apoiar totalmente a movimentação para um plano de ação mais detalhado.

SALAS DE DECISÃO INSTANTÂNEA

Umas das ferramentas essenciais exploradas no Capítulo 10 é o uso de salas de decisão para conseguir o alinhamento em grandes decisões. Esta imagem é um exemplo excelente. Os grandes quadros criados no dia anterior à Reunião de Mapeamento da Jornada de Qualidade da HealthEast foram recolocados aqui. O grupo fez uma rápida revisão como ponto de partida para essa segunda reunião. Banners e quadros grandes permitem que qualquer sala seja facilmente convertida em uma sala de decisão. Não há realmente nenhum outro meio que sustente o poder da apresentação panorâmica tão diretamente como marcadores e grandes folhas. É, também, algo completamente acessível.

Reunião da Equipe do Projeto da Jornada de Qualidade

No dia seguinte à grande Reunião de Mapeamento, a menor equipe de projetos (mostrada aqui) se reuniu na HealthEast para refinar as ideias e decidir o que poderia ir para a ilustração final de sua Visão de Qualidade. Como líder, você precisa entender que existem papéis para grandes grupos, papéis para grupos menores e lugares onde a decisão executiva é necessária. O grupo grande deu a todos no grupo menor uma noção de onde estão a paixão e o interesse geral. Estando dentro da organização, a Equipe da Jornada de Qualidade poderia também discernir entre as muitas diferentes declarações e interações do dia anterior, notando quem estava se movendo para frente e quem estava resistindo à mudança contemplada. Todos esses entendimentos foram vertidos na discussão desse dia.

Essa reunião também não seria a última conversação. O mapeamento visual proporciona a possibilidade para os líderes circularem versões e terem muitas conversas individuais, que são necessárias para o processo de alinhamento.

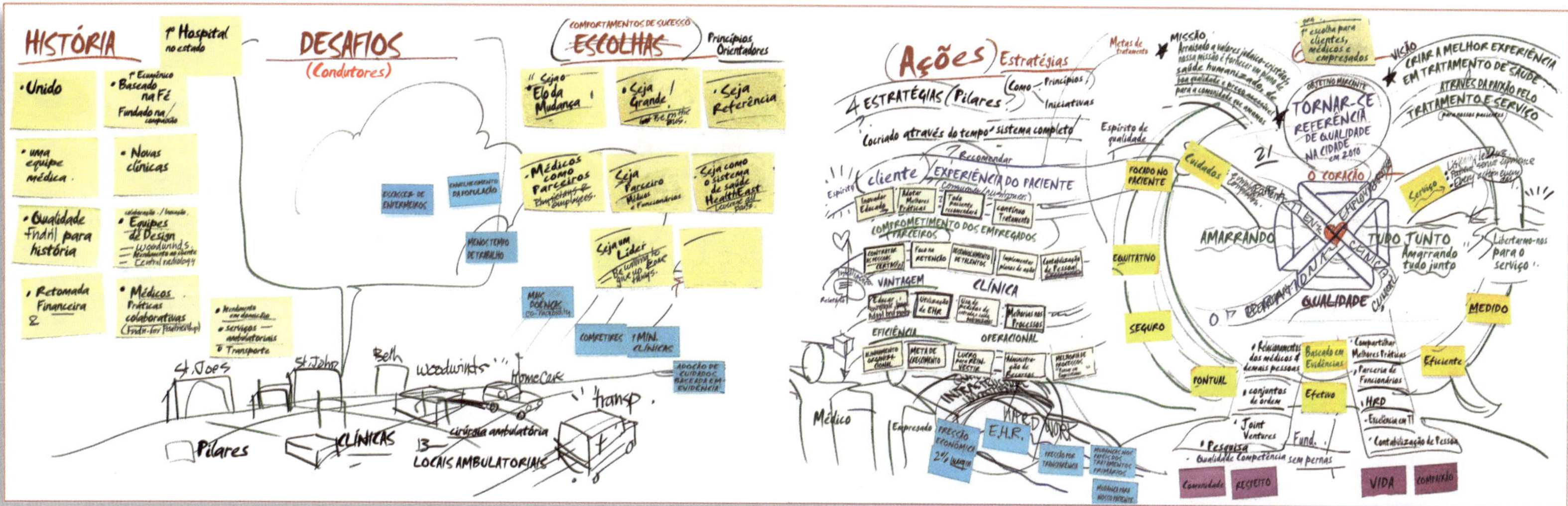

O quadro acima parece bem organizado, mas é o subproduto de um dia de conversa muito dinâmica. Existem alguns processos-chave visuais, para os líderes levados, à parte do conteúdo ilustrado aqui.

1. **Usar metáforas para sustentar o pensamento sobre sistemas completos:** Fazer o grupo lutar de novo com a metáfora integrada permitia que todos pensassem sobre a organização como um sistema completo de uma maneira muito útil. Ver quatro estratégias entrelaçando-se e tornando-se um só logotipo foi emocionante.
2. **Rotular histórias críticas:** Os conteúdos dos lembretes eram vistos como títulos e pontos de conversa para histórias críticas que precisavam ser compartilhadas diretamente pelos líderes. Eles concordavam que a mudança real acontece quando os líderes dominam o processo de comunicação, envolvendo os outros pessoalmente, mantendo-se alinhados e usando linguagem comum. Cocriar o quadro tornou isso possível.
3. **Usar subgrupos:** Nesse tipo de reunião, equipes menores tomam uma porção da grande ideia e fazem uma primeira passagem na linguagem, e então dividem e recebem respostas. Grupos sempre têm alguém que é melhor com as palavras que outros. Esse processo de grupo "pequeno-para-grande" funcionou bem.

ARQUITETURA DA INFORMAÇÃO

Os quadros mostrados aqui são um ótimo exemplo de como um design arquitetônico pode facilitar o exame detalhado de elementos. Esse é o aspecto de "decoração de interiores" do design de informação. A Equipe da Jornada de Qualidade escolheu a estrutura "jornada atravessando uma ponte", construída na metáfora incorporada em seu nome. Então, subequipes desenvolveram os pedaços históricos que precisavam ser mencionados, os desafios, os comportamentos de sucesso, as estratégias de ação e as informações sobre os derradeiros estágios da visão final: o Objetivo de Qualidade 2010.

SOBRE O MAPA DA JORNADA DE QUALIDADE DA HEALTHEAST

O mapa da Jornada de Qualidade mostrado aqui é a sexta versão do grande mural criado para alinhar todos os programas de liderança e qualidade no Sistema de Saúde HealthEast em St. Paul, Minnesota. O conteúdo foi destilado das três reuniões iniciais com mais de seis dezenas de acionistas-chave, refinado por liderança divisional em muitas reuniões subsequentes, e verificado pelo CEO. Serviu como uma ferramenta de contar uma história durante a implementação de novos planos.

O mapa completo permitia que os gerentes explicassem onde a HealthEast começava, para onde estava indo e como pretendia alcançar o padrão desejado de qualidade.

História: O lado esquerdo desse mapa mostra a missão antiga da HealthEast e os pontos-chave sobre a história, cada um deles ocasiões que a liderança queria manter vivas.

Contexto: O mapa mostra, de uma maneira mais literal, o Sistema de Saúde da HealthEast como é de fato. Houve muita discussão sobre os prédios e seus tamanhos. Clínicas foram acrescentadas em uma das versões. É uma representação simplificada, mas precisou ser fiel à realidade e respeitadora com todos os acionistas.

Desafios: Utilizar o rio que passa pelo St. Paul no mapeamento pareceu perfeito. Argumentos sobre esses fatores correram bem depois da reunião inicial de design. Eles estão organizados do mais antigo no horizonte ao mais novo no primeiro plano.

O conceito e o design foram cocriados pela Equipe da Jornada de Qualidade da HealthEast e pelo The Grove Consultants International.

Criando o Mapa da Visão Final de Qualidade

Durante as próximas várias semanas depois das duas reuniões na HealthEast, o The Grove criou esse gráfico para refletir todas as entradas. Esse é o tipo de mural que um número crescente de designers de informação pode criar para os clientes. No The Grove, nós chamamos esses mapas de infográficos, pois queremos manter o foco no poder real do processo, que é mostrar a liderança de uma maneira alinhada. Isso é, metaforicamente falando, um cenário para o teatro da gerência! Tendo cocriado o mapa, todos contam a mesma história, pois ela reflete uma linguagem e imagens

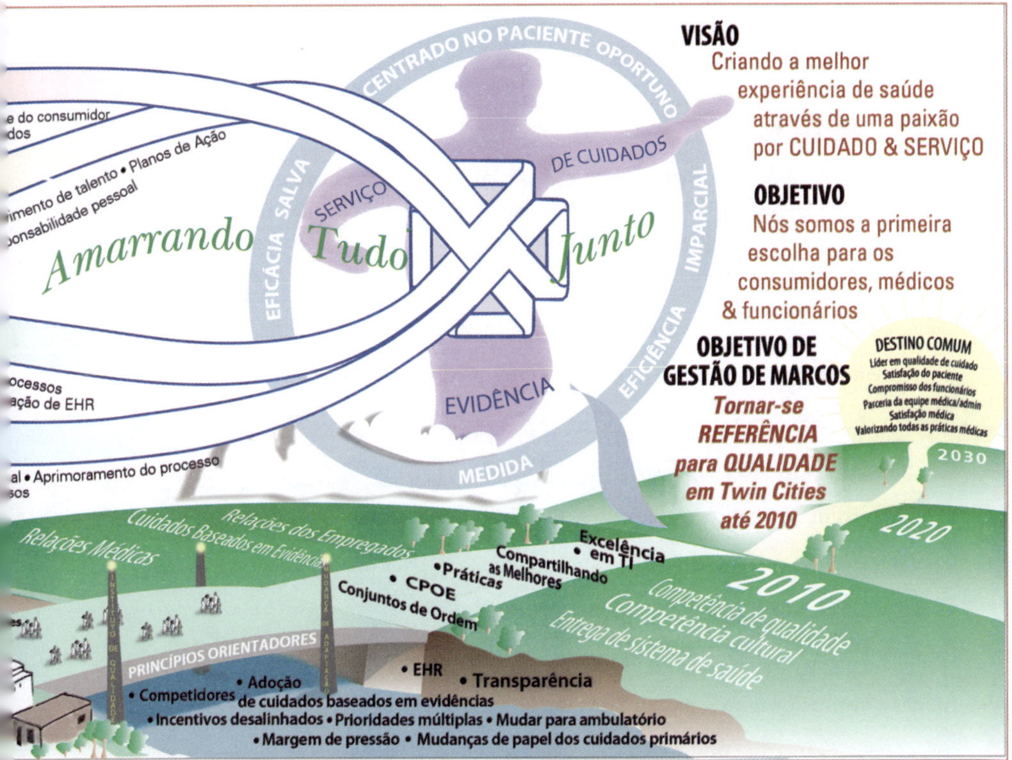

com as quais todos concordaram, não o design artístico independente de alguém. Esse mapa passou por seis versões com Betsy, Pam e Susan envolvendo todos os acionistas críticos no diálogo sobre as melhores palavras para usar. "Nós íamos a cada uma das divisões e levávamos o mapa da Jornada de Qualidade", disse Betsy. "Nós dizíamos — isso é um rascunho. Nós não estamos mudando de direção. Podemos todos participar com as palavras? As barreiras do rio são realmente as barreiras? Está correto? As quatro estratégias estão onde deveriam estar? Nós queríamos o direito de propriedade e queríamos que todos fossem bem conversadores com ele para que pudessem usá-lo e falar com ele."

AMARRANDO TUDO JUNTO

O seu desafio como líder é ajudar as pessoas em sua organização a ver como tudo o que está fazendo se encaixa. Um processo de infográfico permite que as pessoas vejam as ligações que algumas vezes são obscurecidas por funções isoladas. Aqui estão mais alguns dos elementos integrados no mapa da HealthEast.

Comportamentos de Sucesso: Betsy, como chefe da liderança de desenvolvimento e dos elementos culturais, queria se certificar de que o trabalho que eles tinham feito sobre valores centrais estava integrado como "comportamentos de sucesso".

Estratégias & Planos de Ação: Pam, como estrategista, queria ver comportamentos ligados à estratégia. Depois de muitas, muitas conversas sobre como eles se encaixam, todos na organização chegaram a um entendimento mútuo. Eles também incluíram passos de ação específicos pelo rio.

Imagem de Visão: Ficou um pouco mágico quando eles viram que as quatro grandes áreas de ação poderiam ser vistas como laços formando o logotipo de um nó!

A história da imagem de visão, à esquerda, é instrutiva. O Instituto de Qualidade tinha um conjunto de princípios (mostrados no grande Q). Alguns outros princípios vão além da qualidade: cuidado, serviço e medicina baseada na evidência. Estes pareciam competir, até que o grupo percebeu que, mapeado no corpo humano — nesse caso, uma figura representando o "espírito da enfermagem" — não havia contradição. As pessoas estão de pé e têm emoções de carinho e amor.

Objetivos: Os objetivos estratégicos oficiais da organização capitalizaram o mapa e colocaram a visão de qualidade em seu contexto completo.

LIDERANÇA VEP

Um modelo maravilhosamente simples de liderança veio da Experiência de Liderança na Apple nos anos 1980, quando Jim Kouzes estava formulando seu trabalho em liderança. Ele falou sobre os fatores de sucesso serem visão, envolvimento e persistência. Essa estrutura simples reflete o estilo de liderança de Betsy e Pam na HealthEast, e você pode tirar isso como aprendizado.

Essa estrutura visual simples é uma boa maneira de registrar ideias para cada um desses itens com grupos com os quais você trabalha. Ela insinua a necessidade de conectar as aspirações iniciais com as realidades factuais. Se você está interessado em uma liderança, Jim Kouzes, em parceria com Barry Posner, evoluiu o modelo para um de cinco fatores, bem pesquisado e validado, descrito em *O Desafio da Liderança*. É um padrão no negócio de desenvolvimento de liderança.

Vendo os Resultados em Ação

Para Betsy e Pam, completar o infográfico era apenas o começo. Seu primeiro grande passo era desenvolver o Objetivo de Qualidade 2010 na estratégia da HealthEast. Mas o alinhamento em ação era o que elas precisavam para ver resultados de fato. A sua liderança visual disponibilizou isso ao apoiar uma imagem grande com que todos concordavam. Desse processo, elas relataram os seguintes resultados:

1. Clareza, integração e direção para a estratégia de qualidade da HealthEast
2. Linguagem esclarecida para que todos usassem os mesmos termos
3. Alinhamento de liderança
4. Cristalização e aderência de ideias
5. Ver como comportamentos de sucesso se conectam a comportamentos centrais e à estratégia
6. Construção da Visão da Qualidade em novas orientações aos funcionários
7. Usar a Visão de Qualidade em reuniões do conselho
8. Usar a Visão de Qualidade no Instituto de Desenvolvimento de Lideranças da HealthEast
9. Ajudar a institucionalizar a prática visual na HealthEast

Betsy relata que os objetivos sublinhados no mapa foram alcançados. Craig ainda o usa em seu trabalho no Instituto de Qualidade. O trabalho de estratégia de Pam continua a ser visual e guiado por modelos. E um novo CEO quer repetir o processo e fazer com que a equipe atual se alinhe da mesma maneira.

Vamos voltar nossa atenção para como você pode alcançar esse tipo de resultados, tanto em grandes e pequenas maneiras, não importa quais tipos de organização esteja liderando. No último capítulo, vamos retornar à HealthEast para dar uma olhada em como a liderança visual evoluiu desde o projeto de mapeamento.

3. Como Conduzir Reuniões Visuais

O que Todo Gerente Deve Saber

Reuniões visuais são aqueles encontros presenciais e virtuais que usam o registro gráfico ativo, grandes telas, modelos gráficos, mapas, murais e outros meios visuais para dar suporte às comunicações e interações. Apesar de todas essas ferramentas serem parte do conjunto de ferramentas da reunião visual, este capítulo foca em como você, como líder, pode usar a visualização interativa, não um gráfico finalizado de qualquer tipo, para dar suporte às comunicações. Em um tempo em que os softwares de apresentação parecem ter dominado as reuniões de negócios, pode parecer retrógrado voltar para a visualização simples. No entanto, a experiência sugere que menos é mais, neste aspecto. Se o objetivo de um líder é fazer com que todos participem, se envolvam e fiquem focados nas coisas certas, e depois se lembrem delas, as reuniões visuais fazem isso.

Reuniões Normais e Especiais

Vamos começar pensando sobre todas as reuniões que você fez. Bill Daniels, um consultor influente para as organizações, faz uma distinção importante entre reuniões "normais" e "especiais". Ele define reuniões normais como o tipo que você, na função de líder ou gerente, conduz com os seus subordinados diretos como uma maneira de regular a sua organização. As reuniões especiais são aqueles workshops, planejamentos off-site e conferências virtuais especiais nos quais processos rotineiros são deixados de lado para se iniciar atividades especiais. Vamos examinar as diferenças:

REUNIÕES NORMAIS	REUNIÕES ESPECIAIS
1. Apresentar pessoas novas	1. Afastar-se para examinar suposições
2. Verificar progressos	2. Explorar visões e objetivos
3. Impor disciplina	3. Experimentar novas maneiras de trabalhar
4. Tomar decisões	4. Focar no desenvolvimento de liderança
5. Delegar tarefas	5. Aprender novas estratégias

Reuniões normais são geralmente conduzidas por você e refletiriam seu estilo e a cultura da sua organização. Elas são, provavelmente, altamente individualizadas e baseadas na forma como você gosta de liderar

A INTERAÇÃO É SOBERANA

As pessoas aprendem e se lembram, quando são participativas e interagem com as novas ideias e a informação. Essa ilustração de um círculo da audição visual mostra as diferentes coisas que acontecem. Os elementos acontecem com um pouco de atraso no tempo, estimulando os participantes a prestar atenção e entender os padrões. As checagens cruzadas e feedbacks interativos tornam as reuniões visuais muito mais atraentes do que apresentações com softwares de slides.

as coisas. Se você alguma vez já teve alguém de fora tentando conduzir uma das suas reuniões de equipe, então vai notar quão complicado isso é, a não ser que a pessoa seja efetivamente um membro da equipe.

Reuniões especiais, por outro lado, são geralmente facilitadas por pessoas de processos internos ou consultores externos, permitindo que você, como líder, tenha a chance de participar sem descarrilhar a reunião. Grande parte da metodologia e das ferramentas usadas por facilitadores e revistas nos livros *Reuniões Visuais* e *Equipes Visuais* se aplica a essas reuniões. A visualização cruza essa fronteira. Esta página e a próxima listam as ferramentas específicas das reuniões visuais que você pode usar, tanto em reuniões normais como especiais.

FERRAMENTAS DE REUNIÕES NORMAIS

APRESENTAR NOVAS PESSOAS

- ❑ **Compartilhe a sua história:** Conte a história de sua unidade visualmente.
- ❑ **Reveja a visão:** Compartilhe uma cópia impressa da sua visão.
- ❑ **Resuma os papéis:** Lidere uma aproximação com todos identificando suas funções. (Alguém pode registrar isso, mas não é necessário.)

VERIFICAR PROGRESSOS

- ❑ **Revise roteiros e relatórios de reuniões especiais:** Reoriente para o quadro geral.
- ❑ **Revise listas de progressos:** Muitos gerentes usam uma matriz ou lista simples.
- ❑ **Registre áreas que precisem de apoio:** Resultados vêm de todos se ajudando.

IMPOR DISCIPLINA

- ❑ **Reveja as medidas:** Visualize medidas que mostrem progresso nos objetivos.
- ❑ **Reconheça comportamentos exemplares:** Foque no reforço positivo, se possível.
- ❑ **Explique ações pessoais:** Fique acima das interpretações se precisar dispensar alguém.

TOMAR DECISÕES

- ❑ **Revise planilhas de propostas simples:** Faça com que as pessoas descrevam coisas que precisem de decisão de forma sucinta em impressos ou quadros (ver Capítulo 8).
- ❑ **Crie listas de ação:** Registre acordos em quadros. Isso fortalece os compromissos, se você, o líder, fizer isso.

DELEGAR TAREFAS

- ❑ **Registre os responsáveis pelas ações:** Quando você delegar tarefas, crie uma lista e escreva os nomes dos responsáveis — melhor ainda, faça com que eles escrevam seus próprios nomes.
- ❑ **Conecte a visão e os objetivos:** Mantenha uma linha de visão clara para os propósitos maiores do seu trabalho.

Você reconhecerá na lista de objetivos genéricos para reuniões especiais a fórmula IVI > R compartilhada no Capítulo 2 (página 17). Reuniões especiais são os momentos que você, como líder, pode se afastar e olhar o quadro geral. É aqui onde a visualização é verdadeiramente útil. Os resultados de reuniões especiais tornam-se, então, documentos de referência em reuniões normais.

Examine essas escolhas e marque as que você conhece. Existem outras ferramentas, mas essas são algumas das mais comuns. No restante deste capítulo há algumas ferramentas de reuniões normais que você mesmo pode usar e sugestões de como trabalhar com outras em reuniões especiais.

EXAMINAR SUPOSIÇÕES

- ❑ **Descreva o ambiente relevante:** Use mapas de contexto para entender o mercado, constituintes e acionistas.
- ❑ **Identifique anseios de mudança:** Identifique razões para mudar.
- ❑ **Resuma apresentações-chave:** Registre e mantenha atualizado.

EXPERIMENTAR NOVAS MANEIRAS DE TRABALHAR

- ❑ **Elabore rapidamente novas ideias:** Use gráficos para que pequenos grupos inventem soluções para problemas e reportem visualmente.
- ❑ **Faça alguns vídeos:** Improvise algumas formas de contar histórias e grave vídeos informais.

EXPLORAR VISÕES/OBJETIVOS

- ❑ **Crie histórias de capa:** Visualize o futuro e imagine as grandes manchetes.
- ❑ **Imaginação guiada:** Leve todos para o futuro e imagine o sucesso.
- ❑ **Organize quadros de afinidade:** Cubra uma parede com notas autoadesivas e encontre áreas de concordância.

DESENVOLVER ESTRATÉGIAS & PLANOS

- ❑ **Priorize elementos de visão e objetivos:** Use modelos e notas autoadesivas para identificar e separar prioridades.
- ❑ **Crie planos de jogo e roteiros:** Trabalhe em um grande mural até que todos vejam claramente o caminho adiante.

DESENVOLVER LÍDERES

- ❑ **Explore metáforas para organização:** Identifique e fale sobre as diferentes respostas para a pergunta "Nossa organização é como um...?"
- ❑ **Crie um Infográfico:** Explore como planos, valores culturais e normas dão suporte a ele.

METÁFORA "PARR"

Uma das formas mais memoráveis de conduzir uma boa reunião veio de um cliente que perguntou qual seria a ferramenta de facilitação mais simples. O acrônimo para as quatro coisas para acertar é "PARR" e elas mapeiam a metáfora ilustrada abaixo. Elas sugerem o que você precisa esclarecer para navegar o "rio" da sua reunião. Essa imagem é simples o suficiente para que você consiga fazer com que todos a visualizem como uma maneira de impulsionar a produtividade da reunião.

1. **Papéis:** Defina o que você quer dizer por líderes, facilitadores, especialistas e apoiadores, antes de começar.
2. **Agenda:** Coloque todo mundo na mesma estrutura ou "barco" para navegar o rio da reunião.
3. **Regras:** Estabeleça uma regra básica que possa ajudá-lo a evitar emborcar.
4. **Resultados:** Esclareça para onde você está indo.

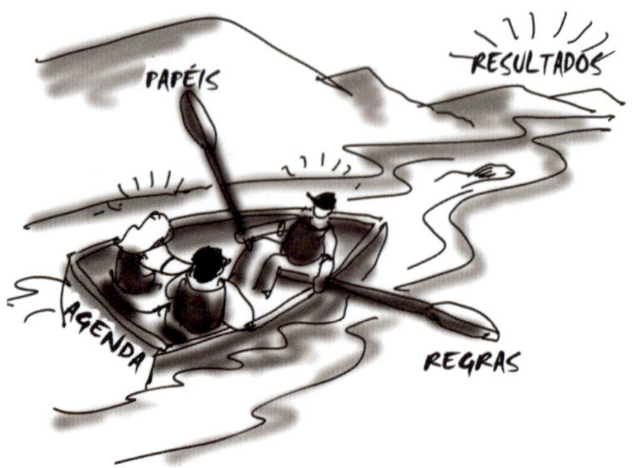

Quatro Coisas para Acertar em Suas Reuniões

Há tantas reuniões pobremente conduzidas que muitas pessoas as odeiam. Considerando seus custos, vale a pena improvisá-las, principalmente se elas são reuniões suas. Uma maneira fácil é conseguir cinco coisas certas e visualizá-las. Isso se aplica a qualquer tipo de reunião — normal, especial, presencial ou virtual. Elas criam o acrônimo "PARR". A metáfora deve ajudá-lo a lembrá-las. Vamos examinar rapidamente cada uma delas.

1. **Papéis:** Aumente sua flexibilidade ao exercer diferentes papéis e descrevê-los claramente. Treine os facilitadores ou praticantes visuais com quem você trabalha para indicar claramente os papéis deles também. As metáforas ajudam. Você é o condutor de uma reunião, um treinador, um juiz, um avaliador ou um designer? Esse são todos papéis do líder, mas são diferentes uns dos outros.

2. **Agendas:** Uma simples agenda é uma lista dos itens que precisam ser abordados, na ordem em que você quer tratá-los. Uma agenda gráfica faria isso em uma estrutura "time block", na qual quadros gráficos ao redor dos itens têm o tamanho de acordo com a quantidade de tempo que você quer gastar neles. Algumas agendas simples são ilustradas neste capítulo. O Capítulo 8 descreve algumas maneiras de criar agendas maiores para a orientação de processos mais complexos.

3. **Regras:** Faça acordos sobre como você lidará com tipos de problemas conhecidos antes dos eventuais incidentes. Isso pode prevenir que eles venham a acontecer. Como você planeja lidar com pessoas dominadoras? Como lidará com as decisões? Você vai tomá-las? Aceitará contribuições? Está trabalhando com consensos? As pessoas podem usar computadores? Elas podem enviar mensagens durante as reuniões? Todas essas questões são mais bem resolvidas com antecedência.

4. **Resultados:** Se você não faz mais nada, esclareça-os no começo da reunião. É aqui onde você expressaria suas expectativas em uma reunião normal e indicaria as concordâncias sobre os resultados de uma equipe de design em uma reunião especial. Eles devem descrever o que você quer que tenha acontecido ao final da reunião. Esclarecer resultados é a ação mais eficaz que você pode ter para aprimorar as reuniões. Anotá-los visivelmente faz uma grande diferença.

CURAS PARA A MANIA DE SLIDES

É compreensível que tantas pessoas tenham se deixado levar pela criação de slides. É divertido! É visual. Faz suas ideias parecerem oficiais e bem pensadas. Contudo, como qualquer solução rápida, tem efeitos colaterais ruins, vindos em grande parte da presunção de que as pessoas podem assimilar uma informação bonita apenas por apresentarem-na a eles. No entanto, existem algumas curas.

- ❑ Use o mesmo tempo que você usou para entender as ideias, para trabalhar com elas interativamente.
- ❑ Atenha-se a algumas imagens simples e focadas, conte histórias e provoque discussões e diálogos.
- ❑ Use murais maiores para ideias complexas que requeiram o estudo das conexões e relações.
- ❑ Ilustre à mão ideias em seus estágios iniciais para que as pessoas fiquem mais dispostas a dar sugestões.

O Problema com o Software de Apresentação

Se você tem o hábito de fazer relatórios e revisar trabalhos usando montes de slides, você já está trabalhando visualmente, mas não necessariamente dando suporte à boa interação em grupo. As ilustrações nesta página visualizam o problema. Como criador de uma apresentação em slides, você ou seus subordinados diretos fazem um bom exercício visual. Isso é o que os designers fazem — um protótipo visual de ideias. Até aqui, tudo bem. Então, você os envia antecipadamente. Entretanto, as pessoas raramente passam um longo tempo estudando informações por e-mail, a não ser que seja uma missão crítica. Em reuniões ou conferências virtuais, longas apresentações de slides quase nunca estão em um passo no qual a pessoa possa absorver novas ideias. E adivinhe onde os montes que são entregues acabam — geralmente em uma pilha, e então... Bom, você conhece o resto da história. As pessoas aceitam porque você é o chefe. Não significa que funcione.

QUATRO HORAS

15 SEGUNDOS

1 MINUTO

PRATIQUE O REGISTRO DE POP-UP

Se você realmente quer mostrar que está escutando, monte um quadro em um cavalete e faça os registros você mesmo. Você pode fazer isso para itens de ação, adicionando nomes dos responsáveis pelos projetos delegados ou ressaltando agendas simples para reuniões normais. Aqui estão algumas dicas básicas.

- ❑ Use letras MAIÚSCULAS para títulos e minúsculas para itens de apoio.
- ❑ Escreva grande o suficiente para que todos leiam facilmente.
- ❑ Agarre as palavras-chave; verifique com o orador para se certificar de que elas estão corretas.
- ❑ Use cores fortes para o texto — preto, azul, verde e marrom.
- ❑ Use cores brilhantes para destacar — laranja e amarelo.
- ❑ Use o vermelho para enfatizar algo em especial.
- ❑ Desenhe linhas finas entre itens em uma lista.
- ❑ Acrescente tópicos consistentes. (É divertido desenvolver um pequeno conjunto que você pode criar facilmente — tal como quadros, asteriscos e setinhas.)
- ❑ Alinhe todos os seus itens à esquerda e deixe alguns espaços para eventuais anotações ou comentários.

Para mais detalhes nessa linha, adquira Reuniões Visuais e Equipes Visuais. *Eles estão disponíveis online no www.grove.com (conteúdo em inglês) e repletos de ajuda para praticantes visuais. Eles são úteis se você gosta de usar quadros para treinar o pessoal que o ajuda.*

A Audição Visual Está no Coração das Reuniões Visuais

O que funciona como alternativa para a fixação por slides é o comprometimento real, interação e, mais do que tudo, ouvir de verdade. Todas as ferramentas essenciais que veremos na Parte 3 têm em seu âmago a audição visual — o ato de refletir o que as pessoas dizem interativamente com a visualização gráfica. Uma vez que isso acontece, então o padrão de encontrar e planejar o que aconteceu ocorre em um nível de envolvimento e eficácia completamente diferente. Colocar a comunicação de pessoa com pessoa de volta ao centro da sua liderança, sem sacrificar a qualidade do seu pensar, é o objetivo da liderança visual.

Bob Horn, fundador do Mapeamento de Informações em Boston, adorava fazer registros de suas reuniões normais. "Era tão fácil, para mim, dominar como chefe", ele disse. "Registrar me deu algo para fazer que era realmente eficaz — eu estava ouvindo de verdade e todo mundo poderia ver em preto e branco."

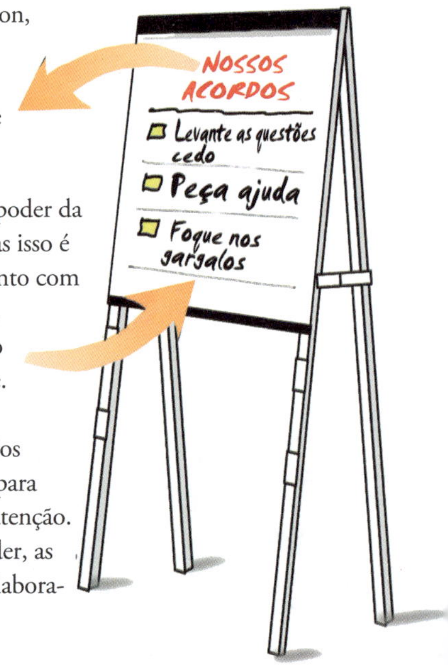

Com experiência, você, como líder, vai começar a valorizar o poder da audição visual. É fácil pensar que liderança é sobre "falar". Mas isso é o começo da liderança. A verdadeira arte é trazer as pessoas junto com você. Em reuniões normais, guiar todos para rever progressos, levantar questões importantes e pedir por ajuda é um processo contínuo de fazer perguntas-chave e depois ouvir atentamente. É possível fazer tudo isso sem registrar, é claro, mas é também muito útil para você tomar notas daquelas coisas que todos precisam se lembrar, como as listas de problemas e propostas para solução. Registrar como líder, salientando a seriedade da sua atenção. Se você decidir usar os elementos visuais ativamente, como líder, as páginas seguintes explicam algumas questões básicas sobre a elaboração da exibição que o ajudarão a guiar o processo.

PODERES DAS REUNIÕES VISUAIS

Este gráfico ilustra os quatro poderes das reuniões visuais e foi a estrutura que organizou o livro *Reuniões Visuais*. Ele se aplica à liderança e mostra os benefícios previsíveis de trabalhar dessa forma. Para quebrar a orientação de apresentação com software, você e sua organização precisam entender por que é importante trabalhar visualmente e de uma maneira interativa.

IMAGINAÇÃO BRILHANTE: Visões de como é o sucesso, metáforas atraentes e modelos mentais visíveis, tudo isso estimula sua imaginação e a de sua organização.

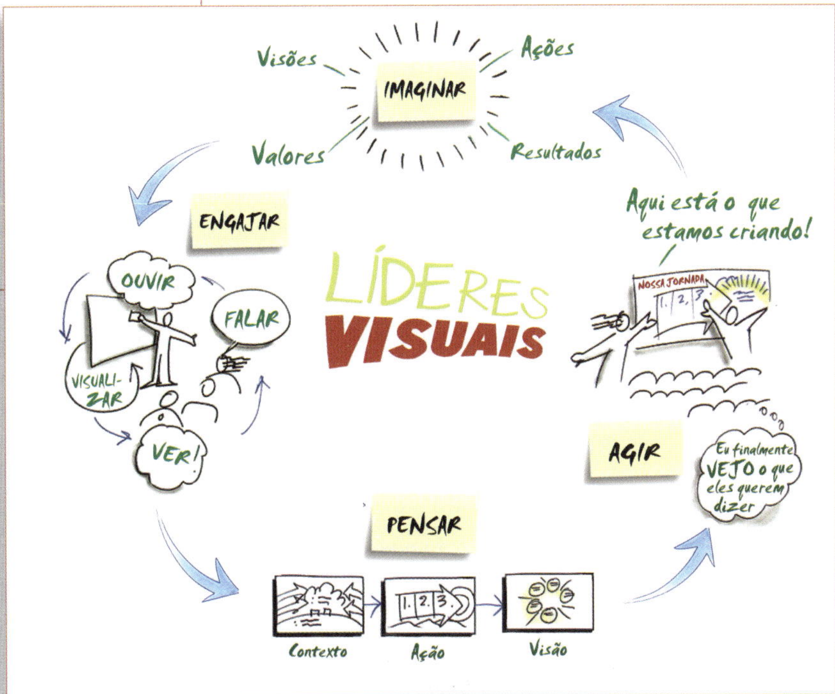

ENGAJANDO AS PESSOAS ATIVAMENTE: Nada é tão envolvente como reconhecer o que as pessoas estão dizendo ao escrever e desenhar as metáforas e modelos que formulam suas ideias. Lembretes, desenhos em grupo, jogos e outras formas de visualização interativa, tudo isso tem este dividendo.

APOIANDO A REPRESENTAÇÃO E A MEMÓRIA EM GRUPO: Notas da reunião, etapas, planos de ação, roteiros, quadros de marcos e mapas de grandes processos que explicam que grandes mudanças são todas mais eficazes quando são visuais e grandes o suficiente para serem postadas e referenciadas continuamente. Essas ferramentas são críticas para a implementação e a representação efetivas dos planos.

PENSANDO NO QUADRO GERAL: Elaboração de exibições é a linguagem do pensamento dos sistemas. Fazê-las em grupos aumenta amplamente a inteligência do grupo e a habilidade de todos de ver conexões, encontrar soluções e entender como o quadro geral se relaciona com os elementos específicos do trabalho.

A ESTRUTURA DA LINGUAGEM FALADA

Nossas memórias gravam sequências de experiências. Nós vivemos no tempo, uma coisa após a outra: na verdade, cientistas cognitivos descobriram que nossa memória é otimizada para detectar o movimento com o tempo. Não é por menos que narrativas ou estruturas históricas são as unidades mais básicas da organização das palavras. No entanto, existem alguns desafios decorrentes dessa organização. Pelo fato de o idioma precisar de substantivos, verbos e objetos para formar frases completas, a nossa mente constantemente separa as coisas dessa forma. Isso funciona se o que estamos pensando for de fato um objeto.

Linguagem Visual versus Linguagem Falada

É importante entender a parte de palavras da linguagem visual. Ela começa com a palavra falada, organizada em um formato linear. Suas frases possuem uma estrutura “sujeito-verbo-objeto” com viés em direção à ação. Essa é uma das razões pelas quais é tão difícil solucionar problemas apenas com conversa. Para comparar ideias e informações diferentes, você precisa fazer uma visualização em algum lugar. Uma vez que os humanos não vivem apenas em tempo linear e as histórias se passam em contextos e ambientes, a linguagem verbal depende de palavras que apontam para imagens enquanto as coisas vão acontecendo. O ouvinte cria as figuras em sua imaginação. A prática visual torna esse processo explícito, mas a linguagem falada não.

Essa é a estrutura linear da palavra falada. Ela possui sujeitos, que agem através dos verbos, os quais...

Se o que é selecionado como o sujeito (normalmente um substantivo) ou o objeto (também um substantivo) é na verdade um fenômeno manifestado fisicamente (como uma emoção ou intenção), então esse processo de “objetificação” pode resultar em alguns erros de pensamento bem reais. (Veja mais sobre isso no Capítulo 6.)

Estrutura Verbal da Língua Portuguesa

- **Sujeito** (substantivos com modificadores)
- **Verbo** (palavras de ação com cláusulas modificadoras)
- **Objeto** (sobre o qual a ação é feita — um substantivo com modificadores)

Linguagens faladas em culturas de outras línguas podem ter estruturas diferentes. O japonês põe os verbos no final, o que aumenta amplamente a ambiguidade em potencial de uma fala.

As pessoas tiram sentido da linguagem falada de quatro maneiras:

1. **Sequência na sentença:** A posição da palavra na sentença nos diz se ela é sujeito, verbo, objeto ou modificador. “Cachorro morde homem” é uma frase muito diferente de “Homem morde cachorro”, mesmo que as frases tenham as mesmas palavras.

2. **Definição:** Existem definições oficiais das palavras como estabelecido pelo uso convencional e registradas em dicionários. Porém, as palavras acumulam muitos significados diferentes.
3. **Conotação:** Um terceiro elemento não está na linguagem em si, mas em nossa experiência passada com determinada palavra. Isso se chama “conotação”. Tal aspecto é uma parte importante do que um líder precisa entender.
4. **Expressão:** As pessoas enfatizam palavras-chave e adicionam um conteúdo emocional com a modulação vocal.

Líderes Realçam as Interpretações

A linguagem falada carece de precisão! As complicações embutidas no ato de certificar-se de que as pessoas compartilham interpretações parecidas de comunicações importantes, tais como concordâncias no que diz respeito a planos, é um dos grandes argumentos para fazer a audição ser visual. Esse nível extra de feedback, mesmo que você esteja apenas registrando coisas em um quadro, abre a possibilidade de corrigir erros de interpretação. Os eventos raramente têm um impacto direto na sua organização, entretanto, a interpretação de todos sobre o que os eventos significam tem impacto! É por isso que os líderes focam em interpretações. Tornar-se mais ciente das metáforas e dos modelos fornecerá algumas ferramentas para auxiliar nessa função.

...têm impacto nos objetos, descritos pelos modificadores.

Um dos guias mais úteis para pensar sobre a linguagem e seu impacto foi escrito no final dos anos 1960 por um jesuíta franco-canadense, que se tornou consultor de gestão, chamado Joseph Samuel Bois. É intitulado *The Art of Awareness*, e é válido tê-lo e estudá-lo se você quer se tornar um adepto do aspecto da linguagem de liderança). É uma extensão muito acessível do trabalho de Alfred Korzybski, um engenheiro e cientista polonês que escreveu *Ciência e Sanidade*, um livro muito influente, porém desafiador, escrito nos anos 1930. Korzybski alegava que muitos problemas na sociedade vêm de distorções introduzidas por nossa linguagem e modelos mentais, e são provavelmente o fator principal das guerras, muitas vezes devidas a símbolos sagrados e ideologias. Korzybski advertiu sobre a armadilha de proceder a identificações utilizando nossa linguagem e símbolos, sendo conhecido como o criador da máxima de que "o mapa não é o território", uma ideia fundamental na liderança visual.

Bois torna todas essas ideias bastante acessíveis e escreveu seu livro com a intenção de que fosse um livro didático para pensar sobre a relação entre pensar e agir. Ele o chama de epistêmico ou de epistemologia aplicada (para os leitores que estiverem interessados em mais teoria abstrata).

HERÓI DE MIL FACES

Os seres humanos são conectados por histórias. Criá-las e contá-las é uma parte importante do trabalho de um líder. Você pode se interessar em saber que existem alguns padrões universais para o que faz uma boa história.

Joseph Campbell em seu livro seminal, *O Herói de Mil Faces*, descreve uma pesquisa que descobriu um dos padrões de história mais básicos — a jornada do herói. Ele diz que é um padrão de história arquetípica que parece ser usado ao redor do mundo. Você o reconhecerá nos seguintes elementos.

Padrão de História da Jornada do Herói

- Uma vila pacífica é ameaçada.
- Um herói improvável é selecionado para encontrar uma solução.
- Ele(a) se aventura pela selva perigosa, tendo que passar por guardiões.
- O herói encontra perigos e desafios.
- Então, o herói recebe ajuda mágica de algum tipo.
- Ele(a), então, retorna para o vilarejo, novamente passando por vários obstáculos.
- O herói chega e salva o dia com a ajuda mágica que recebeu.

Existem críticas para esse tipo de história, lembrando que nem toda vida é guiada por objetivos como esse. Mas os humanos adoram ver um personagem improvável ascender sobre os desafios e ter sucesso. E, independentemente da estrutura específica, as histórias fornecem uma maneira bem central pela qual nós reduzimos a complexidade da vida em partes compreensíveis e memoráveis.

LINGUAGEM VIRTUAL É ESPECIAL

O que É Linguagem Visual?

No último século, com o desenvolvimento de muitas tecnologias sofisticadas de processamento de imagens, as palavras, figuras e formas têm sido integradas em vários padrões visuais diferentes. Em séculos passados, esse tipo de linguagem visual foi usada para mapas, diagramas e ilustrações para livros, mas não da maneira fluida e em camadas como aparece na mídia contemporânea. Na atualidade, todos nós somos pensadores visuais, seja de nossa preferência ou não. Trabalhamos visualmente quando dirigimos um carro. As telas são todas visuais. Livros são visuais. Revistas, pôsteres, outdoors e instruções de segurança de linhas aéreas são visuais.

Até a linguagem falada é visual, se você pensar sobre a maneira como diferentes palavras evocam imagens na mente de um ouvinte, ou vir os gestos como imagens gráficas sem papel. Isso acontece tão naturalmente que muitos de nós não consideram como pensamento visual, mas é. O grande valor de trabalhar com apresentações visuais e quadros é a forma como eles tornam esse pensamento integrado visível e acessível. A visualização ativa abre as portas para todos se tornarem mais conscientes sobre a natureza visual de todas as comunicações.

Linguagem Visual É a Linguagem Padrão

As páginas 44 e 45, a seguir, ilustram algumas estruturas arquetípicas de linguagem visual que são o equivalente gráfico das estruturas históricas. São chamadas de formatos de apresentação porque ajudam a moldar e formar o padrão visual que surge. Como qualquer estrutura, elas destacam algumas coisas e deixam outras pouco evidentes. Ajudar a escolher os formatos certos de apresentação para dar suporte ao que você está falando é o papel de um líder visual. Você não precisa ser de fato aquele que escreve e desenha para fazer uma grande diferença na clareza e impacto de uma discussão. De certa maneira, você está guiando as pessoas em direção à apreciação dos padrões de pensamento que são mais prováveis para dar suporte ao alcance de seus objetivos como uma organização.

LINGUAGEM VISUAL COMBINA PALAVRAS, IMAGENS E FORMAS

Bob Horn escreveu um dos primeiros livros abrangentes sobre a prática visual, intitulado *Linguagem Visual: Comunicação Global para o Século XXI*. Ele define a linguagem visual como a integração das palavras, imagens e formas em uma unidade única de comunicação. Inventores, como Leonardo da Vinci, têm, através da história, usado a linguagem visual como uma ferramenta básica para auxiliar o pensamento. Diários se tornaram o meio para ter reuniões com você mesmo e desenvolver suas habilidades na linguagem visual. Existem incontáveis exemplos de estudo. Considere

- ❑ Sites
- ❑ Propagandas e outdoors
- ❑ Revistas em quadrinhos
- ❑ Infográficos de revistas e jornais
- ❑ Exibições de televisão jornalística
- ❑ Mapas
- ❑ Reuniões facilitadas graficamente
- ❑ Aplicativos digitais
- ❑ E até mesmo apresentações de slides!

Estrutura da Linguagem Visual

- Espacial, em duas dimensões, e algumas vezes representando uma terceira
- Composta por palavras, imagens e formas em padrões — algumas conectadas, outras não
- Pode incorporar estruturas lineares

A Importância de Escolher o Formato Certo

Quando decide trabalhar visualmente, em uma reunião normal ou especial, você está adicionando recursos para proporcionar o diálogo. Como líder, você precisa escolher os formatos certos. Eis como fazer.

1. Foque nos **resultados** definidos. Tudo gira em torno disso.
2. Escolha um **formato de apresentação** que auxilie a ver o que é necessário ver (veja as escolhas de teclado nesta página e na próxima).
3. Registre padrões de **palavras-chave** e **imagens**.
4. Escolha um novo formato para ter outra perspectiva.

(Veja o Capítulo 8 para exemplos de casos.)

O TECLADO DE GRÁFICOS DE GRUPO

PÔSTERES

Atenção no Foco

Diferenciado

MELHOR USO

- ❑ Títulos da reunião
- ❑ Temas
- ❑ Resultados, agenda, papéis e regras
- ❑ Enfatizar visões, missões ou princípios-chave

LIMITAÇÕES

- Pode fazer bem apenas um ponto
- Muitos pôsteres anulam o efeito

LISTAS

Energize o Fluxo

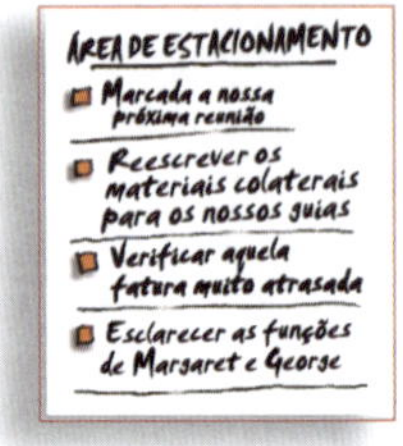

Alinhado

MELHOR USO

- ❑ Brainstorm
- ❑ Registro geral
- ❑ Agendas
- ❑ Expectativas
- ❑ "Áreas de Estacionamento"
- ❑ Sugestões/opções
- ❑ Inventários
- ❑ Minutos
- ❑ Acordos
- ❑ Próximos passos

LIMITAÇÕES

- Difícil comparar
- Listar se torna um borrão visual

GRUPAMENTOS

Comparações Ativas

Espaçado

MELHOR USO

- ❑ Mapeamento de contexto
- ❑ Opções de brainstorm
- ❑ Gravações de discussões abertas
- ❑ Design solto
- ❑ Visão
- ❑ Desenhar interesses
- ❑ Identificar objetivos em potencial

LIMITAÇÕES

- Sacrifica o sequenciamento para o grupo
- Cronologia difícil de acompanhar
- Pode parecer confuso

GRADES

Combinações de Construções

Categorias Cruzadas

MELHOR USO

- ❑ Priorização
- ❑ Avaliação
- ❑ Design de projetos e agendas
- ❑ Organização de tarefas em uma equipe
- ❑ Catalogação e roteirização
- ❑ Mapeamento de dados numéricos
- ❑ Mapeamento de informações geográficas
- ❑ Esboço de percepção

LIMITAÇÕES

- Categorias precisam ser claras
- Não reflete o processo em grupo
- De difícil ajuste
- Força a improvisação se a discussão se desviar do assunto

DIAGRAMAS

Aumento do Entendimento

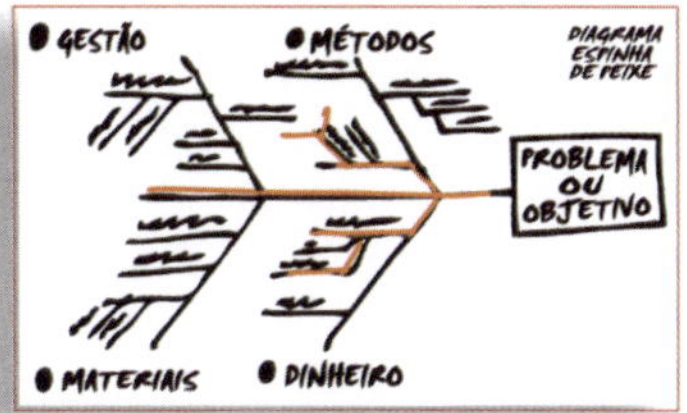

Ramificação

MELHOR USO

- ❑ Mapeamento de processos
- ❑ Mapeamento da mente
- ❑ Análise de sistemas
- ❑ Encontrando a raiz das causas
- ❑ Árvores de decisão
- ❑ Fluxogramas
- ❑ Quadros organizacionais
- ❑ Tomar notas

LIMITAÇÕES

- Lento e complexo
- Sem momento de parada natural
- Itens têm de se encaixar na estrutura geral
- Difícil de mostrar conexões múltiplas

DESENHOS

Significado Animado

Analogia (Metáfora Gráfica)

MELHOR USO

- ❑ Planos de ação e roteiros
- ❑ Visões
- ❑ Entendimento de sistemas por meio de uma metáfora
- ❑ Gráficos históricos
- ❑ Verificações de ambiente
- ❑ Sessões de inovação

LIMITAÇÕES

- Requer experiência com metáforas
- Pode anuviar o pensamento se a metáfora não incluir um elemento importante
- Mapas não são o território; metáforas não são a realidade

MANDALA

Demonstração de Unidade

Centrado

MELHOR USO

- ❑ Quadros de introdução
- ❑ Visões
- ❑ Modelos mentais
- ❑ Quadros-alvo para mostrar foco unificado
- ❑ Gráficos circulares para dados financeiros
- ❑ Diagramas em teia para análises
- ❑ Mapas de constelação

LIMITAÇÕES

- Complexo e desafiador de ler
- Algumas vezes não há unificação
- Escrever em um padrão circular pode ser difícil

PROCESSO SIMPLES DE SOLUÇÃO DE PROBLEMAS

1. **Foque no problema:** Faça o grupo conversar sobre o problema e explore como eles o entendem. Quais são as questões subjacentes? Você pode listar e circular as mais importantes.
2. **Solicite ideias de solução:** Peça às pessoas que trabalhem em duplas, usando notas autoadesivas e gerando uma ideia por nota.
3. **Agrupe as notas:** Disponha as notas e peça ao grupo para organizá-las em diagramas e nomear os títulos.
4. **Discuta as propostas para o entendimento:** Nem tudo precisaria ser registrado, mas pontos-chave podem valer a pena ser escritos.
5. **Vote na mais promissora:** Pegue o número de itens que você está olhando (numere-os, talvez) e dê a todos 1/3 desse número de votos. Use bolinhas ou peça que ergam as mãos, e conte os votos.
6. **Discuta as notas que tiverem a maior atenção:** Compare opções. Você pode registrar cada vantagem das opções.
7. **Tome uma decisão:** Ou você, como líder, toma a decisão, ou, se você concordou em trabalhar por consenso, peça ao grupo que dê voz a um consenso e trabalhe até que você tenha um.

Descreva Primeiro, Decida Depois

Se você está determinando como trabalhar com ambientes de apresentação maiores e visuais, principalmente em reuniões especiais, um princípio útil é separar a descrição do que está acontecendo, de tomar decisões sobre o que fazer. Ter exibições diferentes para cada um é útil. Você também lida com isso ao usar notas autoadesivas para gerar uma imagem do que está trabalhando e então separá-las para determinar onde agir. Simplesmente faça todos escreverem qualquer informação que você esteja buscando nas notas. Uma vez escritas, você pode então analisar e priorizar, movendo-se em direção a uma decisão. Um exemplo de onde você poderia pessoalmente fazer algum registro simples seria a solução de um problema dominante durante a revisão de um projeto quando seu grupo parecer empacado. Você poderia seguir a série de passos descritos na lateral quando quiser impulsionar a inteligência do grupo em torno de uma questão:

Se você se dispuser a registrar, aqui estão alguns equívocos que pode involuntariamente cometer ao fazer de sua própria maneira.

COISAS QUE ATRAPALHAM O REGISTRO

- ❑ Substituir suas palavras pelas deles
- ❑ Recusar-se a escrever porque você não concorda; escreva primeiro, depois discorde!
- ❑ Escrever com letras pequenas ou garranchos impossíveis de ler
- ❑ Ficar na frente do que você escreve
- ❑ Assumir a conversação porque um item desperta seu interesse
- ❑ Ficar irritado quando as pessoas lhe disserem o que registrar
- ❑ Ir muito devagar e ficar para trás; simplesmente peça tempo para terminar o item no qual está trabalhando
- ❑ Perder muito tempo com a criação de um desenho bonitinho

Oriente Sua Equipe a Criar Documentações Úteis

Pode parecer um pequeno passo, mas, como líder, você tem o direito de pedir como o trabalho da reunião deve ser comunicado de volta para todos. Aqui estão algumas escolhas:

- ❑ Peça que alguém tire fotos digitais dos quadros e mande por e-mail os resultados para todos.
- ❑ Peça que alguém digite as concordâncias e envie.
- ❑ Guarde os quadros e traga-os na próxima reunião.

Em todos esses casos, você está tentando manter a documentação e a viabilidade de fazer os acordos em conexão próxima.

Alavancagem das Reuniões Visuais em Comunicações Gerais

Um dos aspectos poderosos de começar a trabalhar visualmente em reuniões é ter a chance de realmente sintonizar as metáforas e símbolos quem têm significado para seus subordinados diretos. Trabalhar explicitamente com imagens e palavras no papel convida a uma discussão aberta sobre como as pessoas se identificam com maneiras diferentes de expressar as coisas. Por que isso importa? Porque, para que as comunicações sejam significativas, as pessoas precisam ter uma relação com os conceitos, palavras e imagens. As pessoas não são mentes vazias esperando por sabedoria. Elas já têm suas próprias ideias. Para você se conectar com as pessoas e liderá-las com eficácia, precisa entender como e até que ponto as imagens e metáforas realmente funcionam. Uma história do passado ajudará a explicar isso.

Na campanha Goldwater/Johnson para presidente dos Estados Unidos em 1964, o país encontrava-se em plena guerra fria. Os Estados Unidos e a União Soviética investiram pesado em armamentos nucleares, supostamente para "impedir" um ao outro de ir à guerra. A retórica da campanha foi mudada, com um presidente popular desafiado por Barry Goldwater, um *hawk* (político americano pró-guerra) extremamente conservador que deixava até seu próprio partido nervoso. Em um determinado momento, Johnson colocou no ar um anúncio, hoje infame, chamado "Margarida" que mostrava uma jovem garota em um prado tirando as pétalas de uma margarida, dizendo, "Bem me quer, mal

AUXILIANDO A MEMÓRIA DO GRUPO

As pessoas se lembram de coisas baseadas no impacto que a experiência original teve nelas. Uma das razões pelas quais é tão difícil lembrar-se de uma apresentação de slide é que raramente há uma experiência muito envolvente relacionada. Os apresentadores de slides realmente bons sabem como contar histórias e relacionar o que eles dizem às experiências de seus ouvintes, mas a maioria dos apresentadores não possui tal habilidade.

Captura Digital Preserva a Memória do Grupo

Uma das razões pelas quais os praticantes visuais usam a fotografia digital de quadros reais de reuniões é estender a experiência e, consequentemente, a memória do grupo. Você já notou como as pessoas gesticulam em um canto da sala onde coisas importantes estão escritas, mesmo depois de o quadro ter sido retirado? Isso é porque nós ancoramos nossa memória na experiência total — do espaço, das cores, da forma de registrar. É um padrão completo, não se trata apenas dos dados. Cópias digitais de quadros desempenham esse papel.

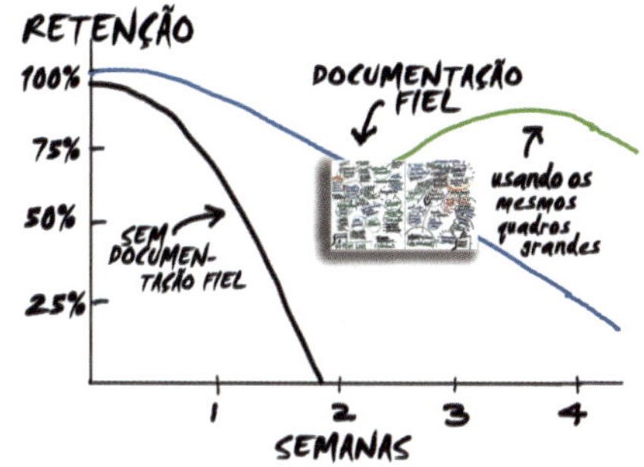

"MODELO DE TRANSPORTE" DE COMUNICAÇÕES

Por muitos anos, essa era a forma como as pessoas pensavam sobre comunicações. Ela guiou o modelo de "broadcast" (difusão, no sentido amplo, ou radiodifusão, em sentido mais restrito). Era bem empacotada. Reduzia o ruído na comunicação. Alcançava as pessoas a quem a mensagem se destinava. É um modelo sedutor mas sem suporte da ciência cognitiva.

MODELO DE COMUNICAÇÕES "RESPONSIVE CHORD"

Tony Schwartz e muitos outros acreditam que a comunicação acontece quando as palavras e imagens ressoam com os valores e interesses já incorporados pela pessoa. Estabelecer novos valores e interesses requer novas experiências, não comunicações espertinhas.

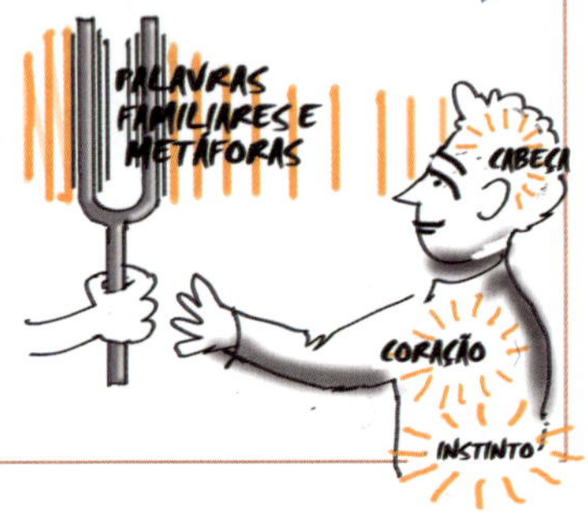

me quer...". À medida que ela continuava, uma contagem regressiva começava silenciosamente, e depois em volume mais alto, até que uma bomba atômica preenchia a tela. Não havia menção nem a Goldwater nem a Johnson. O anúncio foi ao ar apenas por alguns dias, por ser tão incendiário. Contudo, nesse curto período de tempo, ele serviu seu propósito, que era retratar Goldwater como uma escolha muito arriscada. Por que essa metáfora teve tanto impacto?

Tony Schwartz, um experiente profissional da mídia, escreveu um livro muito influente dez anos depois, em 1974, chamado *The Responsive Chord: How Radio and TV Manipulate You... Who You Vote For... What You Buy... And How You Think*. É uma lente poderosa sobre o mundo das comunicações. Ele centraliza sua tese no anúncio Margarida e argumenta que a antiga escola de veiculação das comunicações, a qual presume que o desafio na comunicação é empacotar e levar a mensagem através de um canal sem perder o sinal, não é apenas ultrapassado, é incorreto. Ele prevê muito da ciência cognitiva de hoje ao afirmar que as pessoas estão, na verdade, repletas de suas próprias ideias e imagens, não decodificam as mensagens e respondem àquelas que "tocam em um ponto sensível". É por isso que o anúncio Margarida foi tão incendiário. Ele ressoou tendências já estabelecidas.

Para a liderança, entender as tendências das pessoas é essencial para boas comunicações. Uma das melhores formas de desenvolver essa sensibilidade e sua própria fluência visual é começar usando a linguagem visual em suas próprias anotações — ouvir as imagens e metáforas que seu pessoal usa. Hoje, você pode escolher fazer isso em uma das minhas mesas e programas de desenho que estão disponíveis. Se por acaso você for alguém que pensa em voz alta com os outros, então use seu diário como um rascunho enquanto fala e veja a conversação ganhar vida.

Nos próximos capítulos, você encontrará uma variedade de imagens e metáforas, todas com a intenção de tocar em algum ponto sensível seu, leitor. Note o que funciona, e o que não funciona, como meio de conseguir informações sobre suas próprias tendências. Interaja com as ideias e veja como *você* as visualizaria.

Parte Dois:
Examinando Sua Própria Liderança

Parte Dois:
Examinando Sua Própria Liderança

4: Qual É Seu "Sistema Operacional"? Metáforas, analogias e modelos mentais são as "frases" na linguagem visual do seu cérebro. Se você planeja ajudar a sua organização a tirar vantagem da revolução da visualização, precisa começar com você mesmo. Este capítulo estabelece algumas definições e percepções críticas que serão usadas no decorrer do restante do livro.

5: Que Tipo de Organização Você Lidera? Dos modelos mentais do mundo que você tem no seu cérebro, aqueles que você usa para pensar sobre sua organização como um todo são os mais importantes para entender. Este capítulo introduz uma estrutura visual de pensamento sobre organizações chamada de Modelo Sibbet/LeSaget de Organizações Sustentáveis, e as ferramentas visuais que são necessárias em cada estágio do desenvolvimento.

6: Desenvolvendo Seu QI Visual Este capítulo apresenta exercícios que você pode fazer sozinho para desenvolver sua inteligência visual. Alguns são exercícios de imaginação e outros vão envolver a elaboração de alguns desenhos e diagramação. Este capítulo também explica alguns dos significados genéricos, incorporados em formas simples que você pode usar para pensar sobre questões organizacionais.

4. Qual É Seu "Sistema Operacional"?
O Poder (e o Risco) dos Modelos Mentais

A consciência humana é uma dança entre aquilo de que estamos cientes em nosso pensamento e o que estamos comunicando e ouvindo dos outros. Se você refletir sobre esse *continuum*, poderá observar que os dois lados são processados pelo mesmo cérebro. Nós não somos nunca, em um sentido literal, capazes de ficar fora de nossa mente, no entanto, cativar o estímulo de nossos sentidos, particularmente dos nossos sentidos visuais, parecemos ser. Você já ouviu o antigo ditado, "As pessoas lembram de 10% do que ouvem, 20% do que veem, mas 90% do que participam"? Se você verificar a exatidão desse números, vai descobrir um monte de argumentos sobre as porcentagens, mas não sobre a ideia geral. Ela se correlaciona com o fato de que o nosso cérebro responde a dados sensoriais ricos com que trabalha. Essa dinâmica é um princípio fundamental por trás do poder da visualização interativa.

Mas isso tudo ainda está sendo filtrado pelas nossas metáforas, modelos mentais e paradigmas — que funcionam analogamente aos sistemas operacionais dos computadores. O que são tais coisas? Se você vai alongar o seu pensamento visual e de sua equipe e usar ferramentas mais inovadoras e participativas para dar suporte às suas reuniões normais e especiais, precisa começar a calibrar seu próprio entendimento desses conceitos e avaliar o próprio preconceito com respeito ao que faz sentido dentro da complexidade deles.

O que um Líder Precisa Saber sobre Metáforas e Modelos?

Vamos definir alguns termos como uma maneira de começar. Aqui está um monte de palavras que apontam para vários aspectos de nossa inteligência visual e que podem ser confundidas.

1. Imagem
2. Metáfora
3. Analogia
4. Modelo mental
5. Estrutura
6. Sistema operacional

imagem

substantivo

1. uma semelhança física ou representação de uma pessoa, animal ou coisa, fotografada, pintada, esculpida ou tornada visível de outra maneira.
2. uma correspondência ótica ou aparência de um objeto.
3. em psicologia, uma representação mental de algo percebido previamente.
4. forma; aparência; semblante: Somos todos criados à imagem de Deus.
5. correspondente; cópia: Aquela criança é a imagem da mãe.
6. um símbolo; emblema.
7. a percepção geral ou pública de uma empresa, figura pública, e assim por diante, principalmente se conseguida por cálculos cuidadosos visando à criação de boa vontade difundida.
8. em retórica, uma figura de linguagem, principalmente uma metáfora ou um símile.

— dictionary.com (definições traduzidas)

metáfora Uma metáfora é uma figura de linguagem literária que descreve um assunto ao afirmar que ele é, em algum nível de comparação, o mesmo que outro objeto não relacionado de outra maneira. Metáfora é um tipo de analogia e é intimamente relacionado a outras figuras de linguagem retóricas que produzem seus efeitos por meio de associação, comparação ou semelhança, incluindo alegoria, hipérbole e símile.

— Wikipedia (definição traduzida)

No nível mais simples de visualização, nós mantemos imagens visuais em nossa mente. Pense em seu local de férias preferido. Você provavelmente pode vê-lo em sua *imag*inação (note a raiz da palavra *imagem*). Você pode também notar um fluxo de sentimentos e talvez até ouvir alguns sons. Nosso cérebro é capaz de registrar experiências em um vocabulário muito rico que mistura visão, som e sentimento. Poetas e artistas os chamam de imagens. Designers gráficos também chamam figuras de imagens. A palavra é usada na computação para cópias exatas. É tão abrangente (ver na lateral) que é uma palavra difícil para se usar claramente. Para este livro, pense em *imagens* como uma palavra geral para o material visual básico com o qual nós trabalhamos.

Metáforas São Mais Profundas que Simples Comparações

Uma metáfora é uma imagem que se tornou uma figura de linguagem na qual uma coisa é mantida como semelhante a outra coisa, à qual ela não é relacionada de outra maneira. Se você escuta com isso em mente, ouvirá muitas delas quando as pessoas falam sobre sua organização. Registradores gráficos ouvem dessa maneira.

- Precisamos *alavancar* nossos pontos fortes (lembrando do acréscimo de força proporcionado pelo uso da alavanca).
- Como podemos *acelerar* as vendas (comparando as vendas com carros)?
- Precisamos *navegar* tranquilamente nesse projeto (comparando projetos com uma jornada marítima).
- Vamos *colher* nosso histórico de capacidades (comparando capacidades com um pomar ou colheita).
- Se não *podarmos* nosso portfólio, estaremos em apuros (comparando portfólios com árvores).
- Precisamos nos *amarrar* (comparando trabalho em equipe com escalada de montanha).
- Como chefe, ela é uma *leoa* (comparando comportamentos fortes com animais fortes).

Você consegue ver imagens quando lê essas frases? Um resultado de ser um praticante visual é compreender e ter noção de quanto da linguagem é metafórica. Estamos constantemente comparando o que queremos entender com coisas que são diferentes a fim de destacar um ponto ou outro.

Em 1986, um consultor e professor inglês chamado Gareth Morgan escreveu *Imagens da Organização*. Foi um best-seller e continua sendo um livro muito relevante para pensadores visuais e líderes visuais. Ele começa escrevendo:

> Gerentes e profissionais eficientes em todos os caminhos da vida, sejam eles executivos de negócios, administradores públicos, consultores organizacionais, políticos ou sindicalistas, precisam se tornar habilidosos na arte de "ler" a situação que eles estão tentando organizar ou gerir [...]. A premissa básica sobre a qual o livro se fundamenta é que nossas teorias e explicações da vida organizacional são baseadas em metáforas que nos levam a ver e entender organizações de maneiras distintas porém parciais [...] o uso de metáforas implica *uma maneira de pensar* e *uma maneira de ver* que permeiam o entendimento que temos de nosso mundo no geral (*itálicos de Morgan)*.

Retornaremos a essa ideia no Capítulo 6, onde você encontrará alguns exercícios explícitos que pode fazer para aplicar esse tipo de pensamento metafórico em sua organização de uma maneira explícita. Como as metáforas iluminam e/ou obscurecem (veja a lateral), Morgan usa conjuntos inteiros delas para analisar situações em vez de se prender a uma ou outra.

Analogias São Metáforas Estendidas: Elas Iluminam e Obscurecem

Se você pega uma metáfora e a explora em detalhes, está fazendo uma analogia. Em 2005, Giovanni Gavetti e Jan Rivkin escreveram um artigo na *Harvard Business Review*, intitulado "Como Estrategistas Realmente Pensam: Impulsionando o Poder da Analogia".

> Em face de um problema ou oportunidade desconhecidos, gerentes seniores comumente relembram alguma situação parecida que eles viram ou ouviram, retiram lições dela e as aplicam nas situações atuais. No entanto, os gerentes raramente percebem que estão raciocinando por analogia.

Se metáforas podem enganar, analogias agravam o problema se você não estiver ciente do que elas obscurecem. Gavetti e Rivkin argumentam que apenas de 15 a 20% das situações que você encara como líder são suficientemente ricas de informação para ser analisadas dedutivamente — quer dizer,

METÁFORAS DESTACAM SEMELHANÇAS E IGNORAM DIFERENÇAS

Quando usamos metáforas, estamos geralmente mirando em um aspecto de comparação e ignorando outros. Quando as metáforas são usadas inconscientemente, podem levar a muitas interpretações erradas e até a ações equivocadas. Veja este exemplo.

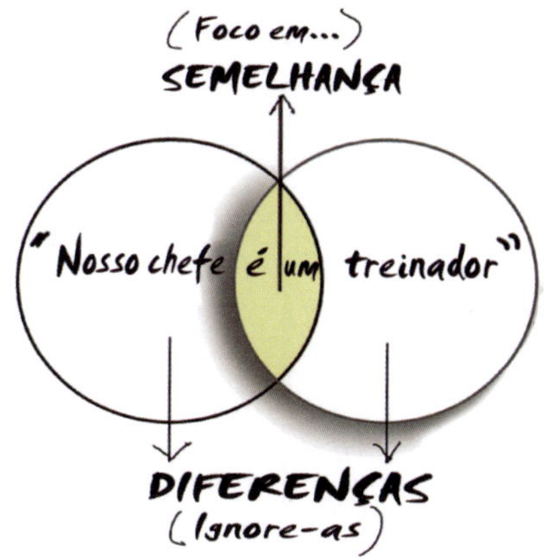

Um treinador é uma influência poderosa na prática e no banco de reservas, mas não está diretamente no campo do jogo. E se você, como líder, for um elemento crítico em um processo de vendas? Então você está "em campo", por assim dizer. Alguém que interprete essa metáfora literalmente pode não esperar que você jogue em campo.

UMA METÁFORA EM QUE ESTABILIDADE E FLEXIBILIDADE SÃO PARCEIRAS

Na Copa América de regatas, o design do casco é um aspecto competitivo crítico, precisamente porque ele oferece a estabilidade necessária para o máximo de flexibilidade nas velas. Em barcos de casco simples, essa quilha de levantamento fica bem abaixo da linha d'água e não muito visível. Quando os barcos mudaram para designers de múltiplos cascos, eles conseguiram ainda mais estabilidade, menos arrasto e os barcos puderam ir ainda mais rápido. A metáfora certa resolve contradições e paradoxos, como essa entre estabilidade e flexibilidade.

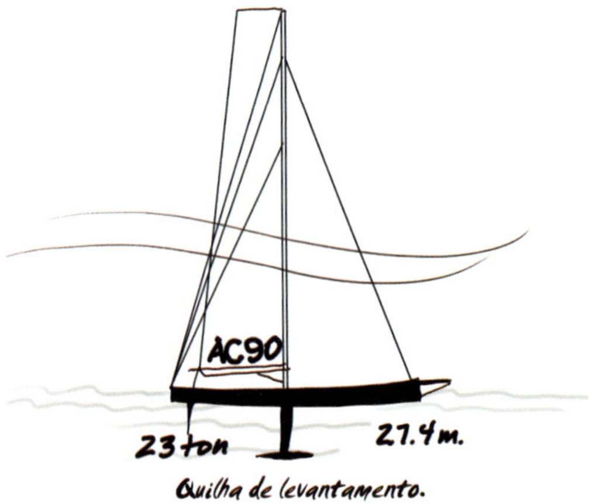

racionalizar através das análises dos fatos. A maioria das decisões dos líderes é tomada em situações que são complexas e dinâmicas demais para permitir uma análise detalhada. Então os líderes recorrem à tentativa e erro, guiados por analogias com situações que eles entendem. Quantas vezes você ouviu "Como nós podemos ser mais como a Nordstrom no serviço e atendimento ao consumidor?" ou "Nós precisamos de uma campanha *viral* para essas ideias", comparando com a internet.

Analogias podem falhar de maneiras importantes. Gavetti e Rivkin apontam como causa da falha a tendência dos líderes de confiar em semelhanças superficiais, agravada por outros dois problemas que eles chamam de ancoragem e confirmação de tendência. Ancoragem é o fenômeno em que uma analogia cria raízes em uma equipe de gestão e se mantém, mesmo diante da mudança de condições. Confirmação de tendência é a propensão dos líderes a querer procurar os fatos que sustentam suas posições e ignorar outros. Por outro lado, analogias podem ser bem energizantes e ressoantes quando se conectam com experiências que as pessoas compartilharam e podem ajudar a solucionar aparentes paradoxos.

No início dos anos 1990, Levi Strauss encarou desafios no mercado de varejo e precisou mudar sua organização e estratégias. Em uma reunião crítica com a alta administração, uma discussão acalorada se desenvolveu. De um lado, estavam as pessoas que eram apegadas à ideia da Levi Strauss ser uma fonte estável de valores orientados pela comunidade, envolvendo-se nas áreas que rodeiam suas fábricas e tratando funcionários internos com respeito e consideração. O outro grupo sentia que a empresa precisava se tornar mais competitiva, simplificada e contemporânea, e não necessariamente permanecer do jeito antigo. À medida que a discussão se estendeu, parecia polarizada. Como facilitador, fiz uma pergunta simples: "Quantos de vocês entendem como os corredores da Copa América de regatas competem?" A conversa cessou. As pessoas estavam confusas, pois a pergunta não parecia estar conectada. Eu prossegui: "No meu entendimento, um dos principais pontos da competição é o design da quilha, a parte confiável que facilita a quantidade de vela que você pode puxar para cima ou para baixo. Olhando através dessa analogia, a cultura conservadora da Levi Strauss pode ajudar de fato com a flexibilidade competitiva." A conversa tomou um rumo mais compromissado e produtivo nesse momento. É claro, Levi Strauss não é um competidor da Copa América. Se você forçar qualquer analogia, ela quebra, mas mudar para uma analogia diferente pode descolar a conversa e liberar a energia à medida que você destaca alguns fatores diferentes.

Modelos Mentais São Analogias Altamente Desenvolvidas

Quando as analogias se tornam uma maneira habitual de ver as coisas, elas devem ser chamadas mais apropriadamente de modelos mentais. Se esses modelos se tornam amplamente aceitos, apoiados em sua validade por repetição e evidência, eles se tornam sistemas operacionais de pensamentos culturalmente incorporados (outra analogia, é claro). Todas essas generalizações da ciência são modelos mentais diferentes desse tipo — presunções abstratas sobre as regras que governam nosso mundo — expressadas em textos, números e imagens gráficas.

O pensamento de todo mundo sobre organização e liderança é moldado por esses modelos. Quando eles se tornam a maneira padrão do nosso cérebro de processar informação, funcionam de uma forma que é análoga à maneira como os sistemas operacionais gerenciam softwares de computador. Seus modelos mentais gerais literalmente guiam seu comportamento na medida em que você busca resultados previsíveis em situações específicas diferentes. Tornar-se ciente de seus modelos mentais é um primeiro passo em direção a aprimorá-los e ser mais capaz de trabalhar com pessoas que têm maneiras diferentes de pensar. Essa assunção é um dos guias por trás deste livro. A visualização interativa é uma das maneiras mais diretas e poderosas de ambos se tornarem cientes desses modelos e também melhorá-los. É uma das cinco disciplinas de uma organização em aprendizado de acordo com Peter Senge. No Capítulo 7, veremos alguns exemplos de como visualizar os modelos mais úteis. Ao examinar a barra lateral aqui e as diferentes metáforas que Gareth Morgan explora, imagine olhar sua organização sistematicamente através de várias dessas metáforas. Em vez de ficar preso em qualquer uma delas, capture-as todas para conseguir insights. Ajudar sua equipe a fazer isso seria um ótimo exemplo de liderança visual.

METÁFORA DE MORGAN

Em *Imagens da Organização*, Gareth Morgan analisa organizações com uma série de metáforas que têm ampla aplicabilidade. Aqui está um resumo gráfico de questões levantadas por elas.

ORGANIZAÇÕES COMO MÁQUINAS
A gestão científica, que guiou o pensamento no início dos anos 1990, ainda é possível?

ORGANIZAÇÕES COMO ORGANISMOS
O desenvolvimento organizacional nos anos 1950 e 1960 indagava se as organizações não seriam como sistemas botânicos.

ORGANIZAÇÕES COMO CÉREBROS
A cibernética retrata as organizações como cérebros processando informação.

ORGANIZAÇÕES COMO CULTURAS
Talvez devêssemos entender sistemas sociais, subculturas, normas e realidades compartilhadas.

ORGANIZAÇÕES COMO SISTEMAS POLÍTICOS
Os interesses, conflitos, poder e formas diferentes de governo não são importantes?

ORGANIZAÇÕES COMO PRISÕES FÍSICAS
E sobre a sexualidade reprimida, patriarcado, sistemas familiares e a sombra?

ORGANIZAÇÕES COMO FLUXO E TRANSFORMAÇÃO
Vamos nos lembrar da dialética, campos morfogênicos e evolução organizacional.

ORGANIZAÇÕES COMO INSTRUMENTOS DE DOMINAÇÃO
E sobre classe, controle, alcance global e exploração de trabalhadores?

PAPEL É A INTERFACE DO CÉREBRO

Paul Saffo, um especialista em previsões e em insights, alega que o papel é a maneira pela qual vemos o nosso pensamento. Isto, é claro, se aplica a telas em que podemos desenhar, assim como páginas de um diário, como essa do início dos meus dias de consultoria.

Por que Visualizar Nossas Metáforas e Nossos Modelos?

Quando você, como líder, é adepto da visualização, pode encorajar seu pessoal a falar sobre as metáforas, analogias e modelos mentais que elas usam para fazer escolhas sobre estratégias e operações. Esse é o terreno da tomada de decisões consciente. A beleza das reuniões visuais é que elas tornam a exploração das metáforas e modelos divertida e inofensiva (geralmente). Se todo mundo pode argumentar sobre gráficos que estão analisando em uma peça-chave de comunicação, então também podem, com eficácia, desafiar as metáforas e modelos centrais uns dos outros sem desafiar diretamente a pessoa que as está usando.

Nesta página está a cópia de uma página de diário criada no início dos meus dias de consultoria. Eu estava sentado em um aeroporto, pronto para voar para a Europa, esboçando meu pensamento. Trabalhar visualmente me permitiu incluir diferentes tipos de coisas, misturando elementos pessoais e de negócios, todos em um grande mapa de processo de organização. A mente de todo mundo funciona desse jeito, misturando vários níveis de consciência, elaborando a exibição e vendo os padrões de desenho de apoio em nosso pensamento em um lugar.

Estruturas Visuais São Tipos Especiais de Modelos Conceituais

O modelo mostrado na página do diário aqui reproduzida sugere que o desenvolvimento organizacional é um processo de evolução ininterrupta por revoluções. Talvez fosse mais apropriado chamar isso de estrutura que de modelo. (É uma integração do arco de processo de Arthur M. Young e o gráfico de evolução/revolução de Larry Greiner.) Molduras são as estruturas que enquadram as pinturas, ou talvez o esqueleto que define uma parede em carpintaria. Em qualquer um dos casos, a moldura não é o conteúdo principal, mas um meio de ligar o que você está pensando para que possa ver algo através dela. Ela influencia a importância que damos a um quadro. Mas é o conteúdo que nós colocamos nessas molduras que geram ideias e insights. Modelos gráficos usados em planejamentos visuais (veja o Capítulo 9) são, em grande parte, estruturas. Eles podem refletir algumas suposições subjacentes sobre o que é relevante olhar, mas não têm a intenção de ser modelos do verdadeiro objeto, como uma planta de uma casa.

O próximo capítulo compartilha uma dessas estruturas — ilustrando sete maneiras de olhar para diferentes organizações que você talvez esteja liderando. Cada uma das sete podem ser vistas como "estágios" de uma organização à medida que se desenvolvem, ou como subpadrões em organizações mais complexas. As diferenças entre elas são cuidadosamente desenhadas para moldar seu pensamento. Ao serem simples, essas pequenas molduras lhe permitem olhar *através* delas, como se fossem um tipo de moldura de janela, e então entender a complexidade da situação real sobre a qual está pensando. De uma perspectiva analítica, ajuda reconhecer que metáforas, modelos visuais e estruturas sempre têm quatro características associadas quando você as coloca em uso (ver a barra lateral). Elas formam a sigla GIST, se você quiser usar um mnemônico para lembrar.

1. **Gráfico (Metáfora):** Esse é o desenho do modelo gráfico — um design visual que indica abstratamente algumas características básicas sobre o que você deve pensar.
2. **Intenção (Objetivos):** Refere-se ao propósito e objetivo que você tem ao usar a metáfora, modelo ou estrutura. Considere a barra lateral sobre mapas. Eles têm utilidade limitada se você não está querendo encontrar algo no mapa.
3. **Sensações (Experiência):** Refere-se à experiência pessoal que você tem com a metáfora, modelo ou estrutura. Em linguística, isso seria chamado de conotação. É a memória que você tem de pensamentos associativos passados dessa forma. Em um mapa, é sua experiência pessoal com a escala do mapa e o que um quilômetro sobre certo tipo de terreno realmente significa na prática. Com um modelo gráfico, é saber por experiência o quanto você pode escrever.
4. **Território (Fatos):** Refere-se à situação factual verdadeira que você está considerando. Você pode gostar muito de uma certa estrutura de gestão, como o Modelo Tuchmann para o desenvolvimento de equipe, com os seus estágios contagiantes de "formação", "assalto", "normatização" e "performance". Mas a equipe com a qual você está trabalhando no momento pode estar com dificuldade na implementação, que não é de fato tratada nesse modelo, então você pode precisar de um mapa mais abrangente para o seu território.

QUATRO ASPECTOS DE UM MAPA

Arthur M. Young usaria a analogia de um mapa para fazer as pessoas entenderem o quanto a análise quádrupla funciona em sua Teoria do Processo. Ele afirma que qualquer situação que precisamos entender tem quatro aspectos aos quais podemos prestar atenção.

1. **Design Gráfico:** Claramente há um design gráfico no mapa. É no papel ou em uma tela e tem um padrão distinto. Mas nós precisamos entender os aspectos 2 a 4 para realmente usar um mapa.
2. **Intenção/Objetivos:** Para usar um mapa, você precisa saber onde está no mapa e aonde quer ir.
3. **Experiência com Escala:** Os marcadores de quilômetros em um mapa geográfico são críticos para entender como usá-lo — mas a escala não lhe diz nada sem sua experiência do que um quilômetro significa na prática.
4. **Território:** Há geralmente algo muito real a que o mapa se refere. Em mapas geográficos, os símbolos são abstratos. O lugar real pode ser muito diferente, de fato.

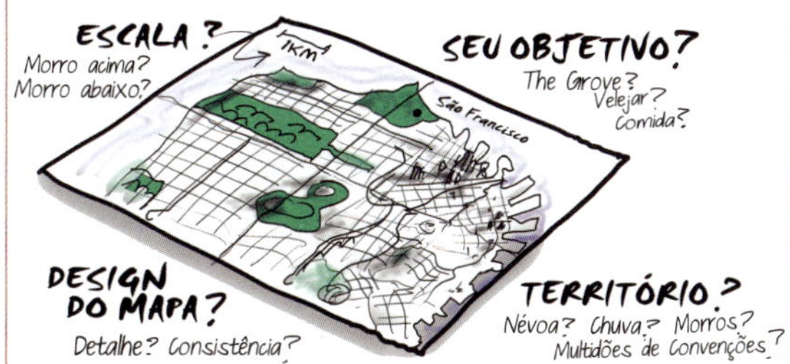

Como Você Pode Identificar Seu Sistema Operacional?

Em *Equipes Visuais*, um capítulo chamado "Linguagem Visual Compartilhada, Progredindo para um Sistema Operacional para Equipes Visuais" inclui um guia para modelos mentais que Kenneth Boulding destacou em seu livro seminal *The Image: Knowledge in Life and Society*. É um mapa elegante desse território de metáforas e modelos mentais (que ele chama de imagens). Siga o exercício abaixo para ver onde você aparece.

1. Leia as sete "estruturas para pensar" que Boulding descreve como maneiras básicas de entendimento. Estude as figuras e os tópicos descritivos.
2. Pense sobre o que você está tentando entender ou comunicar como líder em sua organização. Substitua suas próprias intenções pelos exemplos.
3. Pense sobre suas próprias experiências com cada um desses modelos. Qual você compreende melhor? Avalie-se na escala de 0 a 10, com 10 sendo "mais de 10 anos de experiência".
4. Olhe quais modelos atraem você nessa base. Classifique as estruturas de 1 a 7.
5. Agora pense sobre sua organização. Qual estrutura é a mais comumente usada em sua equipe de liderança quando você pensa sobre assuntos organizacionais?
6. Pense sobre o que poderia acontecer se você explorasse olhar seus próprios líderes e organização através de uma moldura diferente.

	MODELOS MENTAIS INANIMADOS		
NOME DA ESTRUTURA	1. ESTÁTICO	2. MECÂNICO	3. AUTORREGULADOR
GRÁFICO E DESCRIÇÃO	**ESTRUTURAS**  Partes **conectam** • Partes parecem relativamente permanentes • Mantido por inércia • Hierárquico, orientado por classificação Inclui prédios, andaimes, pontes, bancos e estruturas estáticas de todos os tipos.	**FUNCIONAMENTO DE RELÓGIO**  Partes conectam e **movem** • Energia de fora • Trabalho como um todo • Cada parte necessária • Ação e reação; causa e efeito Inclui relógios, mecanismos, carros, barcos, aviões e máquinas mecânicas de todos os tipos.	**SISTEMAS CIBERNÉTICOS** 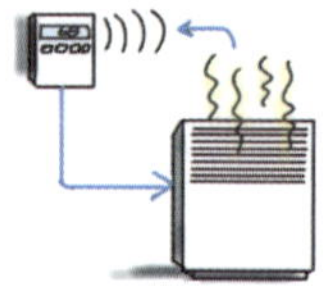 Partes conectam, movem e **adaptam** • O feedback é crítico • Move para dentro e para fora da homeostase — equilíbrio • Limita-se a quão rapidamente muda Inclui termostatos, reguladores, sistemas informáticos e software inteligente.
SUA INTENÇÃO	Pensar sobre estrutura? Pensar sobre hierarquia?	Pensar sobre ação e maximização de resultados?	Pensar sobre flexibilidade e ajustes?
SUA EXPERIÊNCIA	1-2-3-4-5-6-7-8-9-10	1-2-3-4-5-6-7-8-9-10	1-2-3-4-5-6-7-8-9-10
SUA PREFERÊNCIA	NOTAS 1-7 ☐	NOTAS 1-7 ☐	NOTAS 1-7 ☐

BAIXA ——— COMPLEXIDADE ——— ALTA

MODELOS MENTAIS DE SISTEMAS VIVOS

NOME DA ESTRUTURA	4. AUTORREPRODUTOR	5. AUTOEXPANSIVO	6. AUTOMOBILIDADE	7. AUTORREFLEXIVO
GRÁFICO E DESCRIÇÃO	**CÉLULAS** 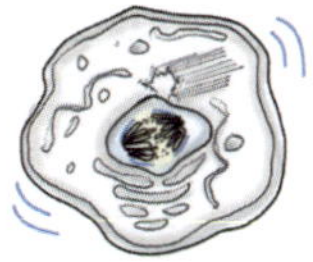 Partes conectam, movem, adaptam e **reproduzem** • Automanutenção • Podem replicar-se • A existência das partes depende da existência da própria célula • Mudança é fundamental Inclui células vivas, vírus, plantas unicelulares.	**PLANTAS**  Partes conectam, movem, adaptam, reproduzem e **crescem** • Vivem em ecossistemas • Podem transformar elementos básicos em vida • Semeação, clonagem, regeneração, tudo o que permite o crescimento Inclui flores, vegetais, arbustos, árvores e ecossistemas de plantas.	**ANIMAIS**  Partes conectam, movem, adaptam, reproduzem, crescem e **se movem** • Podem modificar as condições ambientais externas • Movem-se em matilhas, bandos, manadas, rebanhos, cardumes e enxames • Podem expressar humores e necessidades Inclui pássaros, mamíferos, insetos e peixes.	**HUMANOS**  Partes conectam, movem, adaptam, reproduzem, crescem, se movem e são **autoconscientes** • Podem pensar sobre o tempo • Podem abstrair com símbolos • Exercitam o livre arbítrio • Podem inventar e adaptar Inclui famílias, gangues, equipes, artistas, organizações, comunidades e civilizações.
SUA INTENÇÃO	Pensar sobre regeneração e replicação?	Pensar sobre contexto e interdependências?	Pensar sobre colaboração e efeitos de rede?	Pensar sobre consciência, ética e dinâmicas sociais?
SUA EXPERIÊNCIA	1-2-3-4-5-6-7-8-9-10	1-2-3-4-5-6-7-8-9-10	1-2-3-4-5-6-7-8-9-10	1-2-3-4-5-6-7-8-9-10
SUA PREFERÊNCIA	NOTAS 1-7 ☐	NOTAS 1-7 ☐	NOTAS 1-7 ☐	NOTAS 1-7 ☐

BAIXA —— COMPLEXIDADE —— ALTA

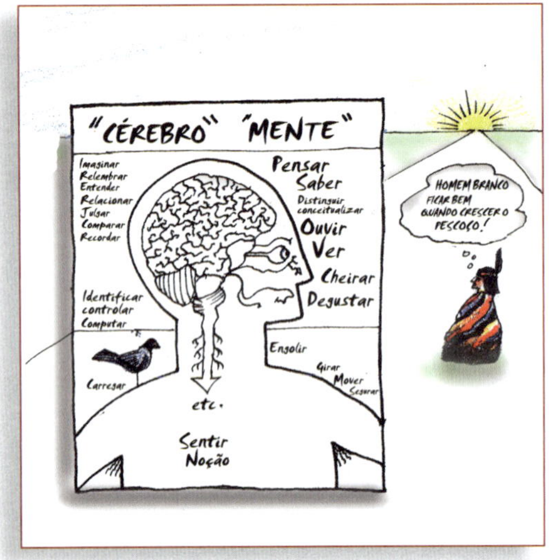

PODEMOS RECUPERAR A SABEDORIA DA TERRA?

Uma consequência de ser criado no lado leste de Sierra Nevada na Califórnia é ter uma relação bem íntima com a natureza em grande escala. Um interesse fixo tem sido observar como os humanos têm constantemente se desligado de uma conexão profunda com sistemas vivos. É compreensível se nós passamos a maior parte do tempo em nossas cabeças e em telas, mas existem consequências que estão começando a se acumular como um legado do qual podemos não nos orgulhar daqui a muitas gerações. Essa questão de como nós mudamos nossos padrões profundos de pensamento é fundamental para a transformação e para nossa própria continuidade. Uma figura dos anos 1980 reflete o que penso sobre tudo isso.

Você Pode Mudar Seu Sistema Operacional?

Formas de pensar sobre organizações, e portanto sobre liderança na organização, se tornam profundamente enraizadas à medida que envelhecemos. As influências mais formativas são aquelas que assimilamos ao passar muitos anos experienciando diretamente esta ou aquela organização. Poucas pessoas têm mais que uma ou duas que elas vivenciaram profundamente de uma maneira direta. Estas se tornam metáforas experienciais embutidas e podem influenciar uma grande parte de nosso entendimento do mundo.

Ser criado em um ambiente da Igreja Protestante me levou a um amplo entendimento de como a organização pode ser guiada por valores profundos. Empregos em agronegócios, começando com jardinagem quando adolescente, me fizeram pensar em termos agriculturais fáceis e sutis. Depois, trabalhar com comunicação me levou a compreender mídias, escrita e visualização. Fundar e dirigir um negócio fez evoluir os modelos de liderança. Morar na área da baía de São Francisco, perto do Vale do Silício, incluiu a imersão em novas tecnologias de todos os tipos, as ferramentas de atendimento e suas maneiras de pensar. Essas metáforas e modelos são agora maneiras incorporadas de ver as coisas, como refletido neste livro.

Pergunte a si mesmo sobre suas próprias experiências de formação. Onde você aprendeu sobre como as pessoas cooperam em grupo? Qual é seu modelo baseado na experiência para pensar sobre sistemas organizacionais grandes? Qual seu modelo mental sobre liderança? Os lugares onde você passou um tempo considerável certamente terão moldado seu pensamento.

Os próximos dois capítulos nesta seção vão lhe pedir para alongar-se um pouco além de sua zona central de conforto. Primeiro, vamos examinar uma série de maneiras genéricas de pensar sobre os estágios do desenvolvimento organizacional para que você possa experimentar visualizar sobre o tipo de organização com que está lidando. Então, você pode ler sobre alguns exercícios que pode usar para começar a construir sua alfabetização visual pessoal. Na Parte Três, vamos focar de novo nas ferramentas essenciais para líderes visuais, com muitas histórias úteis sobre o que outras organizações e líderes estão fazendo.

5. Que Tipo de Organização Você Lidera?

Ferramentas de Ligação para os Estágios de Desenvolvimento

Veremos agora como as organizações se desenvolvem e o tipo de organização que você está liderando. Vamos ficar no nível do quadro geral e focar em quais tipos de ferramentas são úteis. Isso será também uma introdução de como usar os elementos visuais para pensar sobre a própria organização. Os modelos visuais servem para estimular seu pensamento. Você deve completar os detalhes.

O que Significa Ser Organizado?

As pessoas dirão "Aquele líder tem suas unidades bem organizadas" ou "Aquele projeto é muito bem organizado". O que você acha que isso significa? A raiz da metáfora da palavra *organização* é "órgão", remetendo ao corpo humano e como suas diferentes partes trabalham juntas. Mas como as partes se conectam em uma organização? No nível de infraestrutura física, máquinas e mecanismos diferentes literalmente se conectam a fim de trabalhar devidamente. Mas nos níveis de comunicação e interação organizacionais, é mais uma questão de pessoas com um modelo mental em comum de como as coisas se encaixam, e com esperança de que todas as diferentes atividades se unam para dar suporte a um resultado. Você consegue ver como isso é uma percepção visual? Como o capítulo anterior explica, metáforas e modelos mentais são a maneira como o cérebro humano entende sistemas complexos: encontrando padrões em todas as nossas experiências específicas em um dado território. As sete estruturas genéricas de pensar são, de certa maneira, também formas de entender organizações. Elas são, porém, um pouco estáticas. Vamos examinar algumas que refletem mais as organizações dinâmicas da vida real.

Propósitos e Objetivos Guiam as Escolhas Organizacionais

Um padrão de organização vem para servir um propósito. Esses padrões, às vezes chamados de conceitos, funcionam em relação ao pensamento sobre organização da mesma maneira como os formatos para a elaboração de exibições, só que num nível mais macro. Ambos são visualizações que servem para um propósito. Eli Goldratt escreveu um livro muito popular sobre como aprimorar as organizações chamado *A Meta: Um Processo de Melhoria Contínua*. É um romance sobre um jovem gerente que precisa recuperar a rentabilidade de uma fábrica sob pena de ser fechada pelos donos em

TIPOS DE ASPIRAÇÕES ORGANIZACIONAIS

Tipos diferentes de organizações são necessários para diferentes estágios no crescimento e desenvolvimento de uma empresa. Eles decorrem de haver diferentes aspirações. Aqui estão algumas delas.

Quais aspirações se aplicam a você?

- ❑ Testar uma ideia genial
- ❑ Rendas crescentes com um produto ou serviço líder
- ❑ Aumentar o eleitorado no apoio a este ou aquele tipo de política
- ❑ Abranger uma diversidade de atividades em áreas especializadas diferentes
- ❑ Viver além do tempo de um fundador
- ❑ Experienciar retornos regulares de investimentos
- ❑ Integrar uma grande empresa e ser capaz de contabilizar receitas e despesas
- ❑ Crescer em novos territórios e mercados
- ❑ Criar inovações em uma linha de produtos ou área de serviço
- ❑ Estimular um valor de web próspero através de uma gama de organizações
- ❑ Transformar o pensamento e ação das pessoas em um nível amplo

seis meses. Ele está confuso sobre como enfrentar o desafio, mas certo dia encontra, por acaso, um amigo consultor de gestão no aeroporto. Após descrever seu problema, o consultor pergunta "Você sabe qual a meta de sua empresa?". O jovem gerente não tinha certeza do que isso significava e começou a fazer perguntas. "Desculpe-me, mas preciso pegar o meu avião", disse seu amigo, despedindo-se. O recurso literário de Goldratt foi divertido, porque ele deixou a mim, o leitor, imaginando junto com o jovem gerente como determinar a meta de uma organização.

O jovem gerente finalmente percebeu que o objetivo real de sua fábrica em particular era ganhar dinheiro para a organização maior. Ele considera outras metas, como dar trabalho para as pessoas ou contribuir para a comunidade, mas depois de ponderar a respeito, compreendeu que a verdadeira razão pela qual a fábrica foi criada desde o início era dar lucro aos donos. O jovem gerente liga para seu amigo e animadamente compartilha sua descoberta. "Muito bom!", o amigo responde. "Você sabe se está ganhando dinheiro nesse momento?"

Bem, ele não sabia, e, é claro, o amigo teve que desligar, deixando o jovem gerente mais uma vez matutando sobre a história. Você deve ler o livro se está interessado em como aplicar as ferramentas de gerência em qualidade total, porque o gerente aprende a pensar sobre os processos de ponta a ponta, inventários, gargalos e assim por diante. Ao colocar essas ideias em um formato de romance, Goldratt criou imagens poderosas e memoráveis que permitiam que as ideias se prendessem na minha memória. Contar histórias sobre como as coisas devem ser organizadas é um dos papeis centrais de um líder organizacional.

Entretanto, ter lucro não é o único tipo de objetivo que uma organização pode ter. A barra lateral aqui tem uma lista inteira de aspirações. Elas refletem metas diferentes para estágios diferentes pelos quais uma organização passa ao se desenvolver. Mas objetivos são apenas as considerações superficiais. Uma vez que você tenha algum propósito ou meta em mente, imediatamente encara as realidades e restrições vigentes. A situação em que você está pode não suportar suas pretensões. As pessoas podem não ter as habilidades certas. Seus processos e procedimentos organizacionais podem ser inadequados. Ou suas normas e valores culturais podem não suportar o tipo correto de comportamento. Então, como você pode pensar sobre toda essa complexidade?

Formas Organizacionais São Dinâmicas — Como um Rio

É sedutor pensar sobre as organizações de uma maneira estática, focando na estrutura e na disposição funcional como refletido em um quadro organizacional. Esse é o atrativo dos modelos mentais inanimados que conhecemos tão bem, vivendo, como fazemos, entre tantas máquinas de todos os tipos. Contudo, se você passou algum tempo numa organização, sabe que a distribuição de funções é uma simplificação conveniente que não explica de fato como a organização opera. Estudantes de sistemas vivos sabem que estruturas crescem ao redor de fluxos de energia. Na natureza, essas são as fontes de água, luz solar e vida animal e vegetal. Em organizações humanas, os fluxos de informação, dinheiro e atenção dão origem a organizações diferentes. Seus objetivos determinam qual você adota em um determinado momento.

Talvez você tenha feito rafting em um rio ou visto filmes a respeito. O rio está em movimento constante. Ele é, claro, delimitado pelo terreno por onde passa, mas é igualmente moldado pela quantidade de água no rio e pela força que ela apresenta. Por mais dinâmico que isso seja, uma pessoa experiente em rafting chega a identificar alguns elementos repetidos no rio. Saber disso é inestimável se você quiser ser um guia de travessias de rio. Guias experientes podem identificar estes padrões de organização:

1. **Entradas:** Esses lugares são calmos o suficiente para colocar os botes na água.
2. **Corredeiras Agitadas e Calmas:** Corredeiras, na verdade, têm números de classificação de 1 até 5.
3. **Quedas D'água:** De variados tipos, mas são as águas sobre as quais você não pode passar.
4. **Saídas:** São áreas quietas, com praias onde você pode almoçar.
5. **Buracos:** São lugares onde a água faz um redemoinho em volta de uma pedra. Eles também possuem graus.

É óbvio que ferramentas e métodos diferentes são necessários para cada um deles. O mesmo vale para as organizações. Vamos examinar os estágios de organização através dessa metáfora.

ESTÁGIOS NO PERCURSO DE UM RIO

Um rio é um fluxo contínuo de água, mas em seu percurso há várias intercorrências, as quais devem ser devidamente nomeadas. Há uma constância no fenômeno, apesar do fato de ser bem dinâmico e os detalhes mudarem com níveis diferentes do fluxo de água. Essa é uma maneira muito útil de pensar sobre organizações — como estando em constante movimento mas com características repetidas que mudam nos detalhes em consequência de fluxos diferentes de energia e recursos.

TIPOS DE ORGANIZAÇÕES SUSTENTÁVEIS

EM QUE ESTÁGIO VOCÊ ESTÁ?

Os gráficos neste quadro ilustram sete estágios de organização sustentáveis, do mais simples ao mais complexo. Cada um pode ser estável e bem-sucedido, desde que as pessoas compartilhem uma das aspirações desejadas e estejam dispostas a lidar com as limitações que o acompanham. Mudanças para novos padrões acontecem quando condições internas ou externas mudam esse foco.

Marque as características que se aplicam em sua organização
Onde você está focado agora? Você precisa mudar para uma nova forma? O seu estágio atual é sustentável?

Aqui está um esboço que mostra um pouco do dinamismo que você precisa imaginar em cada gráfico. Os discos mudam de tamanho para mostrar mais ou menos crescimento.

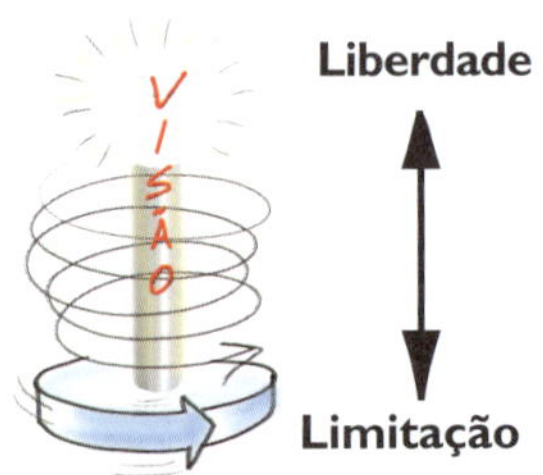

1.

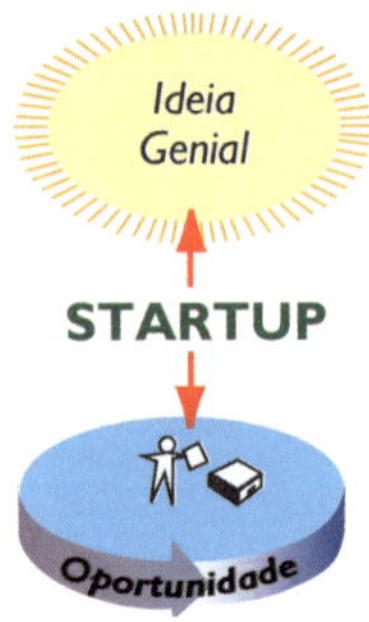

STARTUPS precisam de um pouco mais que uma ideia forte e uma oportunidade para tentar. Atenção é focada em:

- ❑ Criar uma visão e história
- ❑ Encontrar clientes iniciais
- ❑ Encontrar um nome e marca que mire a visão
- ❑ Contratar pessoas que possam implementar a ideia
- ❑ Criar uma comunicação inicial e entregar infraestrutura

2.

ORGANIZAÇÕES CRESCENTES focam em produtos e serviços líderes que geram fluxo de caixa ou constituintes que precisam crescer. Atenção é focada em:

- ❑ Identificar a oferta mais forte e comercializá-la agressivamente
- ❑ Colocar todos "no ônibus" do esforço central
- ❑ Manter o ímpeto
- ❑ Parar atividades que não servem ao foco primário

3.

ORGANIZAÇÕES ESPECIALIZADAS sustentam uma diversidade de atividades — algumas começando, outras crescendo e algumas sendo áreas de especialidade. Atenção é focada em:

- ❑ Criar estratégias e metas claras para unidades diferentes
- ❑ Contratar líderes competentes
- ❑ Usar recursos de partes em crescimento para financiar partes novas
- ❑ Deixar as unidades diferentes serem especializadas

4.

INSTITUIÇÕES dependem mais de estruturas, sistemas e processos de constância do que de um conjunto de líderes. Atenção é focada em:

- ❑ Criar sistemas e estruturas confiáveis
- ❑ Planejar investimentos de longo prazo e centros de lucros
- ❑ Formalizar relatórios
- ❑ Criar infraestruturas robustas para contabilidade e comunicação

5.

ORGANIZAÇÕES REGENERATIVAS focam no crescimento em novos lugares e novos mercados. Elas aprenderam como replicar processos e sistemas, como em plantas vivas. Elas focam em:

- ❑ Processos claros e replicáveis
- ❑ Simplificação de fluxos de recursos de ponta a ponta
- ❑ Integrar comunicações
- ❑ Desenvolver líderes orientados ao processo

6.

ORGANIZAÇÕES COCRIATIVAS são interessadas em inovar e liderar com novos produtos e serviços. Isso requer novos e contínuos investimentos em alianças e parceiros. Essas organizações focam em:

- ❑ Criar alianças confiáveis
- ❑ Sustentar uma marca e cultura fortes
- ❑ Criar valor em redes na web
- ❑ Criar plataformas para colaboração e crowdsourcing[1]

7.

ORGANIZAÇÕES TRANSFORMADORAS se importam em dar suporte aos impactos duradouros provenientes de novos paradigmas de pensamento e possibilidades. Elas focam em:

- ❑ Aumentar a conscientização e o alinhamento em intenções compartilhadas
- ❑ Articular uma visão persuasiva
- ❑ Encorajar atos individuais que incorporem os novos princípios
- ❑ Renovar compromissos

[1] N.E.: Modelo de produção e/ou financiamento que utiliza os conhecimentos ou recursos financeiros de voluntários através da internet.

Sete Tipos de Organizações e as Ferramentas que Elas Usam

Cada um dos padrões de organização tem um nome e uma estrutura central ilustrada nos gráficos nos discos azuis das páginas anteriores. Gráficos como esses funcionam como estruturas conceituais simples através das quais você pode olhar para sua própria organização. Também ajudam os padrões descritos em palavras, que é o que faremos agora. Partes diferentes de nosso cérebro são ativadas por imagens e palavras. O entendimento completo envolve integrar as duas. (É por isso que usar imagens simples em slides e depois falar sobre elas funciona. Seu lado de palavras e seu lado visual sincronizam-se.)

Há um aspecto dessa descrição gráfica que não pode ser mostrado adequadamente no papel, que é a maneira pela qual as coisas se aninham na vida real. Na natureza, sistemas mais simples se tornam subsistemas dentro de outros mais complexos. Isso também vale para as organizações. As formas simples se tornam subelementos da organização maior. Você precisará imaginar que as ferramentas e algumas das capacitações aprendidas no primeiro estágio das organizações seguirão adiante e serão usadas em estágios posteriores. Por essa razão, as ferramentas mencionadas nas primeiras formas de organização não são repetidas.

1. STARTUPS

O tipo mais simples de organização coerente surge da combinação de uma ideia genial com alguém que lhe pagará para realizá-la. Para possibilitar isso, um empresário precisa de uma boa história, geralmente descrita em um plano de negócios. Uma organização sem fins lucrativos precisa de um grande patrocínio ou um doador-chave. Capitalistas e fundações não pensam de verdade que uma startup seguirá esses planos precisamente. Mas os planos são uma forma de avaliar o nível de competência dos líderes. Assim, a coisa mais importante é ter uma história verossímil e a habilidade pessoal de conquistar a confiança de quem quer que você esteja conversando. O processo de realizar seu plano de negócio é o que pode levar a esse tipo de postura, pois você se preparou para isso. Evidências ajudam. É por isso que startups precisam de nomes, cartões de negócios, sites e demais materiais que contam a história de uma maneira convincente.

Aqui estão algumas ferramentas visuais que uma startup pode usar:

- ❑ Logos
- ❑ Visões gráficas
- ❑ Planos de negócios visuais
- ❑ Vídeos introdutórios
- ❑ Sites orientados para marketing

2. ORGANIZAÇÕES EM CRESCIMENTO

Mais cedo ou mais tarde, você vai querer ter um fluxo constante de renda ou de pessoas, se você é uma organização sem fins lucrativos dependente de voluntários. Isso geralmente requer o foco em produtos e serviços líderes, e canalizar a energia de "vale tudo" da startup em um esforço focado e alinhado. Você precisa de boas ferramentas de estratégia nesse momento, pois é necessário, de um lado, entender seu mercado, e de outro, suas próprias capacidades, para fazer uma boa combinação. Organizações em estágio de crescimento são frequentemente enxutas, orientadas para a ação, focadas em lançamentos de novos produtos e inclinadas a deixar que eventos-chave guiem as atividades da organização. Ímpeto, comprometimento e anseio são valorizados. O sucesso geralmente flui de pegar uma boa onda e remar forte, para usar uma metáfora de surfe.

Estas ferramentas ajudam as organizações que almejam um crescimento rápido:

- ❑ Processos de visão estratégica básica e modelos gráficos
- ❑ Visualização de fatores ambientais em mapas de contexto
- ❑ Mapas de segmentação de mercado
- ❑ Visualização de processos de vendas
- ❑ A curva "S" como estrutura explicativa (veja o quadro lateral)

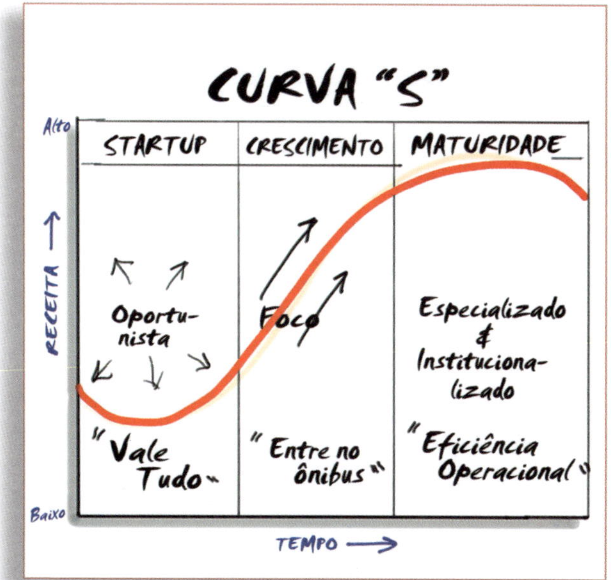

A CURVA "S"

Uma maneira simples de entender os estágios de organização é avaliar o padrão de curva "S". Ela é mapeada no tradicional eixo *x* e *y*, sendo *x* o tempo e *y* a receita. Startups custam dinheiro. Organizações em crescimento devem auferir receitas constantes. Organizações maduras experienciam menos crescimento, mas precisam continuar obtendo receita. Cada estágio precisa de um tipo diferente de líder, cultura e ferramentas organizacionais para ser completamente eficaz. Você pode ver que essa estrutura, em essência, descreve os primeiros vários tipos de organizações sustentáveis.

EXPERIÊNCIA DO ELÁSTICO

Robert Fritz escreve em *The Path of Least Resistance* que os sistemas organizacionais mudam quando precisam resolver tensões estruturais entre visões e realidades atuais. É isso o que motiva o salto de uma forma organizacional para outra, como ponto final das alterações. Você pode experienciar isso se pegar um elástico e esticá-lo. As moléculas do elástico querem voltar para sua posição de descanso. Se você imaginar o dedo de cima como sua visão ou aspirações e o dedo de baixo como as realidades atuais, como você resolveria essa equação? Tensão estrutural sempre busca resoluções, de acordo com Fritz.

- ❑ Diminuir sua visão?
- ❑ Mudar a realidade atual?
- ❑ Não conectar os dois?

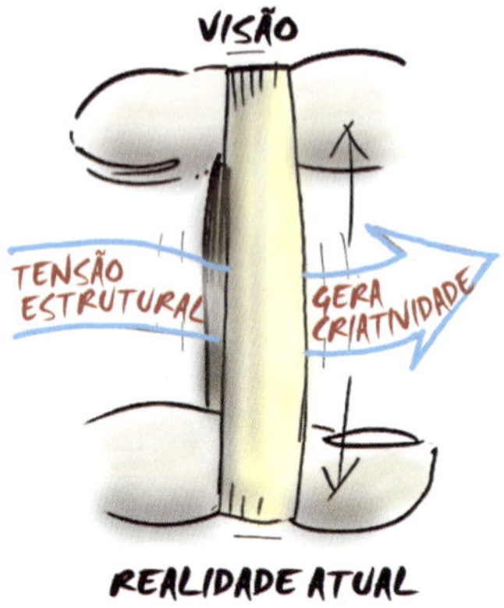

3. ORGANIZAÇÕES ESPECIALIZADAS

À medida que sua organização amadurece, ela desenvolverá líderes fortes que querem ter suas próprias áreas de criatividade. O crescimento com sucesso também atrairá concorrentes que o obrigarão a diversificar. Organizações colegiadas, tais como firmas de serviços profissionais e universidades, são geralmente organizadas dessa maneira. Organizações descentralizadas, como a Hewlett-Packard nos anos 1990, trabalhavam dessa forma. Nesse estágio da organização, executivos armaram estratégias para suas unidades e contavam com gerentes muito competentes para dirigir suborganizações, algumas das quais poderiam ser startups e outras poderiam ser elementos de alto crescimento. As estruturas centrais são geralmente mínimas. Ferramentas que podem ajudar aqui, além das mencionadas anteriormente, são:

- ❑ Mapas de visão estratégica para a organização como um todo
- ❑ Modelos gráficos para planejamentos anuais de negócios em unidades diferentes
- ❑ Reuniões visuais que esclarecem funções e sinergias
- ❑ Mapas de conceitos organizacionais para guiar o alinhamento (falo mais sobre isso adiante)
- ❑ Navegação acessível em sites
- ❑ Ferramentas de solução de problemas para ajudar a eficiência organizacional

4. INSTITUIÇÕES

Qualquer uma das formas organizacionais anteriores pode se desenvolver em instituições se elas descobrirem como ter retornos regulares dos investimentos. Isso requer sistemas de informação robustos, acordos legais e financeiros, diretrizes de desenvolvimento de liderança, programas de gestão de talento, planejamento de sucessão e uma série de outros processos. Caso sua organização seja uma agência do governo, então ela pode ter um mandato que garanta a sua continuação, mas até esses precisam ser mantidos. Algumas instituições possuem monopólios em um recurso-chave, como uma localização desejável, e podem afrouxar os sistemas. A visualização geralmente se torna essencial à medida que as coisas ficam mais complexas. As instituições deixam-se tomar pela inércia e requerem esforço criativo para desafiar o modo de pensar e criar espaços para novas ideias. Métodos de reuniões visuais fazem isso. A visualização também pode ajudar os líderes a conceitualizar serviços de infraestrutura críticos nos quais estabilidade e qualidade são mais importantes que criatividade.

Ferramentas que ajudam instituições, além daquelas mencionadas para tipos iniciais, são:

- ❑ Reuniões visuais para aprimorar o engajamento, sistemas de pensamento e memória do grupo
- ❑ Histórias gráficas para renovar o senso de propósito de todos
- ❑ Modelos de planejamento estratégico identificando desejos de mudança
- ❑ Portfólios de investimentos visuais ilustrando alocação de recursos
- ❑ Salas de decisão para promover o alinhamento
- ❑ Estruturas de modelos de negócios ilustrando como a organização ganha dinheiro ou produz constituintes

5. ORGANIZAÇÕES REGENERATIVAS

Em algum momento, as pessoas podem querer trazer a energia de crescimento de volta à organização, entrando em novos mercados e levando adiante novos produtos e serviços. Embora alguns possam achar que as organizações se tornam grandes, burocráticas e morrem, os seres humanos são capazes de renovar e regenerar. Uma organização que aprende a replicar seus processos e se lança a novos empreendimentos, da mesma forma que uma planta se reproduz, pode se mover para além de ser apenas uma instituição estável. Uma organização regenerativa é mais como um ecossistema do que uma grande máquina. Ela retém elementos de cada um dos outros tipos de organizações em funções diferentes, mas adiciona a habilidade de se replicar em outras áreas. O movimento de qualidade total tem tudo a ver com ajudar as organizações a se tornarem cientes de seus processos para que possam simplificar e transferi-los para unidades novas.

Embora alguns possam achar que as organizações se tornam grandes, burocráticas e morrem, os seres humanos são capazes de renovar e regenerar. Uma organização que aprende a replicar seus processos e se lança a novos empreendimentos, da mesma forma que uma planta se reproduz, pode se mover para além de ser apenas uma instituição estável.

QUADROS DE GESTÃO DE QUALIDADE TOTAL

Organizações regenerativas são muito boas em simplificar e replicar processos. A maioria das ferramentas de gestão de qualidade total é visual. Aqui estão algumas delas que aumentarão sua habilidade de entender os processos.

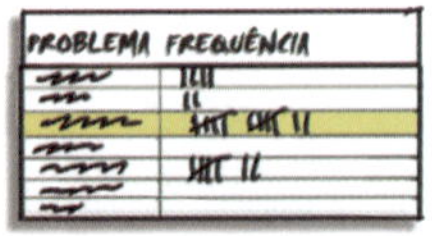

Listas de Frequência

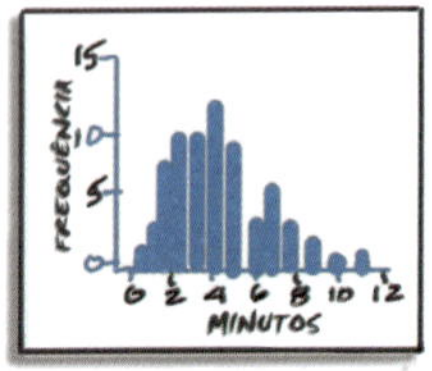

Histograma

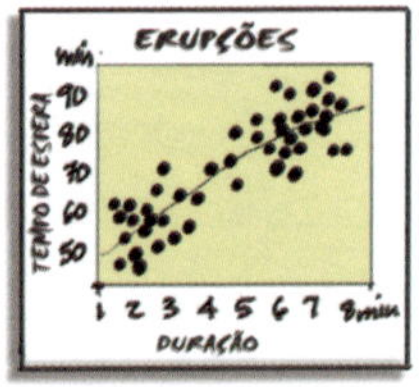

Diagrama de Dispersão

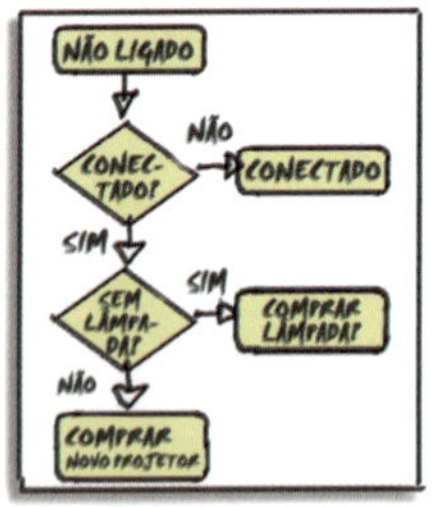

Fluxograma

Gráfico de Pareto

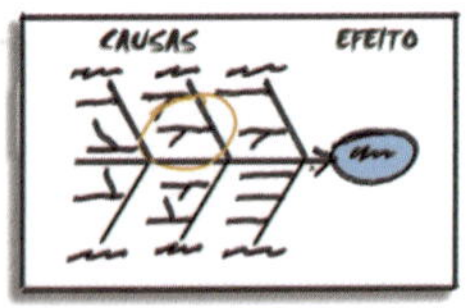

Diagrama Espinha de Peixe

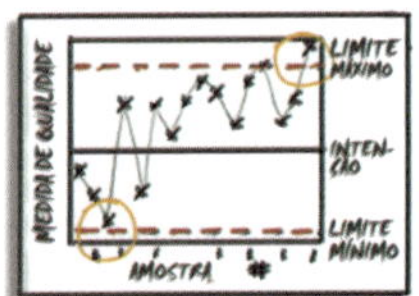

Gráfico de Controle

As organizações regenerativas usam os seguintes tipos de ferramentas além daquelas já mencionadas:

- ❑ Ferramentas de gestão de qualidade total (veja exemplos na barra lateral)
- ❑ Mapas de processos que ilustram passos e estágios-chave
- ❑ Ferramentas de gestão de projetos para revisão e aperfeiçoamento de projetos
- ❑ Compartilhamento interno de vídeo para espelhar o know-how da organização
- ❑ Plataformas de comunicação que permitem a visualização a distância
- ❑ Estudos gráficos de casos
- ❑ Modelos mentais que ajudam todos a pensar de maneira orientada para os processos

6. ORGANIZAÇÕES COCRIATIVAS

As pessoas precisam de novos estímulos para se manter criativas. É muito difícil fazer isso em uma única organização. As organizações mais vitais estão geralmente em polos industriais como o Vale do Silício e Hong Kong. As organizações cocriativas trabalham em redes de organizações colaborativas — como a rede RE-AMP no Centro-Oeste americano, que está limpando os poluentes do aquecimento global com 140 organizações sem fins lucrativos e 15 fundações. Ser capaz de formar alianças críticas e ter uma rede de parceiros é a chave para esse tipo de organização. Para manter sua identidade e direção nesse ambiente, uma organização precisa ser sólida em sua própria cultura. As ferramentas que ajudam são:

- ❑ Plataformas robustas de conferência via web e comunicações móveis
- ❑ Reuniões especiais com parceiros para fazer a visão estratégica conjunta
- ❑ Co-branding (Parceria entre marcas)
- ❑ Links em redes sociais
- ❑ Intercâmbio de vídeos

- ☐ Infográficos mostrando ligações entre estratégia e cultura
- ☐ Reuniões especiais para identificar valores culturais e princípios orientadores

7. ORGANIZAÇÕES TRANSFORMADORAS

Uma forma final de organização é uma que é interdependente com as formas anteriores no sentido de que precisa de suas funcionalidades para operar, mas possui uma aspiração diferente, que é a de trazer mudanças paradigmáticas duradouras. Essas organizações são mais redes virtuais e movimentos e trabalham com visualização. Como a consciência visual é na verdade a condição final de um movimento real, alinhá-la é uma questão contínua, e metáforas visuais e visões convincentes ajudam. Aqui estão algumas ferramentas que são distintas das já mencionadas:

- ☐ Modelos mentais convincentes de novas maneiras de ser e trabalhar
- ☐ Visões gráficas e vídeos que contam histórias de possibilidades
- ☐ Articulação gráfica de princípios orientadores
- ☐ Símbolos e ícones de mudança

Liberdade e Limitação

Os sete exemplos de organizações recém-descritas são integradas em um modelo codesenvolvido com Meryem LeSaget, uma colega do The Grove e especialista em liderança. Nele há sete arquétipos, organizados do mais simples ao mais complexo (veja na página seguinte). Se você conseguir imaginar o modelo dos Quatro Fluxos servindo de pano de fundo a essa estrutura, poderá perceber que o caminho do desenvolvimento organizacional é de materialização crescente, à medida que as organizações adicionam estruturas e processos. Mas uma virada acontece quando as organizações começam a funcionar mais como plantas, sistemas animais e sistemas humanos conscientes. Conhecimento, e não mais massa, é o que leva as organizações a arranjos mais complexos.

MODELO SIBBET/LE SAGET DE ORGANIZAÇÕES SUSTENTÁVEIS

Na próxima página há uma figura integrada do Modelo de Organizações Sustentáveis (MOS). Ele sugere um caminho geral de desenvolvimento para qualquer organização. As maiores são geralmente combinações das formas anteriores.

Este modelo, como os leitores dos livros anteriores sobre visualização reconhecerão, é animado pela Teoria do Processo de Arthur M. Young, uma estrutura de pensamento sobre processos evolutivos na natureza. O artigo popular da *Harvard Business Review* de Larry Greiner de 1998 sobre a evolução e revolução da organização (veja recursos para links), e os arquétipos organizacionais de Henry Mintzberg descritos em *Mintzberg on Management* adicionam validação e base científica à prática de negócios. Meryem Le Saget, uma antiga colega de Paris e autora sindicalizada sobre liderança e organizações, ajudou a refinar a estrutura ao longo desses anos e a testou com gerentes europeus.

Há agora uma ampla concordância de que o desenvolvimento organizacional acontece aos trancos e barrancos, através de períodos de revolução e evolução. O MOS completo indica os tipos de crises que podem atrapalhar cada fase.

Este livro não trata, primariamente, de desenvolvimento organizacional, mas de liderança visual. No entanto, esse visual seria um exemplo de um modelo visual cuidadosamente projetado que pode se tornar uma linguagem compartilhada para equipes de liderança que tomam decisões organizacionais de grande vulto. Veja onde você acha que está nos termos desse modelo.

DIAGNOSTICANDO SUA NECESSIDADE DE MUDAR

Um exercício que você pode fazer consigo mesmo ou com seus subordinados diretos é iniciar um diálogo sobre onde vocês estão na evolução organizacional. Cada um dos estágios de organização retratados neste modelo são potencialmente viáveis, se você estiver alinhado em um dos objetivos abrangentes mostrados nos círculos amarelos e com disposição para trabalhar no domínio das limitações mostradas nos medalhões azuis. Aqui está como você pode conduzir um diálogo.

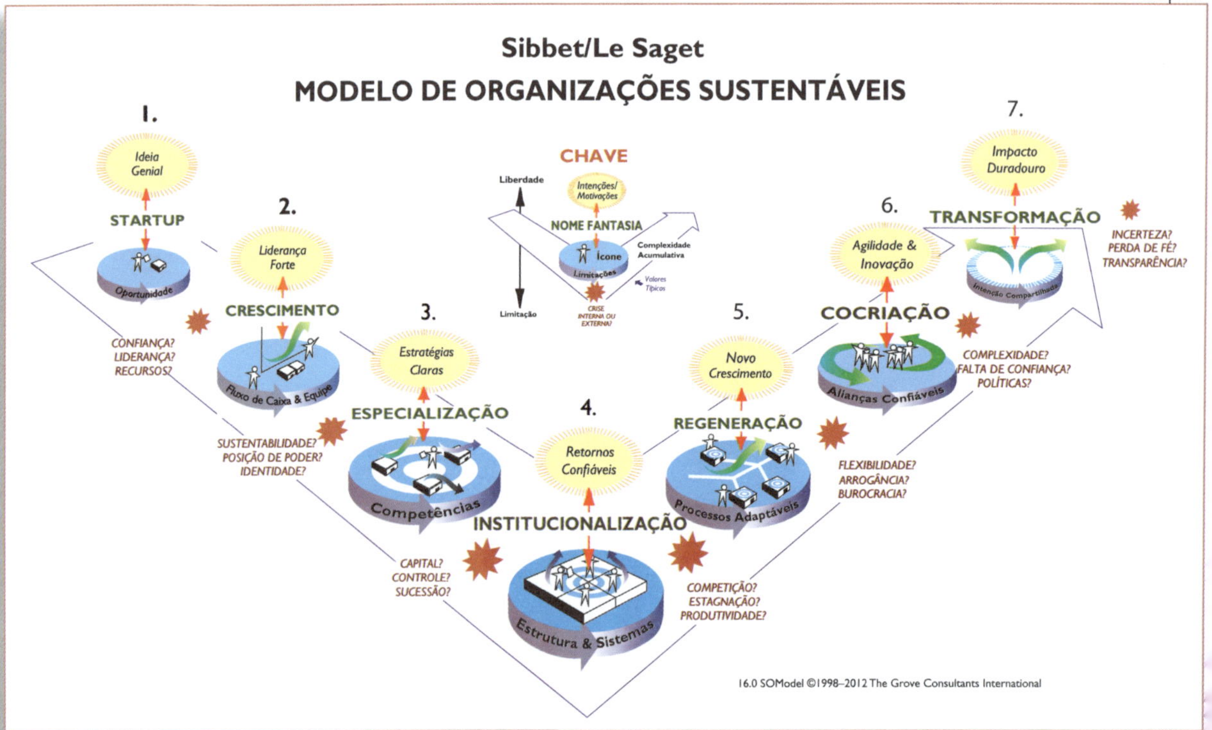

1. Compartilhe uma figura desse modelo e explique que uma organização coerente objetiva conectar as intenções desejadas às realidades atuais.
2. Faça todos olharem os escritos em vermelho que indicam os tipos de crise que podem atrapalhar uma forma estável de organização. Quais vocês estão vivenciando?
3. Veja se vocês conseguem concordar em onde sua organização está no momento. Vocês estão em crise? Vocês simplesmente precisam melhorar em um dos estágios? Estão precisando mudar para outra forma de organização? Lembre-se de que os retratos desses estágios são como lupas através das quais você olha. Nenhuma organização se "encaixa" precisamente em uma delas.

6. Desenvolvendo Seu QI Visual

Como Visualizar Torna Você Mais Esperto

Até agora, neste livro, você teve a chance de pensar em termos bastantes abrangentes sobre visualização e seu papel como líder. Alguns já lhe podem ser familiares. Outras ideias podem parecer um pouco fora de mão no que se refere a seus interesses. Basicamente, o que vai fazer a maior diferença para você é a extensão pela qual você, por si mesmo, começa a praticar ser mais consciente de suas comunicações visuais. Isso significa usar os visuais ativamente.

O que É uma Prática Visual?

Quando a facilitação visual começou, nos anos 1970, trabalhar dessa maneira era algo que os designers faziam, não simples gerentes. Mas os tempos são outros. Computadores e celulares são altamente visuais. A maioria está se tornando touch screen (equipados com telas sensíveis ao toque). Aplicativos de desenho e visualização são numerosos demais para se contar. Não há barreira técnica, hoje, para lidar com elementos visuais.

No entanto, você pode ser um executivo ocupado ou um novo jovem gerente tentando aprender, a todo custo, como liderar os outros. Como você consegue reservar tempo para aprender, por exemplo, a fazer anotações visuais? Bem, você não vai conseguir se não pensar que obterá algo disso, então, leia cuidadosamente a lista dos benefícios na próxima página.

Tendo Sucesso Desde o Início

Anteriormente, examinamos as metáforas de aprender a tocar um instrumento musical. É desafiador, mas a ótima notícia é que pode ser divertido desde o início caso seu professor saiba como ritmar as coisas. É por isso que você deve regular o andamento de seu aprendizado de modo a obter resultados ao longo do percurso. Nas próximas páginas há uma série de atividades que você pode empreender que construirão o seu QI visual. É como qualquer outra faculdade ou músculo. Praticar o torna mais forte.

Mantenha firme em mente que o ato de desenhar e diagramar é por si só uma forma de pensar, independentemente de como aparenta ser o resultado. Se você está fazendo isso só para você mesmo, por que se segurar?

A QUALQUER HORA, EM QUALQUER LUGAR

A tecnologia torna possível não apenas interagir com a informação mas também criá-la. Notas visuais podem ser salvas na nuvem, enviadas para amigos ou apenas salvas como trechos de pensamento para você mesmo e outros. Caso seja adepto de trabalhar em um diário de papel, tirar fotos digitais usando o celular lhe permite compartilhar as notas da mesma maneira.

EXEMPLOS DE NOTAS VISUAIS

Abaixo está uma página de notas de uma teleconferência recente registrada em um diário. Elas refletem o "formato de revista" simples, em duas colunas, com espaços para visuais. Aqui estão os benefícios de tal prática:

- ❑ Itens importantes se destacam com imagens.
- ❑ O diagrama de lugares é memorável.
- ❑ Padrões interessantes emergem. Isso ajuda você a prestar atenção, ouvir por imagens e lembrar.
- ❑ As informações são agrupadas em tipos lógicos.
- ❑ Cores enfatizam pontos.

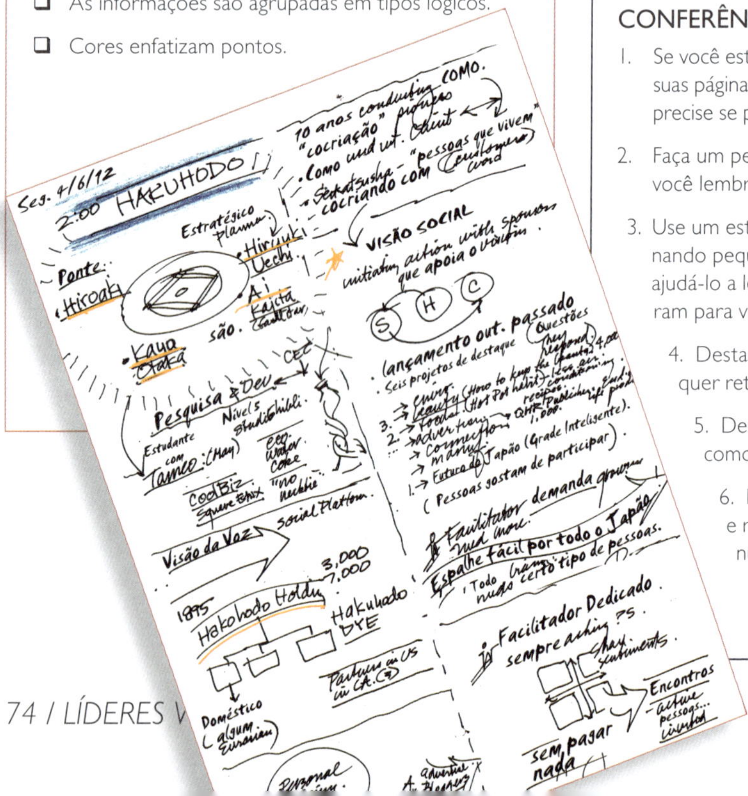

Notas Visuais

PRÁTICAS DE TOMAR NOTAS

Fazer anotações visuais para você mesmo é, de longe, o melhor método para praticar a visualização. Aqui estão alguns exercícios iniciais testados.

FAÇA ANOTAÇÕES EM TELEFONEMAS E CONFERÊNCIAS VIRTUAIS

1. Se você está usando um tablet, configure suas páginas antecipadamente para que não precise se preocupar em salvar arquivos.
2. Faça um pequeno mapa de lugares quando você lembrar os nomes de todos.
3. Use um estilo de lista a princípio, adicionando pequenos gráficos e formas para ajudá-lo a lembrar as partes que sobressaíram para você.
4. Destaque itens aos quais você quer retornar.
5. Desenvolva um ícone para ações, como pequenas setas.
6. Inclua suas próprias ideias e reações em pequenas nuvens (como aquela no fim destas notas).

DESENVOLVA UM VOCABULÁRIO DE FORMAS DE SEMENTES

Na próxima página estão algumas imagens pictográficas que têm a propriedade de permitir que você as adicione se quiser. Pratique desenhá-las até que elas sejam uma segunda natureza. (Algumas formas de diagramação estão na página 82.)

- ❑ Desenhe a pessoa estrela básica.
- ❑ Varie a largura dos braços e pernas.
- ❑ Varie o comprimento dos braços e pernas.
- ❑ Faça o primeiro braço subir, depois descer.
- ❑ Coloque duas delas juntas e faça-as interagir.
- ❑ Desenhe pequenas sombras.

FAÇA UM BRAINSTORM CONSIGO MESMO

1. Coloque um assunto no meio do papel e então faça anotações ao redor, usando palavras e gráficos.
2. Você pode fazer bifurcações em um estilo de diagramação de mapa mental, se quiser, ou apenas juntá-los em pequenos grupos. Usar ícones o ajudará a se lembrar das ideias.

Comece com Gráficos Simples

Os gráficos nesta página são um conjunto divertido de gráficos iniciais. Esses tipos de figura são chamados de pictográficos ou ideográficos e funcionam como ícones ou palavras gráficas em suas anotações. O The Grove chama aqueles que são projetados para improvisação de formas de sementes. Os designers distinguem dois tipos:

1. **Pictográficos:** Esses são pequenas figuras de coisas reais em um formato simplificado. Os exemplos aqui são todos pictográficos.
2. **Ideográficos:** Esses são símbolos gráficos que não se parecem com a coisa real. Por exemplo, dinheiro não se parece com o símbolo do cifrão; amor não se parece com um coração.

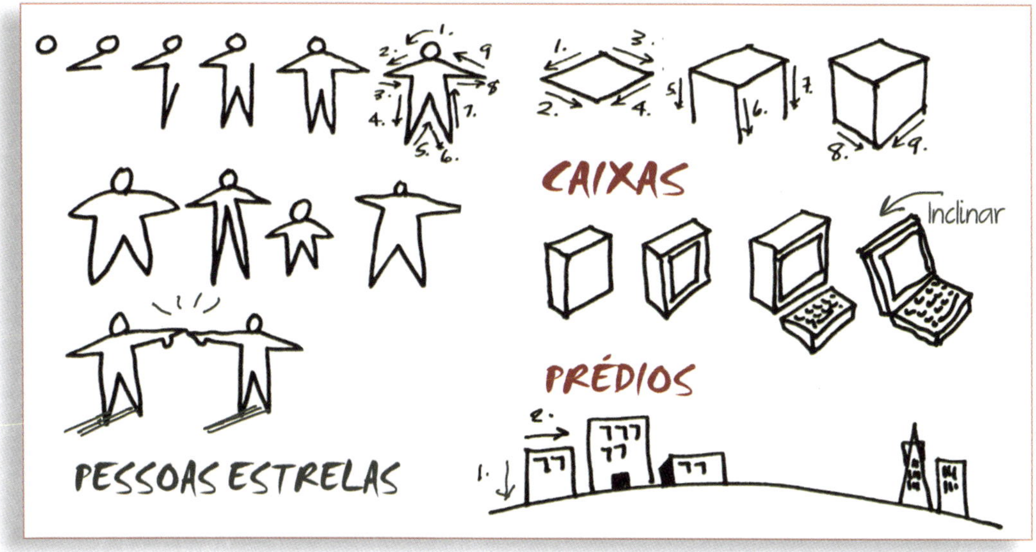

USE FORMAS DE SEMENTE SIMPLES

Fazer anotações visuais começa basicamente com palavras e alguns desenhos simples. Acima está a maneira pela qual você desenharia três tipos úteis de pictográficos (nome técnico para pequenas figuras de coisas reais). São chamadas de formas de semente porque você pode desenvolvê-las ao adicionar características sem mudar o desenho subjacente. A pessoa estrela é o primeiro esboço com o qual você pode se divertir. Por eles estarem em suas próprias anotações, não importa o quão habilidoso você seja — o que importa é a ideia. O cubo de título também é divertido. Muitos objetos em cidades, escritórios e casas podem ser representados com combinações desse cubo.

Você pode, também, desenvolver uma série de variedade de caligrafias para poder mostrar diferenças em tipos de informação, como explicações versus ações. A seguir estão algumas coisas que você pode praticar:

3. **Títulos:** Ajuda colocar o estilo das letras dos títulos em MAIÚSCULAS (CAPS LOCK). Você pode acrescentar linhas acima e abaixo, ou cores para destacar uma reunião ou chamar atenção em seu diário.
4. **Tópicos:** Pequenas estrelas ou círculos para tópicos indicam itens em uma lista ou onde começar a ler uma linha de texto. Se você trocar por um estilo de escrita em letras minúsculas, pode mostrar subpontos embaixo das principais categorias de informação.
5. **Bordas:** É mais fácil lembrar de informações que são agrupadas ou fragmentadas. Use convenções de desenhos — balões de fala para frases que as pessoas dizem, nuvens para pensamentos, linhas brilhosas para ideias brilhantes e boxes de vários tipos para informações de grupo simples.

EXERCÍCIOS DE METÁFORA

Aqui estão algumas maneiras simples para você aumentar sua consciência sobre metáforas. Um exercício mais completo está na próxima página.

Ouça as metáforas que seus subordinados diretos usam em reuniões e então anote-as.

- ❑ Melhor ainda, desenhe esboços delas!
- ❑ Leia um artigo de revista e sublinhe todas as metáforas.
- ❑ Explore uma revista e corte imagens que você gosta. Consegue ver com o que elas se associam em sua imaginação?

Explorando Metáforas

Quando se trata de pensar sobre sua própria organização, que provavelmente é complexa e dinâmica, as metáforas são uma maneira importante de ter perspectiva. Mantenha em mente estes princípios básicos:

- Escolha uma metáfora que você compreende completamente (ou você vai ter duas coisas sobre as quais não sabe).
- Lembre-se de que a metáfora *não* é a coisa de verdade (o mapa não é o território).
- Preste atenção nas semelhanças e ignore as diferenças.
- Pense na metáfora como um tipo de lente ou janela.
- Examine mais de uma metáfora.
- Ouça a ressonância.

Preste Atenção ao que Ressoa

Ressonância é uma palavra que descreve como uma coisa pode repercutir na presença de outra. Você pode ouvir isso no piano quando um conjunto de cordas vibra, mesmo que não as esteja tocando. Acontece em sua psique quando uma ideia de repente parece aumentada. Talvez você esteja andando por uma cidade e sinta o cheiro de pizza. Sua atenção começa a "ressoar" com a ideia de comer uma fatia! Depois de algum tempo, você consegue aprender a sentir no corpo e na mente quando uma imagem ou metáfora tem esse efeito.

A associação livre acontece com base nesse princípio. É como os psicólogos exploram os sonhos. Em um sonho recente que tive, era necessário, durante uma reunião, lidar com um problemático personagem carismático. Uma garota atraente no grupo chamou-o, e ambos saíram antes que qualquer coisa ocorresse. A garota reapareceu e relatou que o colega era "incrível" e um curandeiro. A mudança no sentimento sobre esse homem me despertou. Presumindo que todas essas partes do sonho eram eu, perguntei "Com qual parte problemática estou tentando lidar?". Talvez tenha sido um lado em que eu poderia ser útil em uma situação de cura. Esse tipo de explicação é o pensamento metafórico. Usar gráficos para ilustrar a metáfora pode ajudá-lo com esse tipo de análise. Veja a próxima página para sugestões sobre como fazer isso.

BRINCAR DE METÁFORA

Siga estes passos para exercitar o pensamento sobre um problema ou situação organizacional usando a análise metafórica.

1. Escreva o problema ou situação que você quer analisar.
2. Identifique uma equipe de esportes, um tipo de grupo de performances artísticas e uma organização ou equipe de negócios que você entenda bem.
3. Crie um desenho de todos esses elementos em cada uma das três metáforas (veja exemplos aqui).
4. Comece com uma e mapeie seu problema ou situação na metáfora ao associar aspectos diferentes de sua situação com os elementos que você identificou.
5. Identifique-se com um dos elementos em cada metáfora.
6. Liste o que você, tal como o elemento, está fazendo sobre o problema ou situação escolhidos.
7. Preste atenção em qualquer ideia que passe em sua mente. Preste atenção ao que ressoa.
8. Agora repita esse processo com a segunda metáfora.
9. Detenha-se em cada metáfora tempo suficiente para ter pelo menos algumas ideias.
10. Certifique-se de fazer mais de uma completamente. O benefício real é ter muitos pontos de vista.

TIME DE FUTEBOL

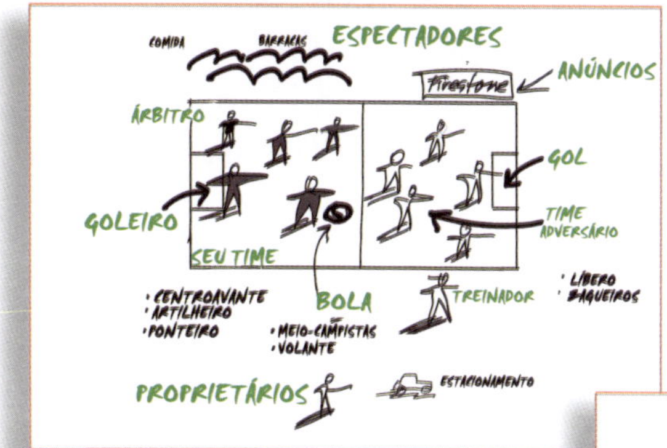

DICA

- Trabalhe em uma folha de papel grande e escreva as ideias associadas em uma cor separada ao redor do gráfico.

CONJUNTO DE JAZZ

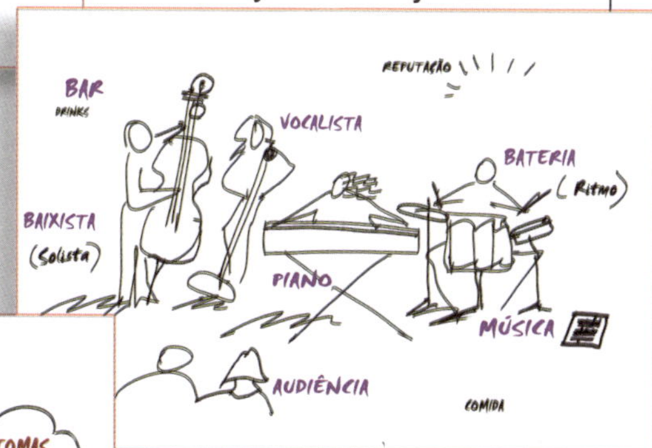

EQUIPE PARAMÉDICA

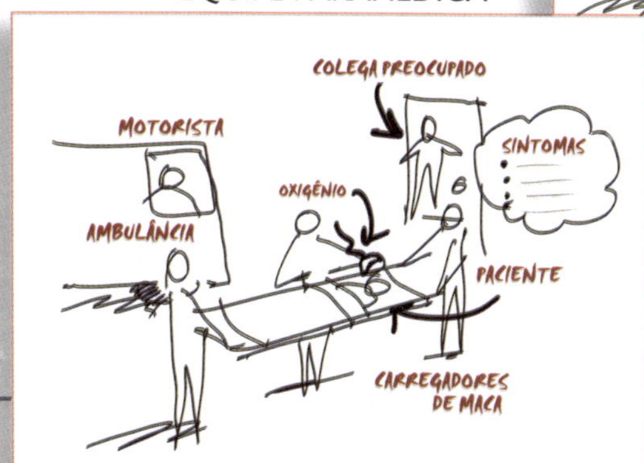

ANALISE QUADROS DE VISÃO PESSOAL

Use quadros para explorar sua visão pessoal. Eis como você pode analisá-los.

- ❑ **História Precisa:** Crie uma história bastante precisa juntando duas folhas de papel tamanho A3 e traçando uma linha do tempo anual. Comece acrescentando todos seus movimentos físicos, a seguir, suas transições de escola e, depois, empregos. Sobreponha isso com seu desenho de um pico de uma montanha e de um vale. Adicione suas diferentes relações significativas, filhos, parceiros e assim por diante. Esse tipo de gráfico profundo pode lhe dizer muitas coisas.
- ❑ **Ligue Altos e Baixos:** Suponha que picos e vales caminhem juntos; exatamente como na geografia. Consegue ver como seus momentos "baixos" lhe preparam mais momentos "altos"?
- ❑ **Colagem da Visão:** Use imagens de uma revista e crie uma colagem para sua visão em vez de desenhar as imagens. Você pode recortar palavras e manchetes e usá-las também.

Visão Pessoal

Fazer visão pessoal usando modelos simples o auxiliará a entender o valor que essa atividade pode ter para sua equipe de liderança e para a organização como um todo. Esses exercícios podem ser muito ricos e levar algumas horas de reflexão, ou podem ser feitos rapidamente, em esboços, formas, para conseguir alguns insights rápidos.

História e Visão Andam Juntas

A noção das pessoas sobre o futuro é filtrada pela noção delas do passado. Se você começa a visionar com a história de sua carreira, isso vai ampliar sua imaginação bem além dos horizontes de dois a quatro anos que a maioria das organizações consideram. Mesmo que sua carreira esteja apenas começando, você terá várias décadas para considerar. Sua carreira pode ser longa e rica. Em qualquer um dos casos, o modelo de pico e vale é uma maneira rápida de começar. A Apple usou isso para os líderes orientarem uns aos outros em workshops externos de liderança. Cada participante criaria sua imagem antes e passaria algum tempo compartilhando-a no evento. Você pode fazer isso também, caso se sinta confortável em compartilhar os desenhos depois. Contar a história para outra pessoa pode ser outra maneira de conseguir alguns insights pessoais.

O modelo SWOT é uma estrutura de planejamento testada e aprovada que é usada para evidenciar os pontos fortes, fracos, oportunidades e ameaças durante o planejamento estratégico. O valor de plantar suas ideias em um modelo gráfico é ver as interconexões. Oportunidades são aquelas situações que o fazem perceber ter uma vantagem competitiva, ou uma ocasião que lhe possibilita reverter uma fraqueza. Ameaças são grandes o suficiente para que você possa considerar lidar com elas quando são apenas problemas menores.

Visionar requer que você se imagine no futuro. Uma peça que você pode pregar em sua mente é pensar totalmente no passado, como se tudo já tivesse acontecido e você já soubesse de tudo a respeito. Você pode trazer alguém para ser seu parceiro. Depois de fazer o brainstorm de algumas ideias, conte para essa pessoa a história no passado, dizendo "Eu fiz isso, e eu fiz aquilo". O Capítulo 9 lhe mostrará como usar modelos gráficos como esse para criar uma estratégia organizacional.

VISÃO PESSOAL

Aqui está uma maneira simples de passar algum tempo refletindo visualmente sobre suas aspirações pessoais como líder.

1. Pegue três folhas de papel tamanho A3 (ou um tablet).
2. Intitule a primeira folha de Minha História Pessoal e desenhe uma linha do tempo paralela ao fim da página.
3. Desenhe intuitivamente uma linha de picos e vales que represente os altos e baixos de sua carreira. Então nomeie as viradas. Pense em alguns dos outros eventos que circundaram os altos e baixos.
4. Em uma segunda folha, desenhe quatro quadrados e nomeie os dois da esquerda de Pontos Fortes e Fraquezas, e os dois da direita de Oportunidades e Ameaças.
5. Liste seus pontos fortes, usando a história como um estímulo. Liste as fraquezas. Você pode pensar nelas como falhas ou problemas, se desejar.
6. À direita, desenhe alguns círculos e preencha-os com oportunidades. Essas são situações das quais você pode tirar vantagem no futuro próximo.
7. Liste ameaças. Essas são problemas que podem dar fim ou diminuir significativamente sua carreira ou vida.
8. Pegue uma terceira folha e desenhe a si mesmo no topo de uma montanha. Imagine que você está em um tempo futuro, no pico de sua carreira. O que você consegue imaginar que seja parte de sua vida e capacidade nesse tempo futuro? Use palavras e imagens simples para fazer um mapa circular de sua visão.

MODELO DE PICO E VALE

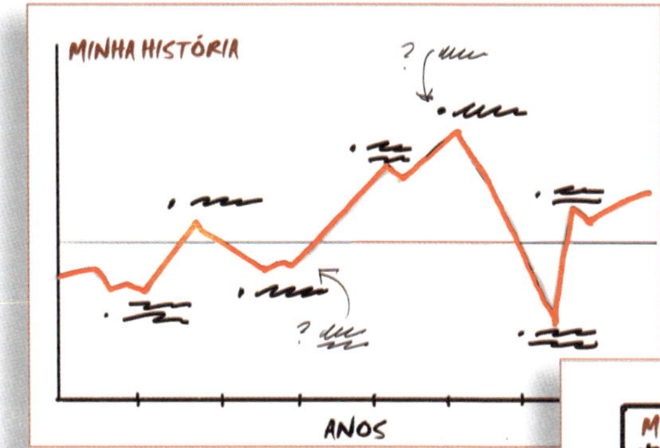

MANDALA DE VISÃO

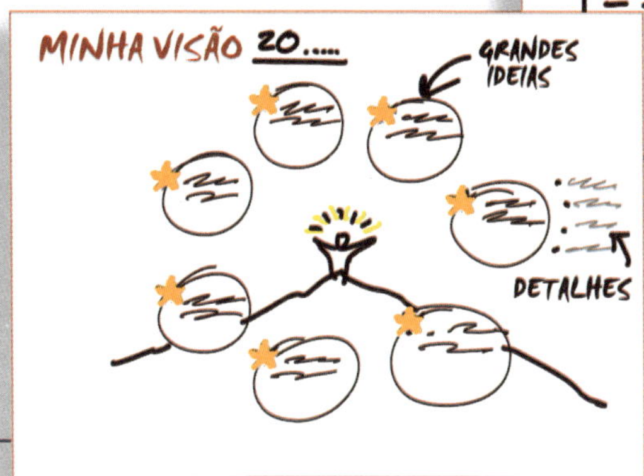

DICAS

- *Se você tem uma história longa, comece com suas diferentes casas e mudanças. Isso ajudará a ancorar sua memória.*
- *Não se preocupe em ser ordeiro. Apenas anote as coisas rapidamente.*

TABELA SWOT

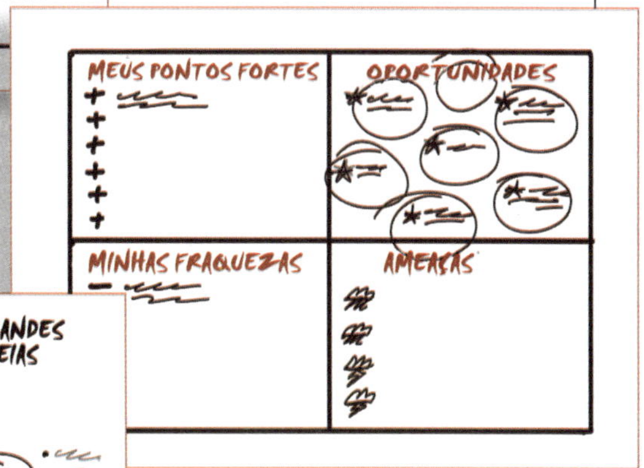

USE LEMBRETES AUTOADESIVOS

Lembretes autoadesivos [conhecidos popularmente como post-its] são uma das ferramentas mais poderosas para líderes visuais. Eles fornecem uma forma de reunir detalhes e procurar padrões de ligações e relações. *Reuniões Visuais* descreve em detalhes como trabalhar com eles de maneiras produtivas com grupos. Esses métodos também se aplicariam a seu próprio pensamento, se quiser. Aqui estão algumas das coisas que você pode fazer com lembretes autoadesivos:

- ❑ Mantenha sua lista do que fazer em lembretes e organize-os em diagramas ou os priorize por dia.
- ❑ Use lembretes pequenos em um diário para planejar seus processos ou organizar um projeto.
- ❑ Use lembretes para tomar decisões sobre o que escrever em um relatório ou livro.

A imagem abaixo é de lembretes exibindo o conteúdo deste livro em uma página de um quadro de cavalete. A apresentação dava suporte à tomada de decisões sobre o que colocar em cada capítulo.

Parede de Decisão Pessoal

Tomar decisões tem tudo a ver com contexto e escolhas. O maior desafio é manter em mente a gama completa de opções e critérios para o sucesso enquanto se está focando em opções específicas e analisando-as. Criar uma parede de decisão é uma ajuda enorme. É o equivalente pessoal das ferramentas de sala de decisão sobre as quais nós falaremos no Capítulo 10.

Fazendo Exibições Grandes

É fácil subestimar o poder de fazer uma exibição muito grande. Você pode pensar "Eu vou apenas colocar coisas em volta do meu computador para fazer isso". No entanto, quando você trabalha em um mural, precisa se levantar e se mover. Literalmente, alarga sua perspectiva e coloca mais de sua inteligência no processo. Vale a pena descobrir como conseguir um espaço que seja no mínimo tão grande quanto um quadro branco comum. A maioria dos escritórios tem uma sala de conferência que é grande o suficiente. Se você trabalha no papel em vez de no quadro em si, pode enrolar tudo e até levar para casa para continuar trabalhando.

O trabalho que você fez na visão estratégica pessoal pode preceder um processo de decisão como este. Existem muitas perspectivas contextuais para compreender quando você toma grandes decisões. Mapeá-las além das próprias opções ajuda bastante.

E a Intuição?

É tentador pensar que o pensamento racional irá sempre resultar em uma boa decisão. Esse não é o caso em diversas situações muito complexas, caracterizadas por inúmeras variáveis. Intuição é aquela parte de nós mesmos que, em algum nível, pode comparar tudo o que sabemos e registrar se "parece certo". Alguns chamam isso de seguir sua intuição ou seu coração. Combine a análise e a intuição ao se preparar com uma exibição visual, e então vá dormir pensando sobre a decisão e se convide a acordar com a resposta. Você pode muito bem levantar da cama sabendo exatamente onde você precisa estar.

PAREDE DE DECISÃO PESSOAL

Uma parede de decisão o encoraja a manter o quadro geral em mente enquanto trabalha em suas opções. Aqui está o processo geral:

1. Pendure uma grande folha de papel em uma sala de conferências ou estenda-a sobre uma mesa grande.
2. Pegue alguns post-its para fazer os lembretes e algumas canetas.
3. Comece pensando sobre a decisão que você precisa tomar e o critério que a tornaria uma decisão de sucesso (algumas gerais são sugeridas aqui).
4. Identifique as diferentes escolhas que você tem, uma por lembrete.
5. Desenhe uma tabela grande de quatro por quatro e a nomeie como mostrado aqui.
6. Organize os lembretes baseado em seu melhor julgamento sobre qual seria a consequência. Então, pergunte-se:
    - Isto tem chance de resultar numa recompensa grande ou pequena?
    - Vai ser mais fácil ou mais difícil de implementar?
7. Você pode acrescentar notas ao redor dos lembretes, registrando o que você gosta e o que não gosta sobre cada escolha.
8. Por fim você terá que decidir, mas este exercício o ajudará a ganhar alguma perspectiva.

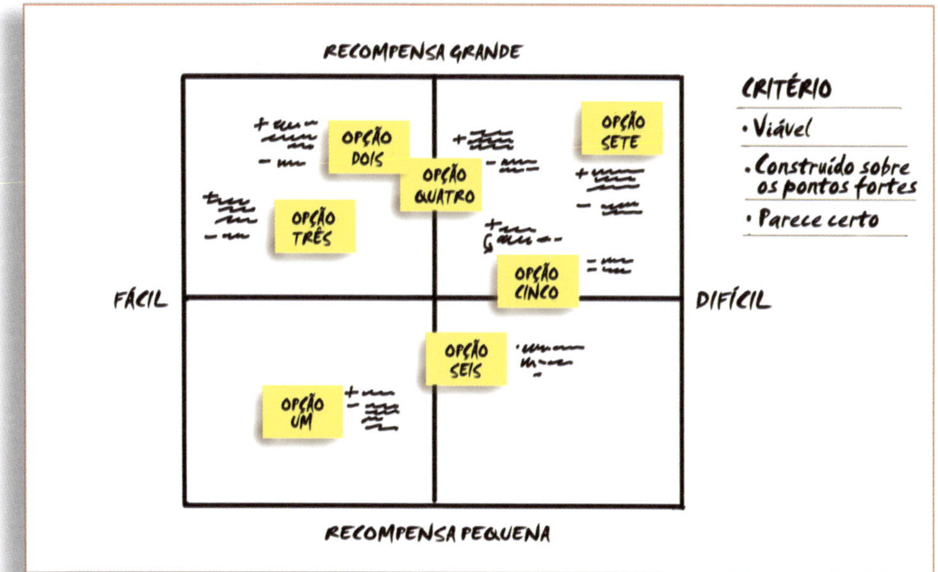

SIGNIFICADO DAS FORMAS

Essas sete formas são o suficiente para diagramar quase qualquer coisa. Pontos e linhas não são tecnicamente formas, mas produzem um vocabulário completo de gráficos. Os sentidos surgem do que parece desenhar as formas. O diagrama na próxima página mostra como elas trabalham juntas.

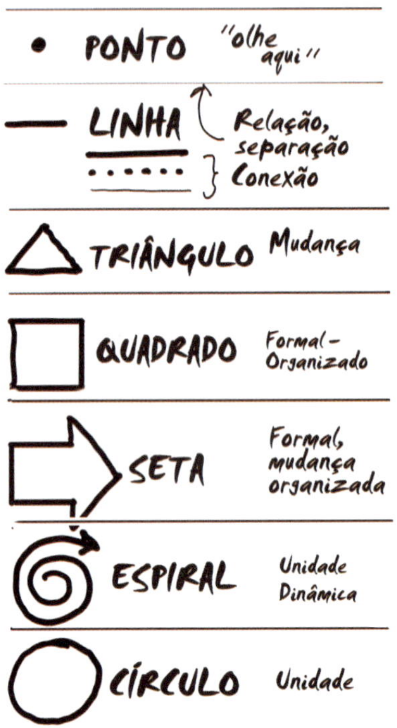

Diagrame um Processo

Diagramação é a linguagem do pensamento em sistemas, e entender seus processos centrais, como líder, é a forma mais relevante de ter uma ideia geral confiável sobre o que está acontecendo. Existem muitos processos que formam uma organização. Diagramar um deles é um exercício visual soberbo.

Tipos de Processos Organizacionais

A seguir estão alguns dos processos de repetição que podem ser um bom foco para sua sessão prática:

- Processo de startup de negócios novos
- Processo de grandes projetos de vendas
- Processo de planejamento de negócios anual e estratégico
- Processos de gestão de talentos para contratação, desenvolvimento e demissão
- Processo de desenvolvimento de sites
- Processo de desenvolvimento de infraestrutura (tal como colocar um grande sistema de computador de gestão de relacionamento com o consumidor)
- Novas aquisições de escritórios e startup
- Processo de desenvolvimento do programa de treinamento
- Processo de aprimoramento de processos — tornar algo mais eficiente

Se você listar todos os processos dos quais sua organização depende, chegará às centenas, para organizações de qualquer tamanho. Quando você parte para aprimorar as coisas, é importante entender quais são os processos centrais que guiam os outros.

Você pode também querer diagramar um processo de sua vida pessoal, talvez uma atividade comunitária, extracurricular ou familiar — como tirar férias. Algumas vezes, quando o conteúdo é menos crítico, você pode focar mais em aprender a nova habilidade — neste caso, diagramar.

PROCESSO DE DIAGRAMAÇÃO

1. Escolha um projeto ou processo que você conheça bem, de preferência um no qual tenha sido líder.
2. Desenhe uma linha para a duração que você quer diagramar.
3. Trace os prazos das principais reuniões e projetos como uma estrutura.
4. Acrescente reuniões menores, conferências virtuais e outros compromissos do grupo.
5. Adicione documentos pictográficos no que for ser entregue (papel ou digital).
6. Acrescente pessoas estrelas aqui e ali, onde for apropriado — talvez para indicar lideranças de projetos em subprojetos ou pessoas em funções de supervisão.
7. Desenhe figuras de qualquer coisa física que seja relevante, como abrir um novo escritório, ou adquirir algum equipamento novo que seja essencial.
8. Use listas com tópicos para se lembrar dos detalhes.

DICAS

- Não se preocupe se não conseguir lembrar de tudo. O objetivo do exercício é identificar as falhas e pensar sobre o processo em um nível geral.
- Compartilhe o desenho com outra pessoa que saiba sobre o processo.
- Use lembretes para começar.

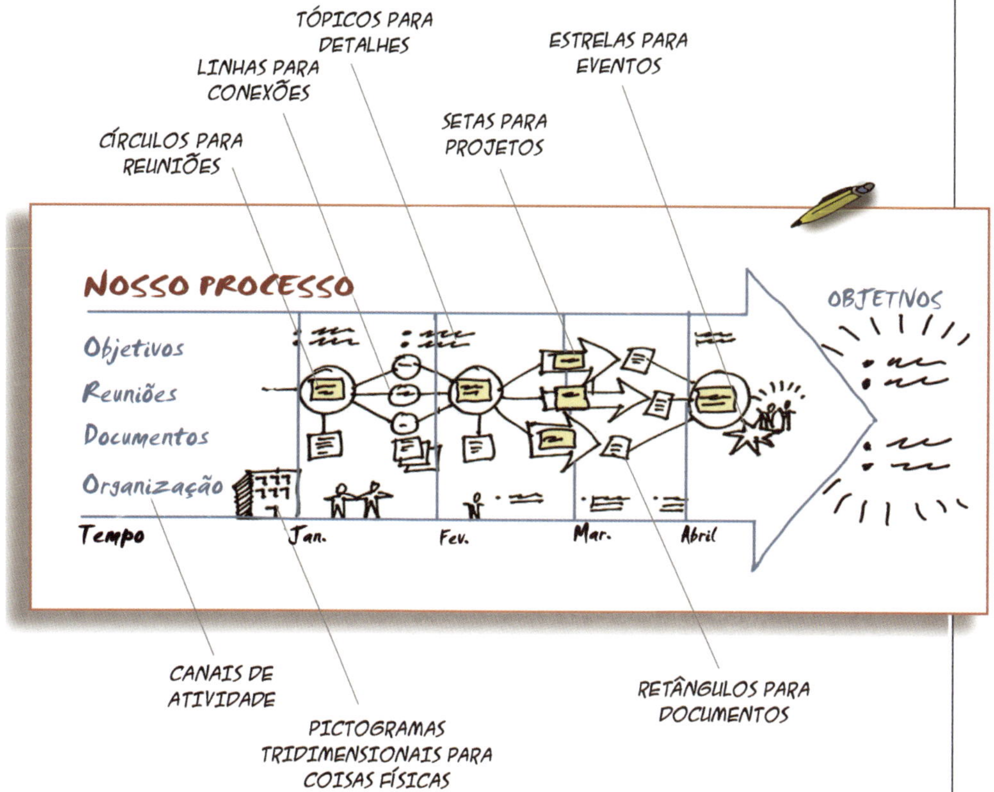

QUANDO FAZER CENÁRIOS

Quando o futuro é realmente incerto, é muito útil se preparar para mais de uma possibilidade. A função do cenário é como ir à academia da imaginação e malhar o seu "músculo *pre*ceptivo". Este é aquele que é receptivo antes de algo acontecer. A seguir estão algumas das ocasiões em que você possa querer fazer isso:

- ❑ Quando tomar uma decisão capital
- ❑ Quando contemplar mudar a infraestrutura básica da sua organização
- ❑ Quando pensar sobre assumir um trabalho de liderança em um tipo de organização bem diferente
- ❑ Quando buscar parceria com um participante importante em seu campo de trabalho
- ❑ Quando as condições econômicas requerem uma reestruturação radical de sua organização
- ❑ Quando pensar sobre vender ou abandonar uma linha de negócio importante
- ❑ Quando tentar imaginar o que está acontecendo no campo no qual você trabalha
- ❑ Quando padrões históricos simplesmente não parecem se encaixar

Mapeamento de Cenário

As pessoas esperam que os líderes deem a direção e tenham visão. Mas você sabe muito bem que muitas vezes o futuro é sombrio e incerto, e que não se sabe realmente qual a melhor maneira de agir. É possível ser um líder aprendiz, bem como um líder estrategista e confiante. O líder orientado pelo aprendizado envolve todos explorando o que é possível — guiando as pessoas ao aprendizado e explorando novas oportunidades. Você será muito melhor nisso se estiver confortável em fazer essa especulação por si mesmo. Essa é a razão para fazer alguns exercícios pessoais quando ninguém mais estiver olhando ou criticando. Você pode ser um pensador tão ousado quanto quiser!

A Importância de Trabalhar para Trás

Se você é competente o suficiente para ser um líder, é provável que seja razoavelmente prático e guiado para resultados. A parte de seu cérebro que é orientada dessa maneira precisa ser enganada a fim de pensar diferente. Um dos modos mais fáceis é trabalhar do futuro para trás. Se você imagina comprar uma nova casa, por exemplo, pode provavelmente imaginar uma casa muito boa — a casa dos sonhos, talvez. Poderia também imaginar que está de mudança para lá e a ajuda que precisaria de uma empresa especializada ou de amigos. Para fazer isso, você precisaria imaginar ter tempo para fazer a mudança. Então, necessitaria estar adiantado em outros projetos para dispor desse tempo. Também já teria que ter feito acordos com o banco e preenchido as condições para conseguir um financiamento. Se você trabalhar para trás desse jeito, consegue traçar um caminho que o levaria para alcançar seu sonho.

A princípio, essa forma de trabalhar pode parecer estranha, mas com a prática, você pode começar a utilizá-la com mais facilidade. Uma vez confiante, pode então guiar sua equipe de liderança nesse mesmo processo.

Uma empresa de consultoria que se especializou no planejamento de cenários coletou centenas de cartões de eventos em potencial e colocou equipes para separá-los em uma história sequencial, trabalhando para trás a partir de um futuro imaginário, fazendo uma sequência plausível de eventos. Você pode inventar seus próprios cartões e fazer isso com sua equipe se achar que trabalhar dessa maneira produz bons insights.

MODELO DE PLANEJAMENTO DE CENÁRIO

Cenários são histórias de futuros *plausíveis*, não prováveis. Você pode explorá-los ao combinar desenhos e lembretes na seguinte maneira:

1. Foque em alguma coisa sobre a qual você quer imaginar o futuro. Pode ser trabalho, família ou sua própria carreira.
2. Escolha um tempo no futuro e invente como seria um resultado incrivelmente bom. Use ícones simples e palavras para desenhar uma imagem dele.
3. Faça o mesmo para um resultado horrivelmente ruim, e para um que seria mais ou menos.
4. Então, trabalhando para trás, pergunte "O que é preciso que aconteça para terminar com este resultado?"
5. Então, em cada estágio, faça a mesma pergunta. Continue até voltar ao presente.
6. Faça isso para cada um dos três hipotéticos cenários. Use os lembretes para refinar sua história.
7. Os padrões visuais nos três cenários começarão a revelar alguns dos padrões das suposições que você está fazendo.

DICAS

- Mantenha-se solto e imaginativo. Você está inventando uma história possível, não uma factual. Você está buscando insights que de outra maneira não teria.

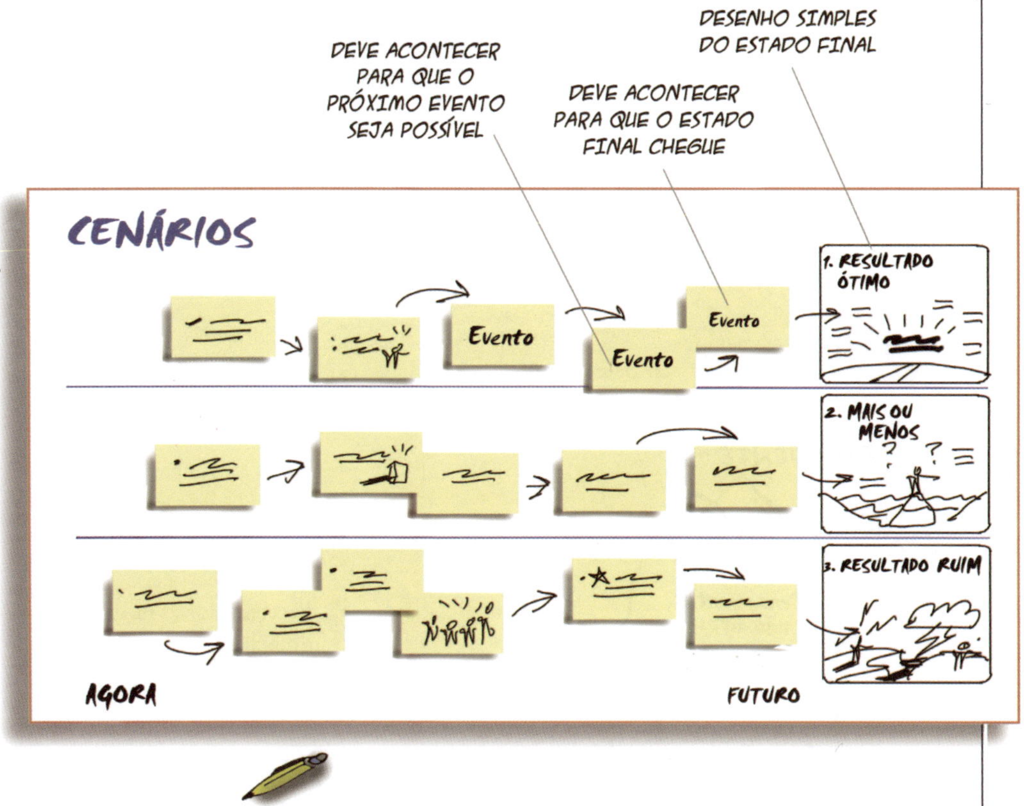

A METÁFORA DO ICEBERG

Allan Drexler, o consultor organizacional que fez parceria comigo no desenvolvimento do Modelo Drexler/Sibbet de Performance em Equipe, passou anos conduzindo laboratórios sobre poder com a National Training Labs, uma líder forte e prática no campo do desenvolvimento organizacional. Allan percebeu que todos os processos — nós nos conscientizando sobre nós mesmos, um grupo em si mesmo, uma organização em si mesma —, tudo representa um iceberg de coisas em potencial para se pensar. Há sempre coisas que pensamos mas não verbalizamos ou escrevemos, coisas que observamos que nunca comunicamos, e coisas que sentimos que nunca reconhecemos. A quantidade de coisas de que estamos cientes e comunicamos (a ponta relevante do iceberg) é pequena em comparação ao que não revelamos (a parte embaixo da água). É por isso que você talvez precise ir um pouco além de sua sabedoria convencional a respeito de si mesmo.

Caminho da Verdade

Arnold Mindell, um experiente terapeuta junguiano e budista praticante, escreveu um ótimo livro chamado *Trabalhando com o Corpo Onírico*, que descreve uma maneira de encontrar suas verdades pessoais profundas. Mindell observa que os humanos podem ser conscientes em uma ampla gama de "canais", tomando emprestado uma metáfora da televisão e do rádio, mas a consciência é bloqueada quando nossos *eus* protetores (egos) não querem ver algo. Nosso processo de vida mais profundo continua: apenas muda para outro canal. Mindell sugere amplificar a atenção em um determinado canal, ou usar o controle remoto e prestar atenção ao que aparece no novo canal. Então arquitete uma história que reúna o fluxo.

Canais de Consciência

Eis alguns dos canais de consciência identificados por Mindell:

- Ver imagens e figuras em nossas mentes
- Ouvir sons e imaginar conversas
- Sentir nossas emoções
- Notar movimento em nosso corpo (mudar posturas, vontade de se alongar)
- Ter sentimentos "proprioceptivos" — pequenas coceiras, aflições e dores dentro do seu corpo
- Sonhar e devanear durante o dia
- Receber dádivas medicinais — a aparição de animais, ventos, coisas no mundo que são simbólicas (nativos funcionam muito nesse canal)
- Abrir-se para a dádiva de estranhos (quando alguém aparece e lhe diz algo exatamente quando você precisa ouvir)
- Serendipidade — a chance de ocorrer algo repleto de significado

Mindell sugere esse processo de "ir com a maré" como uma maneira de descobrir sua verdade pessoal, como um caçador localizaria um cervo esquivo na floresta seguindo sinais sutis.

EXERCÍCIO DA CAIXA DE AREIA

Uma maneira de "localizar" seu subconsciente é trabalhar com três pequenos objetos tridimensionais. Psicólogos junguianos chamam isso de trabalho caixa de areia e literalmente usam caixas de areia e bonequinhos, pedindo que as pessoas façam arranjos com eles para explorar assuntos. A seguir, um exemplo de como você pode brincar com imagens desse tipo como uma forma de adquirir conhecimento em um problema ou situação.

1. Identifique algum problema ou situação sobre o qual você queira receber um insight.
2. Encontre uma loja de brinquedos que tenha muitos animais pequenos e bonequinhos (a maioria das grandes lojas tem seções com esses itens).
3. Pense sobre sua situação e escolha rapidamente tantos itens diferentes quanto você achar que podem se relacionar de alguma maneira.
4. Compre-os e leve-os para casa com você.
5. Faça uma organização dos itens que representam seu jeito de pensar sobre a situação que está considerando. Trabalhe rapidamente.
6. Em seguida invente uma história sobre a organização. Fale em voz alta ou escreva.
7. Pegue parte de um dos itens e, em voz alta, expresse o que ele vê ou pode dizer. Depois pegue outro e faça o mesmo.
8. Se você tem dificuldade para fazer isso sozinho, faça com alguém em quem confie. Quanto mais você conseguir imaginar que você é o símbolo, mais associações surpreendentes aparecerão.

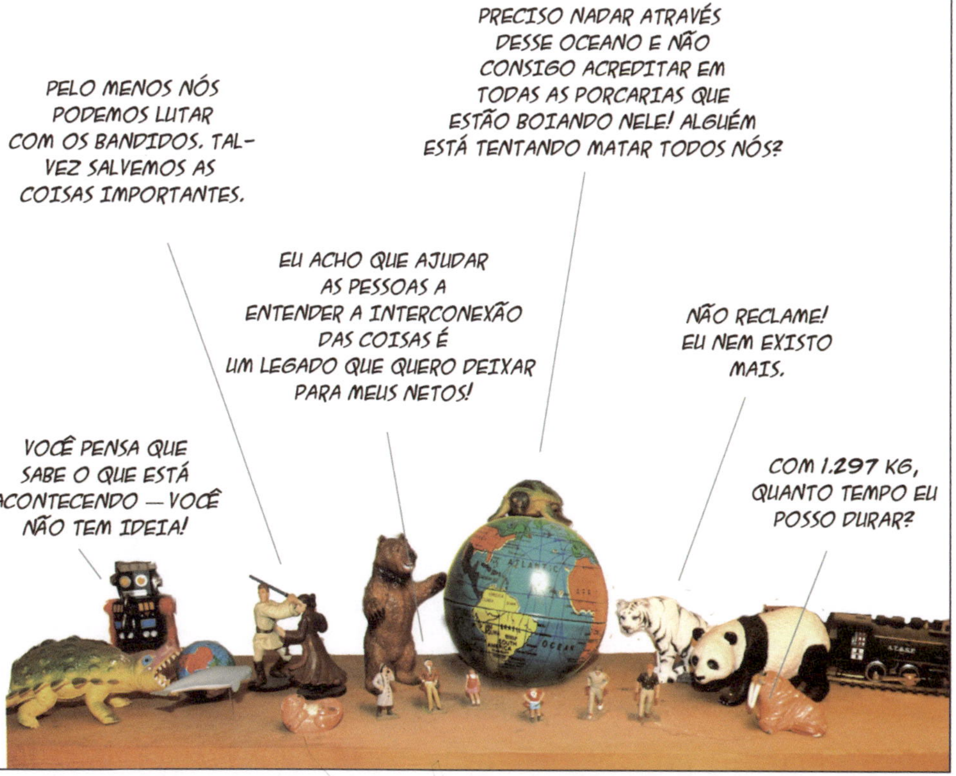

Como Isso Tudo Ajuda Seu QI Visual?

Alan Kay, um dos verdadeiros pioneiros do Vale do Silício, é famoso por imaginar o Dynabook, o primeiro computador verdadeiramente portátil, quando trabalhou na Xerox. Como inovador e inventor experiente, ele adora dizer "Ponto de vista vale 80 pontos de QI". É claro, ele está usando QI como uma metáfora, mas sua mensagem é que a maneira como você olha para alguma coisa faz uma *GRANDE* diferença na qualidade de seu pensamento. Todos os exercícios sugeridos neste capítulo se resumem a maneiras diferentes de mudar seu ponto de vista com a visualização. Terá esse impacto se você os praticar de fato.

Ponto de vista vale 80 pontos de QI.

— Alan Kay, Inventor do Dynabook, pioneiro do Vale do Silício

Seria maravilhoso se pudéssemos apenas assimilar informação nova e mudar imediatamente. Bem, você pode, se a informação é um sinal de trânsito verde e você é completamente competente para dirigir e sabe que verde significa ir. Mas esse tipo de mudança não tem a ver com você precisar trabalhar na visualização. Se você for a um país onde as pessoas dirigem no lado contrário da pista, precisará fazer um grande esforço para retrabalhar suas respostas automáticas. Mesmo assim você está sujeito a cometer erros apenas atravessando a rua. Você precisará praticar imaginar o trânsito no lado oposto da rua.

Caso necessite levar seu pensamento a um nível completamente diferente e realmente desenvolver um novo "sistema operacional", pode esperar que demore anos. A sabedoria popular afirma que são necessárias 10 mil horas de prática para se tornar magistral em um instrumento musical. Para dominar uma nova maneira de pensar, você precisará fazer muita anotação visual e brincar com as ideias, e isso pode levar anos. No entanto, é possível "reprogramar" seu cérebro. Escrever, desenhar, diagramar e visualizar são maneiras diretas de fazer isso. O processo literalmente cria novas redes neurais, o que leva a novos níveis de consciência e modelos mentais aprimorados, e, então, a respostas mais eficazes para as situações.

Nós vamos seguir agora para as sete ferramentas essenciais. Essas são as que irão mais provavelmente ajudar você a elevar o QI de seu grupo inteiro de liderança e depois o de sua organização. Divirta-se!

Parte Três:
Ferramentas Poderosas para Líderes Visuais

Parte Três:
Ferramentas Poderosas para Líderes Visuais

7: Metáforas & Modelos Este capítulo compartilha histórias de organizações que ligaram com sucesso suas visões a imagens atraentes e modelos mentais que os líderes podem usar para manter suas organizações focadas no quadro geral enquanto trabalham nos detalhes.

8: Reuniões Visuais Como você realmente envolve as pessoas e cria um ambiente no qual seu pessoal se sente confortável trabalhando visualmente? Este capítulo inclui mais histórias reais sobre como líderes visuais usam essas ferramentas.

9: Modelos Gráficos Fornecer luz, andaimes intelectuais para reuniões críticas de planejamento e outras comunicações visuais, dá aos líderes visuais uma chance de direcionar a atenção da organização de maneira produtiva sem ter que eles mesmos desenharem.

10: Salas de Decisão Quando decisões precisam de comprometimento alinhado, ajuda ter todos entendendo o quadro geral, assim como as escolhas que foram feitas. Produzir reuniões panorâmicas é um caminho direto, online também.

11: Roteiros & Planos Visuais Linhas do tempo visuais são úteis em trabalhos organizacionais, como itinerários em viagens de férias. As pessoas precisam conhecer os grandes marcos e canais de atividade, principalmente aqueles que você está gerindo!

12: Infográficos Líderes que se expõem e demonstram autenticidade são os condutores de organizações eficazes e alinhadas. Mapas visuais e murais tornam muito mais fácil fazer isso e fornecem maneiras que você pode destacar da enxurrada de informações com que todos lidam nas organizações contemporâneas. Infográficos ligam planos à cultura de um modo singular.

13: Vídeo & Visuais Virtuais Vídeos são tão comuns quanto e-mails para os jovens e muitas organizações em dia com a tecnologia. Essas e outras ferramentas permitem que organizações trabalhem eficazmente em vários formatos. Este capítulo destaca o que fazer nesse sentido.

7. Metáforas & Modelos
Ajudando as Pessoas a Entenderem o que Você Quer Dizer

O primeiro conjunto de ferramentas essenciais para líderes visuais inclui as metáforas visuais e modelos mentais que os ajudam a comunicar suas histórias de diretrizes e propósitos. Nós já trabalhamos essa ideia na seção anterior. Aqui, examinaremos três exemplos específicos nos quais as metáforas exerceram um grande papel na liderança. Vamos olhar também, um pouco mais de perto, alguns modelos úteis para comunicar como seu pessoal pode pensar sobre sua organização como um sistema completo.

Otis Spunkmeyer Incendeia as Vendas

A Otis Spunkmeyer é uma empresa líder em processamento de alimentos, famosa por seus muffins e cookies, fundada em 1977 por Ken Rawlings, um líder carismático cujas inovações na técnica de congelamento abriu novas oportunidades para sua linha de produtos. A Otis teve um crescimento de dois dígitos por muitos anos, mas em meados dos anos 1990 as vendas caíram, e por três anos o crescimento foi pequeno. A empresa precisava de nova liderança, e Ken finalmente convenceu John Schiavo, vice-presidente da J&J Snackfoods responsável pelo Oeste, a mudar-se para o Sul da Califórnia e assumir como CEO. Isso ocorreu em 1996.

John é um homem muito bem-apessoado. Ele adora gente, amava os produtos da Otis e entendia daquele mercado, contudo, sabia que teria que fazer algo a mais além de reuniões individuais para aumentar as vendas de novo. "Nós tínhamos um DC-3 antigo no qual voávamos em turnê por São Francisco com a palavra Otis estampada embaixo", John se lembra. "Tínhamos fotos dele na sala de espera. Mas éramos uma empresa de alcance nacional e isso não produzia o efeito desejado. No entanto, aquelas fotos produziram uma faísca na minha mente. Eu decidi levar o avião em uma turnê pelo país." Nos meses seguintes, John fez uma campanha chamada Liberado para Decolagem. Fez com que o departamento de marketing criasse novos materiais com o novo tema. E, importante, ele organizou um grande evento de decolagem da campanha institucional.

Liberado para Decolagem

"Nós fizemos todo o nosso pessoal de vendas ir ao hangar no aeroporto de Oakland para a nossa reunião anual", John disse. "Nosso pessoal de vendas estava ansioso por novos materiais. Até então, estavam tiran-

UMA CAMPANHA COM IMPACTO VISUAL REAL

A campanha Liberado para Decolagem de John Schiavo começou quando ele assumiu como CEO da Otis Spunkmeyer em 1996. É um exemplo clássico de usar o poder total de símbolos visuais e ações visíveis para entusiasmar e alinhar as pessoas. O crescimento das vendas saltou de quase zero para a casa de dois dígitos em cinco meses depois que a campanha começou!

PRINCÍPIOS PARA ATINGIR UMA RESPOSTA POSITIVA COM METÁFORAS VISUAIS

O Capítulo 3 termina com uma descrição da escola da teoria de comunicações de "resposta positiva", que afirma que as pessoas se lembram e respondem a comunicações que conseguem identificar com suas experiências e valores pessoais. Se você quer aumentar esse tipo de energia, seguem algumas diretrizes:

- ❑ **Comece com uma intenção clara:** Seja o que for que deseje comunicar, faça-o como se fosse algo com que você realmente se importa e esteja disposto a persistir.
- ❑ **Escolha um símbolo valorizado:** Olhe o que está em seu ambiente organizacional atualmente que possua valor positivo para as pessoas (o avião da Otis, por exemplo).
- ❑ **Conexão pessoal:** Certifique-se de que quaisquer imagens e símbolos que usar possuam um significado pessoal para você.
- ❑ **Âncora visual flexível:** Escolha visuais fortes que possam sobreviver a várias mídias — online, impressos, até em roupas.
- ❑ **Relacione a histórias convincentes:** Construa significado no símbolo ao contar histórias memoráveis sobre ele.

do fotocópias de seus próprios materiais. Os clientes estavam reclamando. Nós anunciamos nossa meta de dobrar as vendas em cinco anos e entregamos os materiais novos. Em seguida, abrimos as portas do hangar e Ken Rawlings e eu entramos no DC-3 e, literalmente, decolamos. As pessoas ficaram extasiadas!"

O índice de expansão das vendas passou de quase zero para a casa de dois dígitos nos cinco meses seguintes! Obteve tanto sucesso que John manteve a campanha por três anos. "Nós fomos à escola National Restaurant com o nariz de um DC-3, a cabine do piloto, e deixamos as pessoas tirarem fotos. Também organizamos jogos e tornamos o show divertido, todo baseado no avião. Um dos jogos era um alvo com um buraco no meio. O objetivo era jogar um avião de papel, fazê-lo passar pelo buraco e ganhar um prêmio. Era simples e ainda um ótimo chamariz."

Conectando Meio e Mensagem

Vamos recuar um pouco e examinar o que estava funcionando nesse exemplo da Otis. Para começar, John estava completamente focado na intenção de impulsionar as vendas rapidamente. Estava consciente de que havia sido contratado para acelerar o crescimento. "Conhecia muitos dos clientes da Otis do meu emprego anterior", ele disse. "Eles estavam bastante frustrados com a falta de suporte da Otis e decidiram me dar um voto de confiança. Eu sabia que tinha uma chance de acertar."

O papel da forte intenção é uma característica de todos os grandes líderes. Jim Collins torna isso muito claro na pesquisa que embasa seu livro best-seller *De Bom a Excelente*. Grandes líderes são pessoas comprometidas.

Entretanto, John precisava de uma maneira de alcançar todos nacionalmente. Ele precisava ir além de seu próprio impacto pessoal e energizar a organização inteira. Todo mundo precisava de algo de que poderiam falar e se orgulhar. Era importante que John fosse incentivado por algo que já pertencia ao ambiente da Otis. As pessoas sabiam sobre o avião, que era parte da autoimagem da organização. John simplesmente pegou a ideia e a tornou realmente *GRANDE* e visível.

John também não afrouxou depois do evento inicial, embora estivesse convencido de que o lançamento por si só era decisivo e impulsionava a força de vendas a entrar em ação. A campanha foi reforçada depois disso com a mídia, panfletos, outros eventos e mensagens contínuas da parte dele e da liderança. "Nós terminamos levando a aeronave a todos os shows aéreos ao redor do país, distribuindo cookies de graça. Nossos clientes estavam encantados. Em qualquer lugar aonde o DC-3 ia no país, as pessoas notavam e lembravam."

Ferramenta Nacional e Prêmio Die de Refrigerador

Examinamos, agora, um segundo exemplo de como uma metáfora simples pode se tornar um símbolo significativo de liderança. Esta é uma história que Tom Melohn, CEO da North American Tool & Die (NATD), compartilhou recorrentemente na Experiência de Liderança da Apple durante os anos 1980 para inspirar os líderes emergentes da empresa. Tom passou 25 anos de sua carreira trabalhando para uma empresa de produtos embalados, conhecida nacionalmente. Depois de perder seu emprego, ele comprou a NATD e revolucionou com sucesso a empresa ao fazer uma parceria com os funcionários em um nível de seriedade totalmente novo. A empresa foi reconhecida na aclamada série de TV da PBS *Na Busca por Excelência*, assim como nas revistas *Harvard Review Business* e *Inc.* A Apple queria que Tom compartilhasse suas ideias inspiradoras com seus jovens líderes.

Uma das coisas que Tom precisava mudar era fazer com que todos contribuíssem com o máximo esforço. Ele não queria demitir as pessoas (e não demitiu). Ele apenas trabalhou de todas as formas possíveis para tornar claro que realmente valorizava a participação e contribuição de todos. Ao contar a história, ele conseguiu uma reviravolta completa na qualidade, tirando-a de uma porcentagem baixa a 99,9% de produção sem falhas, sem grandes mudanças no pessoal. O que ele mudou foi o entendimento de todos sobre a importância de um relacionamento de parceria com os funcionários. O que ele ganhou foi confiança.

Um símbolo visível dessa orientação era o periódico "prêmio refrigerador". Ele reunia todos no meio da fábrica principal ao redor de uma geladeira velha. Então, abria a geladeira, tirava um envelope e anunciava o último beneficiário. Seria uma pessoa ou equipe que teria contribuído para o aprimoramento da qualidade na NATD. O refrigerador se tornou um símbolo de sua orientação de parceria por causa de um rapaz que solucionou um problema persistente de qualidade. O defeito era causado

FERRAMENTA NORTE-AMERICANA & PRÊMIO DIE DE REFRIGERADOR

Tom Melohn, CEO da NATD, salienta sua abordagem de reconhecimento da "parceria" com os funcionários por suas contribuições, estabelecendo um "prêmio refrigerador", criado em decorrência da ideia de um jovem funcionário, que colocou uma peça da geladeira dentro dela para encolher, eliminando o problema no encaixe durante o processo de montagem.

por uma peça que se encaixava em outra peça com uma tolerância tão pequena que comumente era danificada durante a montagem. O rapaz improvisou ao colocar tal peça dentro do refrigerador. Ao resfriar, ela ficava um pouco menor, apenas o suficiente para se encaixar perfeitamente na outra peça, sem qualquer dano! Isso se tornou o símbolo de Tom! Esse exemplo, como a Otis, é um caso onde algo real e significativo para as pessoas foi elevado para o status de simbólico por um líder que sabia como trabalhar com manifestações visíveis de seu ponto de vista.

CENTRO HEADLANDS PARA AS ARTES

O campus de 13 prédios do CHA fica na antiga área de Fort Barry na parte de Marin Headlands localizada na área de Recreação do Parque Nacional Golden Gate. Está a 10 minutos de São Francisco mas ainda situado em Rodeo Valley, o qual, com exceção do antigo Exército, foi reconduzido ao estado natural silvestre. Esse centro de residência artística é único, ao convidar artistas ao redor do mundo para vir e explorar os limites de seus trabalhos e fazer pesquisas básicas sobre o relacionamento entre os processos criativos naturais e humanos.

Visionando um Novo Centro de Arte

Vamos olhar um último exemplo, desta vez no setor não lucrativo, no qual um modelo mental se tornou símbolo de uma visão, e atos emblemáticos altamente visíveis se tornaram um caminho para os financiamentos. No início da década de 1980, um esforço de planejamento começou a determinar como um centro de arte poderia ser criado em um antigo forte em Marin Headlands, ao norte de São Francisco pela Ponte Golden Gate. Em 1976, no auge do movimento ambiental da época, por um ato do Congresso, muitos fortes no condado de Marin se tornaram a Área de Recreação Nacional Golden Gate (ARNGG). Criou-se um dos maiores parques nacionais por área do país, que incluía uma variedade ímpar de antigas barracas, rifles, locais de mísseis Nike, e acres de terra costeira relativamente selvagem. Muitas consultas públicas foram realizadas para descobrir o que fazer, e, reunião após reunião, imaginava-se ter um centro de arte em Fort Barry, na metade do caminho entre Sausalito e o oceano, em uma área chamada Rodeo Valley.

Fort Barry continha mais de uma dúzia de prédios, todos construídos no início dos anos 1900. Sequoias e outros materiais eram abundantes, e os prédios foram construídos para durar. Mas estavam abandonados há muitos anos e se tornaram um lugar para os jovens invadirem e promoverem festas.

Um conselho de curadores gerou um plano para o centro de arte, e foi cedido um pequeno quartel construído perto do oceano em Fort Cronkhite como uma base temporária para as operações. Mas o ARNGG não deixaria uma organização tão minúscula assumir 13 prédios em Fort Barry a não ser que houvesse justificativa. Como isso poderia acontecer? Para o conselho parecia como um problema do ovo e da galinha. Todos amavam o local de Fort Barry, mas eles não poderiam ocupá-lo sem financiamento e algum impulso.

Levando Dois Anos para Construir uma Visão

No caso do Centro Headlands para as Artes (CHA), tornar-se claro sobre uma visão convincente levou dois anos. O conselho percebeu que foi desafiado, pois o próprio Marin Country tinha uma imagem estereotipada nacionalmente. Todo mundo supôs que o centro de arte precisava ser uma organização nacional para ter esperança de poder bancar a reforma de mais de uma dezena de prédios. Partes dessa visão foram provenientes das consultas públicas. As pessoas poderiam facilmente imaginar um artista no centro de residência. Era na natureza, mas a apenas 10 minutos de São Francisco. Esse era um ativo enorme e quase único. As pessoas poderiam também imaginar artistas famosos trabalhando com aprendizes. Uma ideia menos clara, mas com comprometimento real da parte de vários membros do conselho, era criar um diálogo entre artistas criativos e ambientalistas sobre a relação entre os processos criativos natural e humano. Porém, quando se tratava de responder à pergunta "O que somos?", o conselho não conseguia entrar em acordo.

Se o centro defendesse um determinado tipo de arte nesse ponto, correria um risco enorme. A moda é, por definição, mutável. Se ele operasse muito localmente poderia ser estigmatizado como uma operação amadora. Para operar nacionalmente, precisava de um financiamento maior e uma história muito convincente.

Crise É Oportunidade

Um antigo ditado diz que nas crises há oportunidade. No caso do CHA, ela veio como uma fagulha de insight em uma reunião, quando os diretores perceberam que a questão central a que estavam tentando responder era na verdade a resposta. O centro de arte focaria em ser um local de pesquisa

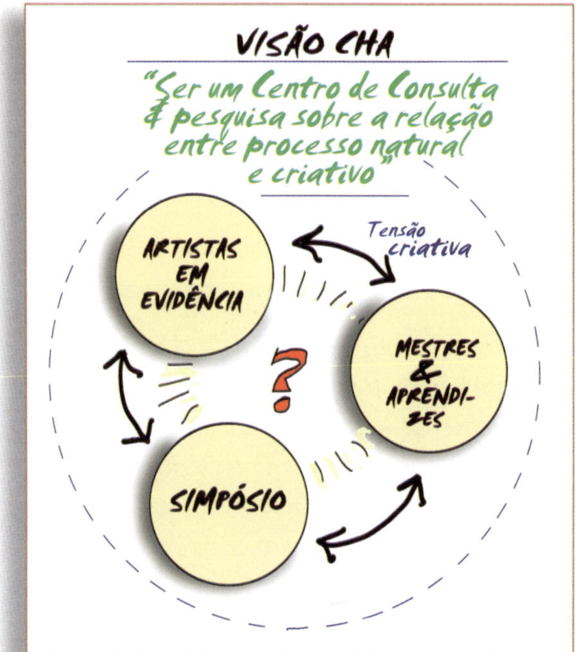

CENTRO HEADLANDS PARA AS VISÕES DAS ARTES

O diagrama resumiu a visão do conselho do Centro Headlands para as Artes durante os anos iniciais. Ao fazer a consulta sobre a natureza das artes que seriam criadas lá, o conselho percebeu que tal busca era, em si, a solução para a questão de como fazer as áreas do programa "encaixarem". Elementos visuais podem mostrar facilmente as coisas que estão em tensão ao ilustrar uma ao lado da outra!

sobre a *questão* do relacionamento entre o processo criativo natural e humano. O diagrama na página anterior capturou a visão. É o exemplo de um modelo mental simples, não uma imagem de marca como o avião da Otis, mas uma estrutura clara e memorável. A ideia importante era que o centro de arte se manteria aberto e focado em uma questão, e não em uma resposta. O diagrama lembrava a todos que as três áreas do programa estariam em tensão criativa umas com as outras, e que dentro e fora de si gerariam energia e interesse contínuos.

Não era suficiente ter uma ideia clara no conselho. Muitas pessoas precisavam ficar cientes dos planos do Centro Headlands para as Artes. O conselho decidiu que a única maneira de realizar isso era fazer algo simbólico em cada área do programa para demonstrar comprometimento com a visão.

Tornando a Visão Visível

Como no caso da Otis, não era suficiente para o conselho ter uma visão clara. Muitas pessoas precisavam ficar cientes dos planos do Centro Headlands para as Artes. O conselho decidiu que a única maneira de realizar isso era fazer algo emblemático em cada área do programa para demonstrar comprometimento com a visão.

1. **Artistas em Residência:** Para manifestar essa parte da visão, o CHA fez um acordo com o Instituto de Arte em São Francisco para assumir o quartel de Fort Cronkhite. Criou-se o programa "artista-em-residência" da noite para o dia. O Instituto de Arte estava ávido por espaço de estúdio para os alunos, então foi "win-win" — ganho para ambos.

2. **Simpósio:** O conselho organizou uma conferência entre os parceiros do parque ARNGG e os artistas do Headlands para explorar o novo tema. Isso seria documentado e publicado.

3. **Programa Mestre/Aprendiz:** Para demonstrar seriedade, o CHA conseguiu convencer William Wiley, um artista local famoso, a criar uma "peça" no próprio parque, projetada por ele e executada por aprendizes. Ela seria lançada com um show incluindo outros artistas como Gyongy Laky, um artista-artesão bem conhecido, que trabalhava com fibras naturais e sintéticas, também orientando aprendizes, e uma exposição de uma galeria nos escritórios de Fort Cronkhite.

As duas primeiras ações tiveram muito sucesso em mostrar que o conselho do CHA era sério. A terceira era ajudada por algumas circunstâncias fortuitas. Bill Wiley, descobriu-se, era bastante conhecido por suas festas, e decidiu vir e fazer uma no evento de lançamento. Isso atraiu o público de outros artistas bem conhecidos e, mais importante, um artigo na *Art Week* sobre o CHA, apresentando-o como um bem-vindo centro nervoso das artes de vanguarda — exatamente a evidência que ele precisava para mostrar que poderia operar nacionalmente.

Persistência Recompensada

Para que você não fique com a ideia de que ter mensagens com significado é *tudo* o que se precisa fazer para ter sucesso, a história do CHA exigiu muito acompanhamento. A peça de arte de Bill Wiley acabou sendo um conjunto de murais pintados no estilo da Burma-Shave (pequenas frases humorísticas rimadas, apresentadas em sequência em uma rodovia, servindo de publicidade para um creme de barbear) nas laterais de três velhos tanques sépticos quadrados de concreto, localizados ao longo de Rodeo Valley (que depois foram removidos). O primeiro, na praia, dizia "ESTÁ AQUI" em letras verdes de um metro e meio de altura com símbolos druidas. Um pouco adiante, perto de uma lagoa, um segundo dizia "OUTRO". Um terceiro no alcance de um rifle dizia "PRESENTE?" A ideia de Wiley era envolver a comunidade do parque em um diálogo ao redor da ideia central do CHA. Bem, foi o que aconteceu, ele envolveu o público. A ARNGG recebeu mais correspondência do que podia dar conta, muitas com raiva e desdenhosas. "Como vocês puderam corromper essa área sagrada?!" Acontece que as pessoas vão a parques para se refugiar, não se envolver com artistas! Mas mais preocupante para a gerência do parque era a tempestade de grafite que surgiu em todas as plataformas de armas e bunkers pelo parque! Os jovens entenderam a mensagem. Sim, *nós* estamos presentes! E, é claro, eles não tinham problemas em ser gráficos!

O conselho do CHA concordou que se a exibição externa apresentasse quaisquer problemas seria retirada imediatamente, e foi isso o que aconteceu. Os murais de Wiley estiveram pintados por duas semanas. Mas o recado havia sido dado. O CHA estava inaugurado. A comunidade das artes estava impressionada. Financiadores estavam impressionados. E, pouco tempo depois, o centro recebeu uma grande subvenção de três anos que permitiu contratar Jennifer Dowley, uma experiente administradora de arte que, junto com um conselho muito alinhado, estruturou o centro em uma organização nacional viável e financiada. Durante anos a metáfora "manter a questão em aberto e focar na consulta" foi sua diretriz.

CENTRO HEADLANDS PARA AS ARTES — EXIBIÇÃO DE PONTOS DE REFERÊNCIA

William Wiley e Gyongy Laky "marcaram" a terra na exibição inaugural do Centro Headlands para as Artes na Área de Recreação Nacional Golden Gate. A instalação de Bill é descrita nesta página. Gyongy, trabalhando com outra dúzia de artistas, teceu triângulos com fitas de plástico azul e amarelas perto da estrada próxima ao prédio que o CHA esperava ocupar um dia.

Este pequeno desenho é do meu diário depois do evento, do qual participei como membro do conselho. Eu não tinha experiência com exibições de arte, mas tinha muita com o poder da visualização e desenvolvimento organizacional. Nós de fato deixamos uma marca na memória de todos.

FERRAMENTAS CONCEITUAIS

Modelos mentais que funcionam como linguagem visual compartilhada frequentemente têm um ícone visual focal. Você pode reconhecer alguns aqui, começando no canto superior esquerdo com o gráfico de Larry Greiner sobre os estágios da evolução e revolução organizacionais, e depois com o arco de processos de Arthur M. Young, a estrutura que embasa o Modelo Drexler/Sibbet de Performance de Equipe.

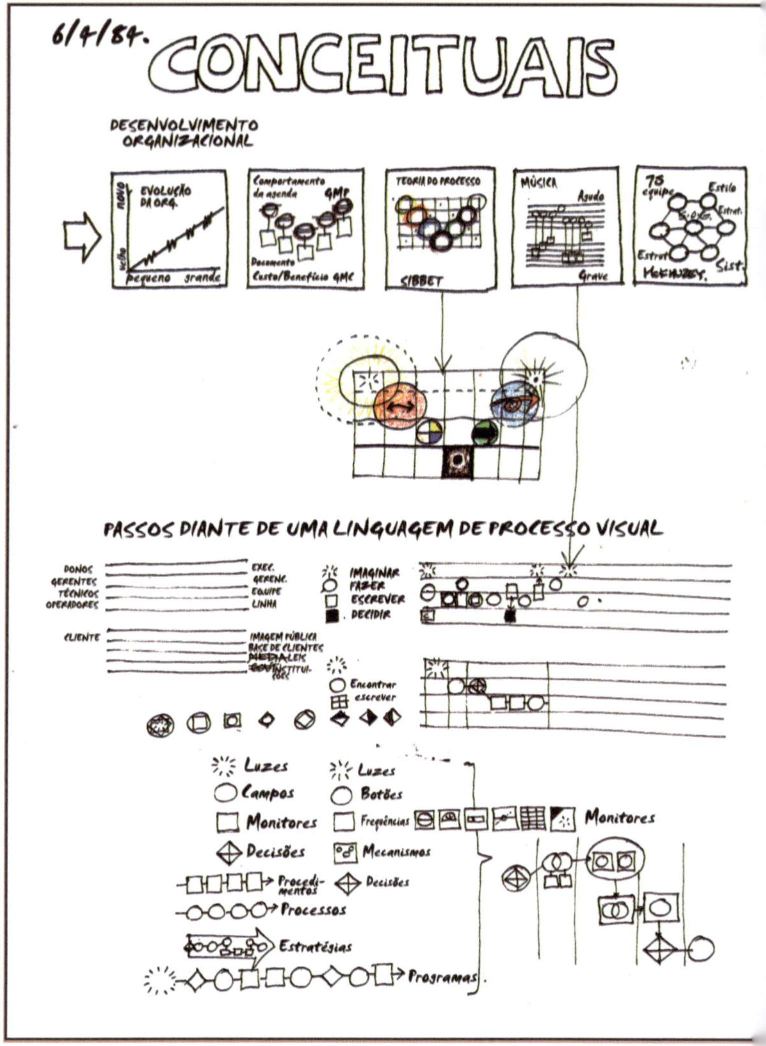

Modelos Mentais Visuais

Se as metáforas conectam suas comunicações às experiências das pessoas com as quais você está se comunicando, os modelos mentais podem ser entendidos como lentes que o ajudam a focar nos lugares certos. Vale a pena utilizar alguns deles como linguagem visual padrão para pensar sobre organizações como sistemas completos, e, definitivamente, eles são importantes para compartilhar em uma equipe de liderança. Muitos modelos mentais que resistiram ao teste do tempo têm um gráfico visual ou diagrama ilustrando as ideias centrais. É possível que haja um processo de linguagem visual e integrado por todas essas escolhas? Você pode ver nessas páginas quão vasto esse território é, e meu trabalho inicial estabelecendo símbolos primários.

Quando uma estrutura visual como qualquer uma dessas se torna uma linguagem visual padrão para suas comunicações, é como conseguir uma conexão de banda larga para seu computador. Pode ajudar a comunicar ideias complexas. A visão do Headlands é um exemplo. Seu modelo não representa uma filosofia subjacente, mas uma simples representação das três áreas do programa. O denominador comum é fornecer uma imagem que lembre a todos de como as grandes partes de sua organização funcionam juntas. Às vezes esses modelos podem ser abrangentes. *Reuniões Visuais* explica o Teclado Gráfico do Grupo, o fruto das explorações visualizadas aqui e a primeira aplicação da Teoria do Processo para grupos. *Equipes Visuais* explora o Modelo Drexler/Sibbet de Performance em Equipe igualmente em detalhes. Este livro foca no Modelo de Organizações Sustentáveis. Sua base comum fornece uma poderosa linguagem integrada para líderes.

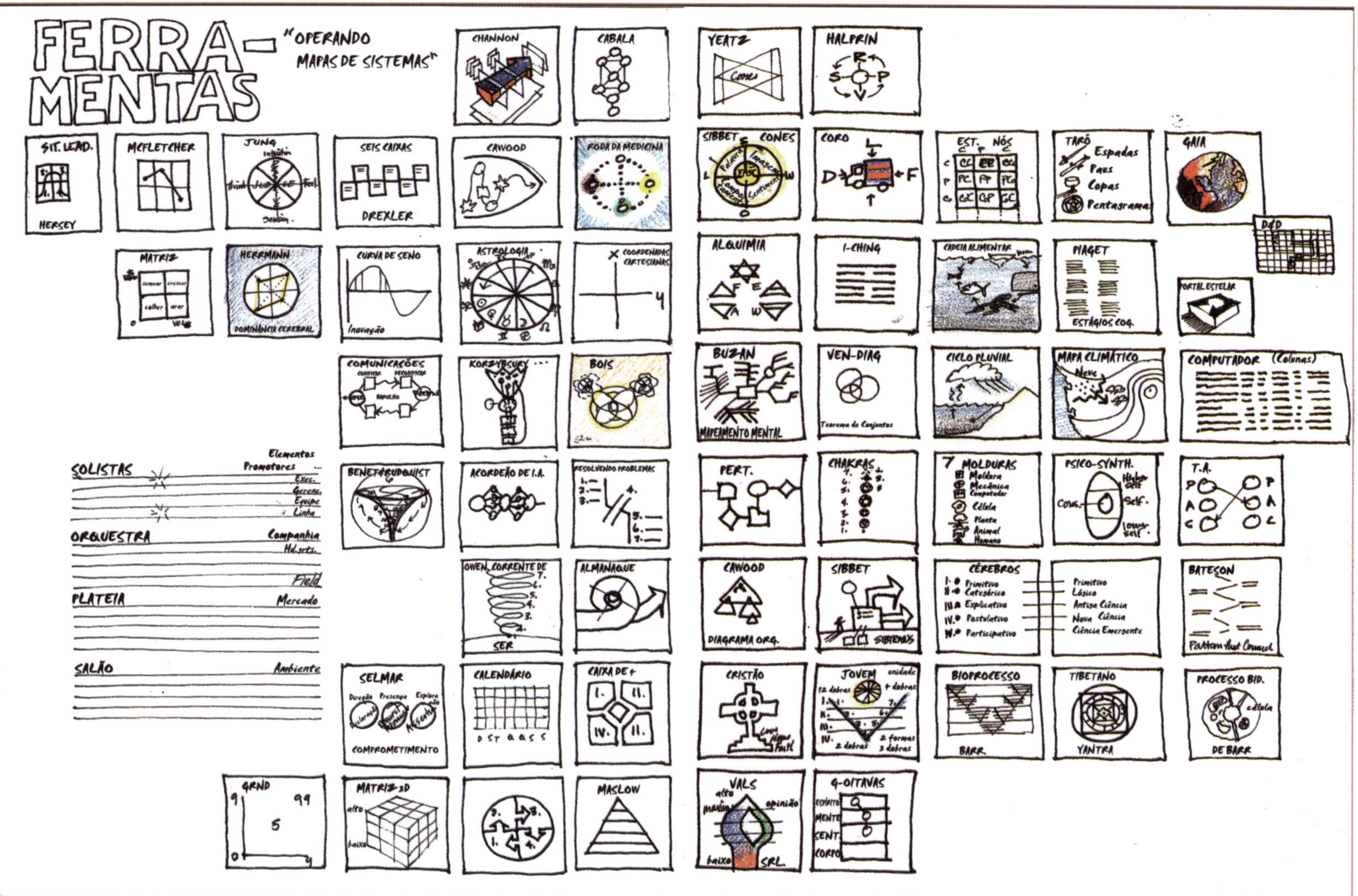
FERRAMENTAS
"OPERANDO MAPAS DE SISTEMAS"
CHANNON
CABALA
YEATZ
HALPRIN
SIT. LEAD.
HERSEY
MCFLETCHER
JUNG
SEIS CAIXAS
DREXLER
CAWOOD
RODA DA MEDICINA
SIBBET CONES
CORO
EST. NÓS
TARÔ
Espadas
Paus
Copas
Pentagrama
GAIA
D&D
MATRIZ
HERRMANN
DOMINÂNCIA CEREBRAL
CURVA DE SENO
Inovação
ASTROLOGIA
COORDENADAS CARTESIANAS
ALQUIMIA
I-CHING
CADEIA ALIMENTAR
PIAGET
ESTÁGIOS COG.
PORTAL ESTELAR
COMUNICAÇÕES
KORZYBSKY
BOIS
BUZAN
MAPEAMENTO MENTAL
VEN-DIAG
Teorema de Conjuntos
CICLO PLUVIAL
MAPA CLIMÁTICO
COMPUTADOR (Colunas)
SOLISTAS
Elementos Promotores
ORQUESTRA
Companhia
PLATEIA
Mercado
SALÃO
Ambiente
BENET-RUDQUIST
ACORDEÃO DE I.A.
RESOLVENDO PROBLEMAS
PERT.
CHAKRAS
7 MOLDURAS
PSICO-SYNTH.
T.A.
OWEN, CORRENTE DE
SER
ALMANAQUE
CAWOOD
DIAGRAMA ORG.
SIBBET
SISTEMAS
CÉREBROS
BATESON
SELMAR
COMPROMETIMENTO
CALENDÁRIO
CAIXA DE 4
CRISTÃO
JOVEM
BIOPROCESSO
BARR
TIBETANO
YANTRA
PROCESSO BIO.
DE BARR
GRID
MATRIZ 3D
MASLOW
VALS
4-OITAVAS

MODELO NOT

Em suas funções tecnológicas nos anos 1990, a Procter & Gamble queria equilibrar seu foco em negócios (finanças), organização (pessoas) e tecnologia (infraestrutura e ferramentas), e não ficar excessivamente focada em tecnologia. Líderes usaram esse gráfico (tecnicamente chamado de diagrama Venn) para conseguir esse ponto.

Integrando Negócios, Organização e Tecnologia

A Procter & Gamble (P&G) fornece um exemplo de modelo mental em ação. Nos anos 1990, o grupo de tecnologia de informação estava se expandindo rapidamente. A P&G estava à frente no uso de redes informatizadas para integrar seus negócios. Mas era importante manter em mente que a verdadeira vitória estava na integração com operações de negócios, que focavam em resultados financeiros, portfólios e similares, e o lado organizacional, que focava nas pessoas. Para fazer isso, a liderança desenvolveu um diagrama de três círculos muito simples ilustrado aqui. Ao usar consistentemente essa visualização, a P&G manteve a ideia de frente e centro para o pessoal da tecnologia. Ela funcionava como o diagrama de visão do CHA.

Modelo Sete S

Um modelo mental mais abrangente de uma organização completa é o Modelo Sete S, desenvolvido por McKinsey & Companhia e usado como uma tela de critério por Robert Waterman Jr. e Tom Peters ao escrever *Em Busca da Excelência* (um livro notório por alavancar a publicação de livros sobre Negócios no início da década de 1980). O livro não inclui gráficos desse modelo, mas foi visualizado muitas vezes desde então (como ilustrado na próxima página). Richard Pascale, outro colega da McKinsey que ajudou a desenvolver o modelo original, na sequência escreveu *Managing on the Edge* e incluiu uma visualização muito interessante do modelo, o qual é um dos mais completos para descrever todos os aspectos de uma organização que precisam ser integrados e alinhados.

Pascale estava convencido de que é mais útil pensar nas organizações como entidades dinâmicas e orgânicas do que como máquinas fixas. Ele compreendeu que cada um dos sete S poderia se manifestar como uma orientação interna centrípeta, ou ser mais externa e centrífuga. Por exemplo, a estratégia poderia ser completamente centralizada e controlada, ou, ao contrário, orientada para o exterior e oportunista. Para sustentar mais pensamentos holísticos guiados pelos sistemas durante a implementação de estratégias, o The Grove traduziu o trabalho de Pascale no Processo Organizacional dos Sete P e criou um modelo com o qual as organizações poderiam trabalhar interativamente para

MODELO SETE S

Esse modelo desenvolvido na McKinsey & Companhia guiou os autores de *Em Busca da Excelência* nos anos 1980. Continua sendo uma maneira muito popular de se pensar sobre as organizações como sistemas completos.

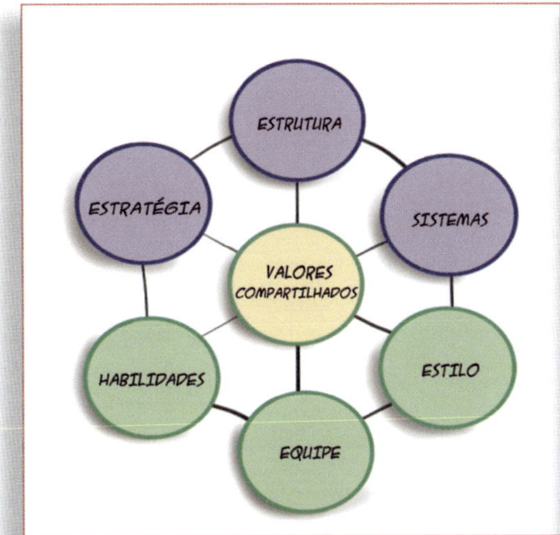

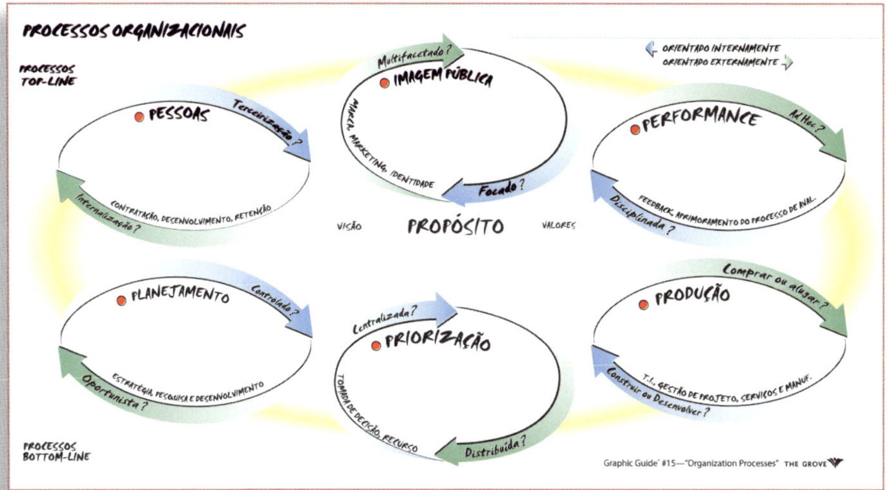

diagnosticar onde elas estão no *continuum* interno/externo. Diferentemente do diagrama de Pascale, que possuía o "supercontrole" no centro e "caos" nas bordas, nós colocamos propósito no meio, com suas manifestações como visão e valores como a cola entre os elementos "duros" e "macios".

O Entendimento Vem do Uso de Modelos

Apenas fornecer às pessoas estruturas como as que estão nessa página não os ajudará a pensar mais sistematicamente. Você precisa orientar as pessoas a trabalhar com tais estruturas mapeando sua própria organização tendo-as como guia. No National Semicondutor, durante um dos esforços de reengenharia, um grupo adicionou uma escala de 1/10 em cada uma das setas no Guia Gráfico de Processo Organizacional, com 0 a 10 em cada seta. Então, todos na equipe de gestão, com lembretes, indicavam onde eles achavam que estavam em cada uma das 12 setas. Levou algum tempo para fazer a avaliação, mas a conversa depois foi feita em um nível incomum de profundidade e insight.

GUIA GRÁFICO DE PROCESSOS ORGANIZACIONAIS

Este Guia Gráfico é uma adaptação da versão de Richard Pascale do Modelo Sete S. Ele muda da descrição de partes para a descrição de processos. Mapeando os elementos para a orientação humana natural, com a base sendo os elementos "duros" e o topo os elementos mais aspiracionais, este guia muda a orientação do Modelo Sete S. Ele reflete a observação de Pascale de que cada elemento tem uma manifestação de olhar interno e externo, e que a maioria das organizações mantém algo de ambos, com mudanças no decorrer do tempo. Os descritores estão dentro das setas.

MODELO DE ELEMENTOS ORGANIZACIONAIS

Charles A. O'Reilly usa este modelo para mostrar como pessoas, organizações formais e cultura precisam se alinhar e dar suporte às tarefas críticas necessárias para implementar qualquer estratégia que os líderes determinem.

Modelo de Alinhamento Organizacional

Se você não quer envolver a si mesmo ou sua equipe em tanta complexidade quanto a que o modelo de Processo Organizacional fornece, uma estrutura meio-termo pode funcionar melhor. Uma das mais eficazes foi criada por Charles O'Reilly, um dos professores mais populares na faculdade de administração em Stanford. Em ambos os cenários de agências corporativas ou governamentais, ela é lançada no nível certo de detalhes para se tornar rapidamente um tipo de linguagem visual útil para a equipe de gestão. O livro de Charles, *Winning Through Innovation*, coescrito com Michael Tushman, é um exemplo excelente do uso desse modelo como uma parte da linguagem visual, para tornar bem acessíveis ideias muito complexas. Vamos entender como ele visualiza a organização como um todo.

A suposição de Bill é que a liderança e suas estratégias guiam a identificação de "tarefas críticas" específicas que são essenciais para alcançar de fato os objetivos que são determinados. Ele as define simplesmente como "ações essenciais". Em sua organização você pode chamá-las de iniciativas prioritárias, ou podem ser os passos audaciosos que se originam de um processo de visão estratégica com liderança (veja o Capítulo 9 para uma descrição de um processo completo).

De acordo com Charles, dificuldades de implementação surgem quando três elementos organizacionais adicionais não estão alinhados para apoiar essas ações. Ele os nomeia de ativos pessoais, com todas as suas habilidades e competências; a organização formal, representando os orçamentos, políticas formais, procedimentos e infraestruturas técnicas; e cultura, que inclui valores, tradições e o que psicólogos chamam de "normas" — o comportamento aceitável que é compreendido de forma simples.

Enquanto trabalhava em um lado com a liderança na Agilent Technologies — empresa resultante da cisão de uma das divisões da Hewlett-Packard e líder em instrumentação — e por outro lado com o programa de liderança executiva nos Serviços do Parque Nacional, Charles consistentemente trabalhou para ajudar as pessoas a entender que, quando se trata de implementação de estratégia, a cultura ultrapassa todo o resto. Ao simplificar seu modelo e tornar a cultura uma das três grandes áreas que precisam de alinhamento, ele torna sua ideia muito visível e mantém a liderança focada em sua importância. Charles fornece exemplo após exemplo de empresas que tiveram sucesso e depois falharam porque uma cultura profundamente enraizada não pode mudar rápido o suficiente para adaptar-se a novas condições. Seu mais recente livro com Tushman, *Ambidextrius Organizations: Resolving the Innovator's Dilemma*, continua a oferecer muito mais exemplos.

Significado É uma Função da Experiência Pessoal

A argumentação de Charles O'Reilly de que a cultura ultrapassa a estratégia ocasiona outro insight sobre o que existe por trás do uso de metáforas e modelos. Ela fundamenta as conclusões de Schwartz de que as experiências pessoais e o relacionamento das pessoas com símbolos — sejam eles metáforas ou modelos — é o que realmente produz significado. É por isso que, se você vai introduzir uma nova visão ou uma nova maneira de pensar sobre sua organização, precisa simultaneamente pensar sobre como criar experiências pelas quais as pessoas podem começar a torná-las significativas. O fato de que elas são significativas para você, não se traduz em impacto sobre outros.

A argumentação de Charles O'Reilly de que a cultura ultrapassa a estratégia ocasiona outro insight sobre o que existe por trás do uso de metáforas e modelos. Ela fundamenta as conclusões de Schwartz de que as experiências pessoais e o relacionamento das pessoas com símbolos — sejam eles metáforas ou modelos — é o que realmente produz significado.

Se você quer se aprofundar um pouco mais nessas ideias, leia um livro maravilhoso chamado *A Poética do Espaço*, de Gaston Bachelard. Ele era um filósofo famoso na Sorbonne em Paris durante os anos 1900. Direcionou-se para a estética em seus últimos anos e especulou sobre as origens do significado na poesia e na arquitetura. Escreveu esse livro em 1958, e convida o leitor a pensar sobre como as palavras começam a ganhar significado. Ele acreditava que são as nossas primeiras experiências, em qualquer lar no qual fomos criados, que são os grãos de areia que perolizamos ao sedimentar nossa noção do que as palavras significam. *Submergir*, por exemplo, está enraizada na primeira vez em que você esteve completamente debaixo d'água. *Fechado* está embutido no primeiro armário escuro dentro do qual você se encontrou com a porta fechada. Não importa se sua

O PENSAMENTO ESTÁ INCORPORADO

George Lakoff, um grande cientista cognitivo, escreve (*os itálicos são de Lakoff*):

Nos anos recentes, categorias conceituais têm sido estudadas intensamente e detalhadamente em inúmeras ciências cognitivas[...]. A evidência que isso tem acumulado está em conflito com a visão objetivista da mente[...]. Evidências sugerem uma visão muito diferente[...].

— O pensamento é *incorporado*, essa é a estrutura usada para reunir nossos sistemas conceituais crescendo para fora da experiência corporal e fazendo sentido nos termos deles[...]

— O pensamento é *imaginativo*, no sentido de que esses conceitos, que não são diretamente fundados em experiência, empregam metáfora, metonímia e imagem mental — todos os quais vão além do espelhamento literal, ou *representação*, da realidade externa[...]

— O pensamento tem *propriedades de gestalt* (palavra alemã sem tradução exata em português, refere-se ao processo de configurar o que é exposto ao olhar) e não é, portanto, atomístico; conceitos têm uma estrutura geral que vai além de meramente reunir "blocos de construção" conceituais com regras gerais.

— O pensamento tem uma *estrutura ecológica*. A eficiência do processamento cognitivo, como no aprendizado e na memória, depende da estrutura geral dos sistemas conceituais e do que os conceitos significam[...]

— A estrutura conceitual pode ser descrita usando *modelos cognitivos* que possuem as propriedades acima[...]

Eu me refiro à nova visão como *realismo experiencial*.

George Lakoff
Women, Fire & Dangerous Things,
pág. XV

casa era grande ou pequena, rica ou pobre. As primeiras experiências têm o poder das primeiras marcas nas telas brancas do significado.

Mais evidências contemporâneas podem ser encontradas no trabalho de George Lakoff. Ele é um cientista cognitivo da University of California, em Berkeley, e autor muito conhecido de livros como *Metáforas da Vida Cotidiana* e *Philosophy in the Flesh*. Ele começou sua vida profissional presumindo que os computadores permitiriam que os humanos finalmente descobrissem a lógica e a gramática subjacentes da linguagem, e apoiava o desenvolvimento da inteligência artificial real. Lakoff descobriu, no entanto, que no fundo de seus questionamentos sobre as origens do significado, estava a mesma conclusão que animou Bachelard. O significado é enraizado em experiências únicas e pessoais! Nossas primeiras associações guiam nossas atrações e aversões, e são um grande fator na filtragem de nossos interesses. Tais significados são inerentemente únicos e pessoais.

O Entendimento Vem da Ligação com Experiências Diretas

As implicações para líderes que trabalham com metáforas visuais e modelos visuais são que a primeira ordem nos negócios é conhecer de verdade seu público e seus seguidores. São os entendimentos nativos deles que serão seus canais de conexão. Segundo, se você quer apresentar algo realmente novo, precisa projetar experiências que permitam que as pessoas desenvolvam novas conexões pessoais que resultem em entendimento real.

É essa conclusão que está na raiz da expectativa de você entender exatamente quão ineficazes são as comunicações "forçadas", sustentadas por pilhas massivas de slides. Você poderia igualmente encharcar as pessoas com uma mangueira de incêndio. O resultado é superficial. Para as pessoas chegarem a um novo entendimento, elas precisam *experienciar* algo novo.

- Elas precisam ver John Schiavo e o fundador da Otis Ken Rawlings embarcar fisicamente no avião e, juntos, decolar. Não há dúvidas sobre tal tipo de comprometimento.
- Elas precisam ver de fato artistas residentes experienciarem um evento de arte ousado, e participar de um simpósio para trazer à vida o modelo de visão do CHA de ser um centro de pesquisa.

- Elas precisam ver John Melohn dar vários "prêmios refrigerador" para conseguir a confiança profunda com que elas também podem ser honradas se se esforçarem um pouco no trabalho.
- Elas precisam usar de fato uma estrutura como a que o National Semicondutor usou com o Guia Gráfico de Processos Organizacionais e mapear como a organização de verdade aparece quando vista através dessa estrutura.

Liderando pelo Aprendizado e Questionamento

No Capítulo 12, nós retornaremos a esse tema sobre como metáforas e modelos podem ajudar você a se comunicar ao dar uma olhada nos Infográficos Grove — grandes murais que usam imagens gráficas ricas para comunicar planos, relacionando-as a ícones culturais e valores. Infográficos usam metáforas gráficas ricas. Modelos mentais visuais são mais diagramáticos. Mas os modelos que temos explorado aqui podem fornecer as arquiteturas subjacentes para essas representações mais gráficas. Ajuda se os gráficos forem sustentados por estruturas amplamente compreendidas que podem funcionar como mapas base em um mapa geográfico. Mantendo em mente que, como nos mapas geográficos, modelos conceituais não são o território, estruturas claras e bem organizadas, como essas exploradas neste capítulo, podem operar como lentes finas e ajudar você a explorar a confusão do mundo real de uma maneira ordenada.

Todavia, visuais bem organizados são tão poderosos que é possível ser seduzido por eles. Quando você pensa sobre o poder deles e como eles iluminam, lembre-se de que eles também cegam (veja os comentários de Pascale na lateral). Lembre dessa história sobre Peter Senge em um workshop de Liderança e Mestria em São Francisco. Ele se pôs de pé em frente ao conselho e começou a perguntar aos participantes quais eram os diferentes elementos de uma organização e como eles interagiam. Começou com os clientes, que faziam encomendas, as quais resultavam em entregas, que por sua vez afetavam os inventários. Ele percorreu esse caminho até criar o quadro mostrado na página 106 (uma cópia fiel de seu desenho). Peter, então, virou-se e perguntou a todos: "Qual o sentido?" Não era entender tudo isso e depois manipular a organização. Era elevar a conscientização e fornecer um contexto para a tomada de decisão, a qual, afinal, precisa aproveitar a somatória de todas as experiências, incluindo valores, intuição e sensações, assim como análises.

Padrões percebidos com o tempo formam uma infraestrutura mental — ou conjunto mental. Cientistas o chamam de paradigma. O perigo surge quando nossos mapas mentais deixam de caber no território. O problema com conjuntos mentais ou paradigmas é que nós tendemos a ver através deles, e assim o grau no qual eles filtram nossa percepção fica irreconhecível. Para conter essa ameaça, indivíduos e organizações devem construir mecanismos (isto é, checagens e balanças) que façam com que eles questionem e atualizem seus mapas mentais.

Richard Pascale
Managing on the Edge,
página 13

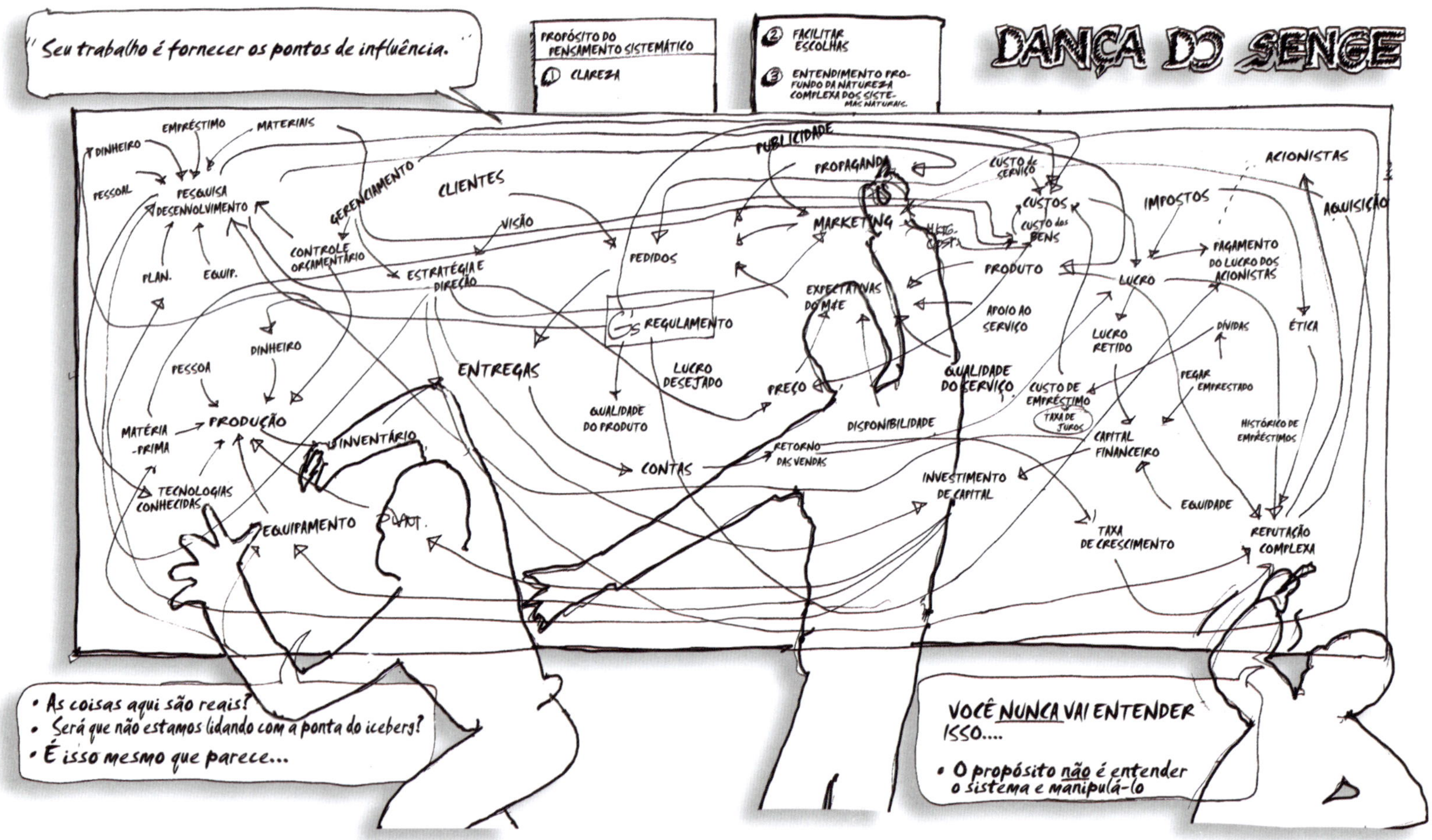

MODELAGEM DE SISTEMAS

Em *A Quinta Disciplina: A Arte e Prática da Organização que Aprende*, Peter Senge identifica sistemas de pensamento e modelagem mental como duas das cinco disciplinas. Aqui ele está demonstrando (e alertando).

8. Reuniões Visuais

Estimulando o Empenho & a Contribuição Criativa

Um segundo conjunto de ferramentas essenciais para liderança visual inclui as práticas das reuniões visuais. Isso envolve o uso rotineiro de visualização interativa em reuniões normais e especiais, tanto presenciais como virtuais. Um livro anterior, *Reuniões Visuais: Como Gráficos, Lembretes Autoadesivos e Mapeamento de Ideias Podem Transformar a Produtividade de um Grupo*, foi escrito para praticantes visuais que não necessariamente desenham mas querem liderar reuniões visuais como praticantes. Este capítulo é para vocês, líderes, que não necessariamente trabalham visualmente sozinhos, mas que querem sustentar essa forma de trabalhar em sua organização. As possibilidades virão à luz com histórias de diversas organizações. O capítulo também oferece uma atividade que você pode usar para se tornar mais consciente de como pedir o tipo de visualização de que precisa.

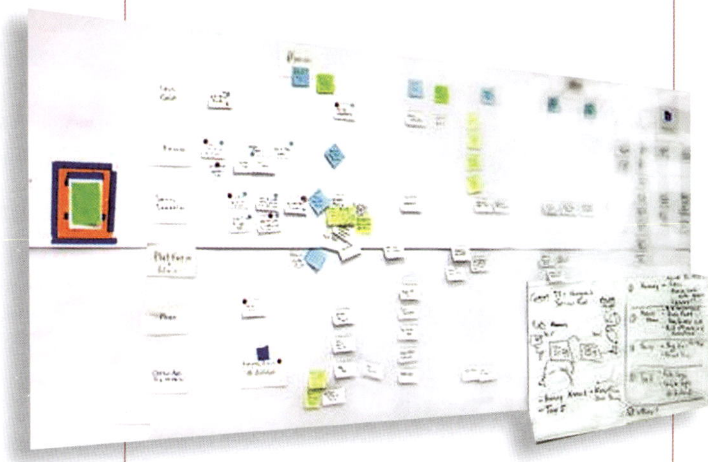

MURAL DE LEMBRETES DA STARTUP

A Innovation Games, uma startup [como são chamadas as novas empresas tecnológicas] no Vale do Silício, navega com a ajuda de um grande mural como este. Ele fica bem atrás da grande mesa na qual a equipe de programação trabalha. Assim como quadros-negros são ferramentas essenciais para professores, murais de lembretes são uma ferramenta básica para os estágios iniciais do pensamento sobre qualquer coisa que tenha muitos elementos — como um novo jogo.

Em Startups, Ver É Crer

Lana Homes iniciou mais de 30 empresas diferentes. Ela é especialista em liderar organizações em suas fases iniciais. "A primeira coisa que eu faço é reunir todo mundo ao redor de um quadro branco e colocar todas as ideias na parede", ela disse sem hesitar quando lhe foi perguntado se as reuniões visuais desempenhavam algum papel em seu trabalho. Ela sabe que startups precisam ter uma boa história e que isso é um esforço em grupo.

Luke Hohmann é um ótimo exemplo. Ele está expandindo a Innovation Games, uma empresa que usa a "gamificação" para ajudar as organizações a traçar estratégias. Seus primeiros anos foram em um escritório, com a equipe ao redor de uma mesa ao lado de um quadro branco enorme coberto com lembretes autoadesivos (mostrado aqui). Esse mural os guiou no nível de quadro geral. (Jogos, a propósito, são imensamente visuais.)

Outra startup no Vale do Silício, chamada S3, decidiu usar seis grandes murais para pôr analistas da Wall Street a par de suas intenções e resultados que a destacavam da multidão e permitir que todos formassem uma visão de conjunto. Criar os murais envolveu todos da equipe de gestão em uma série de conversas empenhadas e alcançou alinhamento de todos como um subproduto.

FORMATO PARA OPERAÇÃO DE TOMADA DE DECISÃO

O formato de quadro de cavalete mostrado ilustra o meio usado pelo diretor executivo da Fundação São Francisco, Martin Paley, para dar suporte à tomada de decisão operacional por parte de seu comitê de distribuição — o conselho formal de diretores para a fundação. É um formato de lista simples que foi muito útil. Aqui estão os benefícios:

- ❑ Ao criar os quadros, a equipe se alinhou sobre as ações em potencial e suas recomendações.
- ❑ O comitê de distribuição pôde vislumbrar toda a abrangência da necessidade de decisão e ajudou Martin a gerir através das decisões.

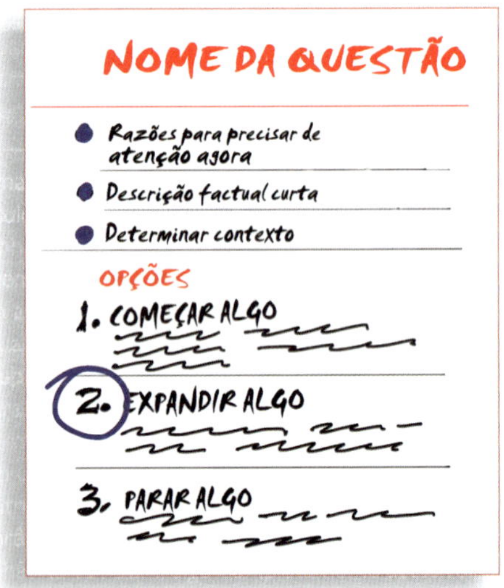

As pessoas nas startups querem contribuir, e como há tantas perguntas não respondidas, o ponto de vista de todos é útil à medida que surge problema após problema, exigindo soluções. O processo de solução de problemas sugerido no Capítulo 3 é exatamente o tipo de prática de reunião visual que você pode usar com frequência. O mural de lembretes autoadesivos é sempre outro exemplo. As reuniões visuais são uma clara ferramenta de poder para as fases iniciais de qualquer coisa quando a contribuição de todos é um prêmio.

Visualizando Escolhas na Filantropia

Instituições mais estabelecidas também se beneficiam. Martin Paley foi, nos anos 1980, um diretor--executivo inovador da Fundação São Francisco (FSF), uma fundação comunitária que, com a ajuda de dezenas de fundos especiais que ela geria, apoiou a maior área litorânea de São Francisco com cerca de $7 milhões de dólares em subvenções, ao ano. Ele adorava trabalhar com visuais, e regularmente envolvia registradores gráficos e estratégias de visualização diferenciadas, tanto em reuniões normais como especiais. Quando sua organização foi jogada em um redemoinho com o recebimento de uma herança que triplicaria sua renda anual, ele apoiou, com reuniões visuais, as muitas mudanças necessárias.

Martin também improvisava em suas reuniões normais com o conselho de diretoria, cujos assuntos eram tão formais que não facilitavam seu andamento, sendo dirigidas de maneiras bem particulares. Martin tinha um desafio. O comitê de distribuição se reunia apenas uma vez por trimestre para rever as propostas de subvenção sugeridas pela equipe da fundação. Isso envolvia produzir uma grande quantidade de material que precisava ser estudado antes. O conselho tinha, de fato, o poder formal de conceder as subvenções, e esse trabalho era uma prioridade. Entretanto, em razão dos novos desafios na base organizacional, Martin também precisava que o conselho lhe desse orientação operacional em áreas críticas nas quais retinha a supervisão. Como ele poderia fazer isso? Adicionando esse material à pasta de subvenções, ele arriscava perder as decisões em um mar de outras informações. Martin e sua equipe principal inventaram uma estratégia de reunião visual. Era simples, e algo que poderia ser aplicado em qualquer uma das reuniões normais de liderança. Antes delas ele resumia cada decisão operacional em um quadro (veja o exemplo na página anterior). Nele havia um título claro em letras maiúsculas que nomeava a questão. Abaixo dele estavam três ou quatro tópicos sobre as razões pelas quais a questão precisava ser trabalhada, e embaixo de tudo estavam listadas três alternativas sobre o que fazer. Estas eram, intencionalmente, escritas com clareza e concisão para que nenhum quadro fosse mais longo que uma página. Uma das três ações em potencial era aquela recomendada pela equipe.

Na primeira reunião na qual Martin usou esse método, o comitê de distribuição foi capaz de revisar e decidir sobre os itens de operação em menos de mei hora! A equipe ficou impressionada! Essa abordagem foi usada em reuniões subsequentes. Eles poderiam lidar com mais de uma dezena de questões bem

Usando Reuniões Visuais Regularmente

Registros em murais de lembretes e quadros de cavalete são bem básicos para dar suporte ao pensamento de solução de problemas em reuniões e registrar compromissos. Mas você pode querer também dar suporte a você e à sua equipe localizando no quadro geral algo que mereça trazer um registrador gráfico ou facilitador gráfico e trabalhar em uma grande escala. Registradores gráficos são pessoas que podem documentar o que está acontecendo enquanto você conduz a reunião. Elas trabalham como secretárias, só que as anotações são visíveis e podem ser questionadas e aprimoradas na hora. Um facilitador gráfico é alguém que você pode pedir para liderar as reuniões bem como para criar os gráficos, liberando-o para participar de corpo e alma sem, involuntariamente, prejudicar a performance dos outros.

FACILITAÇÃO GRÁFICA

Como líder, você pode querer recrutar um registrador gráfico ou um facilitador gráfico para dar apoio nas reuniões que precisam lidar com informações que você deseja que as pessoas examinem como um todo, ou onde você queira encorajar estímulos e criatividade. Esta imagem ilustra uma reunião de equipe típica, na qual o registro está sendo feito em um grande quadro. A facilitadora gráfica está usando um padrão de diagrama para registrar, agrupando informações sem conexões explícitas a fim de estimular mais pensamento.

ESTRUTURA DE PLANEJAMENTO DE CONFERÊNCIA VISUAL

A grande estrutura de agenda de blocos de tempo ilustrada aqui permitiu que o comitê de planejamento de uma Conferência sobre Fundação usasse grandes lembretes e evoluísse seu plano visualmente em uma reunião de dois dias. A estrutura focal e sua constância permitiram que o diálogo em si fosse produtivamente dinâmico e multifacetado.

A imagem nesta página mostra uma reunião registrada típica. Em algumas páginas revisaremos os diferentes formatos que você pode usar para esse tipo de reunião visual. É importante que você tenha uma boa noção do que deseja como resultado, para que possa garantir que as informações mais úteis sejam capturadas e enfatizadas. Se você simplesmente quer documentação, então instrua o registrador gráfico a ficar de lado. Porém, se a ideia é dar suporte ao pensamento em grupo e cocriação reais, tenha o mural gráfico como uma parte integral da reunião, com o facilitador agindo como um cursor humano para a exibição de seu pensamento e o do grupo. Formatos mais avançados, como tabelas, diagramas e mapeamento de metáforas gráficas, todos se beneficiam ao ter um facilitador gráfico trabalhando no quadro sob a direção do grupo. Vamos ver um exemplo no qual métodos de reunião visual foram capazes de lidar com um grupo razoavelmente grande.

Conselho sobre o Planejamento de Conferência da Fundação

As reuniões visuais funcionaram tão bem para Martin Paley que ele recomendou usar a abordagem em uma reunião especial do Conselho de Fundações no grupo de planejamento de conferência do qual participava. O comitê do programa era composto de umas duas dúzias de filantropos promissores do país que eram apresentados à liderança nacional através desse envolvimento, como parte de uma estratégia de desenvolvimento de liderança internacional. Fundações comunitárias, fundações privadas e grandes organizações sem fins lucrativos, como as Fundações Ford e Rockefeller, todas possuem interesses e maneiras de trabalhar diferentes. O valor de combiná-las no planejamento do programa era o diálogo amplo que surgiu à medida que todos trabalharam para decidir sobre pronunciamentos, workshops especiais e outros elementos necessários naquele ano. Todos aprenderam muito sobre o campo e seus desafios atuais e abordagens de financiamento.

Você estaria certo ao supor que esse tipo de comitê pode ser um pesadelo político. Como, neste mundo, pode um grupo grande e diverso convergir em algo tão complicado quanto uma convenção anual? Melhor deixar os poderosos proporem e os outros pegarem carona — a não ser que você entenda como dirigir uma boa reunião visual, o que Martin entendia. Ele a queria graficamente facilitada, com ele trabalhando como participante. Martin e uma equipe de design de reunião decidiram que tentar a abordagem de "uma grande parede" poderia funcionar. Isso consistia em criar uma representação de 9 metros de comprimento da conferência inteira, com colunas de MANHÃ e TARDE para os quatro dias da reunião (veja a ilustração na página anterior). Cada hora foi indicada graficamente para que se pudesse ver facilmente quanto tempo estava disponível para as diferentes sessões. (Essa ferramenta é chamada de agenda de blocos de tempo.)

A reunião começou com uma rodada de diálogos sobre como seria, genericamente, alcançar o sucesso. Isso trouxe à tona a avaliação de todos sobre as motivações atuais no mundo das fundações, e como várias pessoas achavam que uma boa conferência deveria ser. Isso foi registrado à medida que as pessoas expunham suas ideias, e disso tudo foram colhidos alguns critérios. A reunião então mudou para a grande agenda de blocos de tempo. Havia, é claro, algumas coisas que já estavam decididas, como o local (que precisava ser reservado com anos de antecedência) e alguns outros itens. Estes foram adicionados à grande agenda direto no papel. Mas todos os outros itens foram trabalhados com folhas de papel de 21cm x 27cm, usando fita adesiva para facilitar os movimentos. (O papel tamanho carta era necessário para a legibilidade em um grupo grande.) Todos foram convidados a começar a fazer sugestões, e todas as ideias foram registradas nessas folhas, que foram depois colocadas no quadro em certos intervalos de tempo ou na lateral.

À medida que o programa ia tomando forma, os debates sobre a arquitetura geral se intensificavam. Muitas mudanças foram feitas para tornar possível que recursos-chave fossem envolvidos. O facilitador espelhava cada sugestão com um movimento das folhas de papel. Quando o grupo chegava a um consenso, o item era ocultado. Os itens em que ocorriam impasses continuavam presos no quadro, em uma posição inclinada.

A presidente do comitê nunca tinha visto uma reunião facilitada, e embora estivesse inicialmente cética, animou-se ao ver o processo funcionando de fato. Eles estavam conseguindo um design real, *e* estavam tendo ótimas conversas que estavam no centro do objetivo de seus treinamentos de liderança.

COMBINE UM DESAFIO COM UMA FERRAMENTA DE REUNIÃO VISUAL

Nove desafios diferentes listados abaixo podem ser tratados por uma das nove ferramentas de reunião visual ilustradas na próxima página. Veja se você consegue combinar desafios com uma ferramenta.

1. Você tem alguns membros novos na sua equipe que precisam ser acelerados.
2. Você tem um tempo curto para uma reunião e quer evitar assuntos sem relação.
3. Você precisa estabelecer alguma disciplina básica de reunião na sua equipe de liderança.
4. Seu pessoal está ancorado e trabalhando muito para pensar que qualquer coisa pode mudar.
5. Você tem alguns acionistas que gostaria de envolver no design de uma reunião crítica fora da empresa.
6. Você tem uma iniciativa em mente e precisa de um grupo para assumir a responsabilidade e se ocupar implementando.
7. Seu pessoal tem muitas ideias, mas não é organizado.
8. Você gostaria de uma discussão aberta e honesta sobre o que sua organização está enfrentando no momento.
9. Você precisa diminuir um conjunto inteiro para três ou quatro escolhas críticas.

Combinando a Prática com o Propósito

Existem tantas maneiras possíveis de dar suporte a diálogos com exibições quanto existem pessoas que podem empunhar um marcador. Então, como você começa a saber o que fazer? Nós examinamos três casos diferentes até agora, mas existem mais centenas, é claro. A melhor abordagem é começar com um repertório simples de coisas que você sabe que funcionam e começar daí. É a forma na qual profissionais de qualquer área, como música ou esportes, se tornam proficientes.

Na próxima página estão ilustradas nove ferramentas de reunião visual testadas e comprovadas que são versões específicas dos sete formatos arquetípicos descritos no Capítulo 3. Nesta página está uma lista de desafios genéricos que gerariam objetivos diferentes para sua reunião. O exercício é combinar a ferramenta com um dos desafios. A próxima página compartilha as combinações.

Esse tipo de pensamento é o que você faria como líder visual, porque você sabe que o padrão que todos veem desenvolver nos quadros vai ter algum poder de permanência. Precisa ser focado nas coisas certas. Ao ler as recomendações, não se sinta limitado demais por elas. Qualquer ferramenta pode ter usos múltiplos e você pode muito bem pensar em algumas não listadas aqui. Essa é a diversão nessa forma de trabalhar. Se você quer toda a amplitude de escolhas, consulte o livro *Reuniões Visuais*. Ele está repleto de exemplos sobre o que você pode fazer em reuniões para impulsionar o poder total da visualização.

A — QUADRO PARR

Crie quadros ou slides que visualizem claramente os seus papéis, agenda, resultados e regras desejados para uma reunião

B — O SUCESSO SE PARECE COM UMA MANDALA

Use folhas grandes e brancas de quadros de cavalete, ou quadros brancos virtuais para registrar o pensamento de todos sobre como é o sucesso.

C — REGISTRO GRÁFICO

Peça que alguém tome notas em quadros ou em folhas grandes usando listas simples e formatos de diagrama. Use giz de cera colorido para enfatizar e destacar.

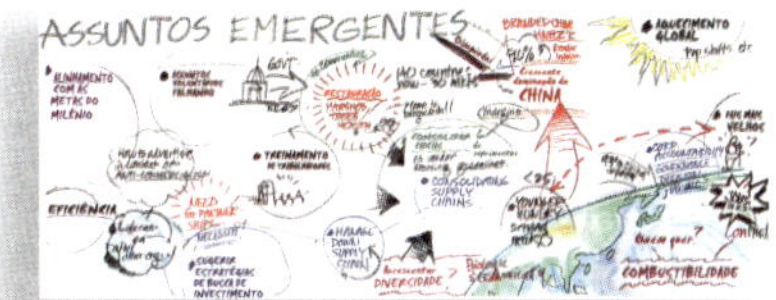

D — QUADRO DO ESTACIONAMENTO

Registre problemas que precisam de discussão fora da reunião, em um quadro ou página de quadro branco online.

E — QUADRO DE AFINIDADE

Faça um brainstorm com lembretes e então organize-os em grupos que tenham afinidade uns com os outros. Intitule as categorias.

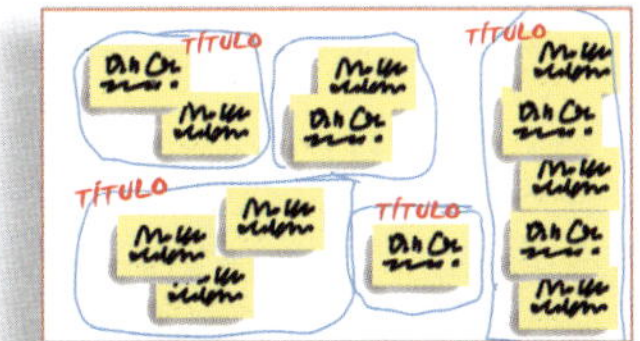

F — GRÁFICO DA HISTÓRIA

Visualize a história de sua equipe em uma linha do tempo longa, usando lembretes e registros simples. Mantenha o foco na narrativa das histórias e aceite um quadro vívido.

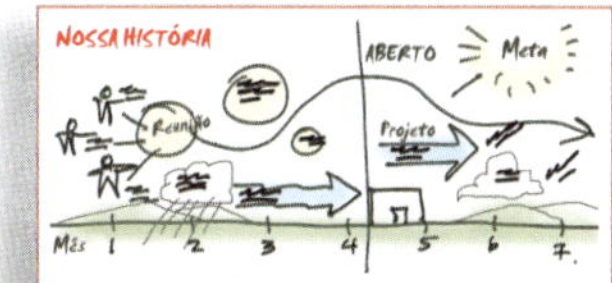

G — ESTRUTURA DE AGENDA GRANDE

Use uma estratégia de agenda grande com os tempos ilustrados em caixas cujo tamanho indica o tempo de suporte de uma sessão de design com lembretes.

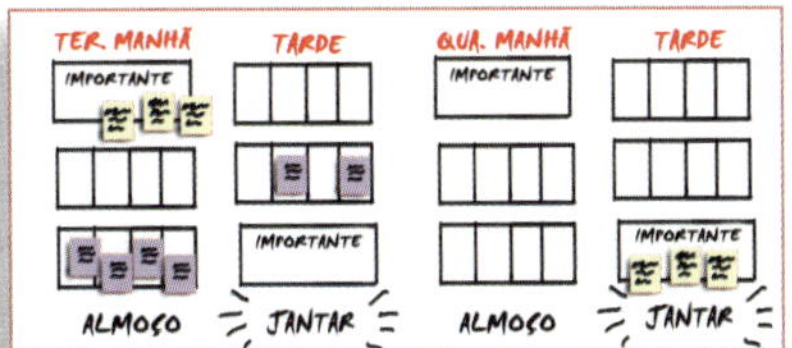

H — TABELA ALTO-BAIXO

Crie uma tabela com quatro caixas intitulada "recompensa alta" no topo, "recompensa baixa" embaixo, "fácil" na esquerda e "difícil" na direita. Separe as opções em notas autoadesivas.

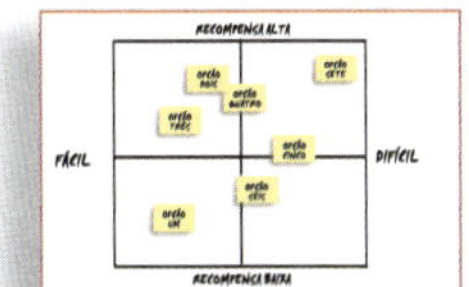

I — PLANO GRÁFICO DE AÇÃO

Use um modelo gráfico para concordar em metas, funções e canais-chave de atividade em torno de um projeto específico.

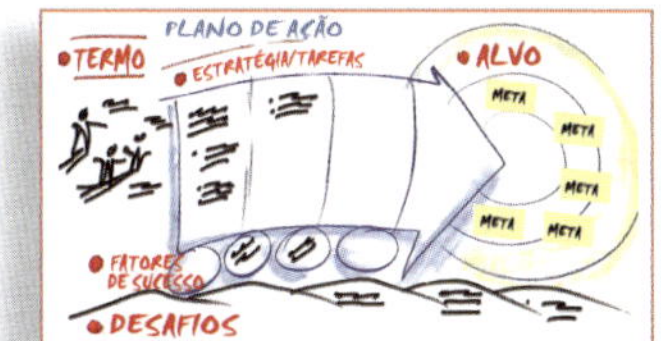

FERRAMENTAS RECOMENDADAS

Seguem nove desafios e as respectivas opções de ferramentas. O texto explica as razões para as escolhas.

1. Você tem alguns membros novos em sua equipe que precisam ser acelerados.
2. Você tem um tempo curto para uma reunião e quer evitar assuntos sem relação.
3. Você precisa estabelecer alguma disciplina básica de reunião em sua equipe de liderança.
4. Seu pessoal está estagnado e trabalhando muito para pensar que qualquer coisa pode mudar.
5. Você tem alguns acionistas que gostaria de envolver no design de uma reunião crítica fora da empresa.
6. Você tem uma iniciativa em mente e precisa de um grupo para assumir a responsabilidade e ocupar-se da implementação.
7. Seu grupo tem muitas ideias, mas não é organizado.
8. Você gostaria de uma discussão aberta e honesta sobre o que sua organização está enfrentando no momento.
9. Você precisa diminuir um conjunto inteiro para três ou quatro escolhas críticas.

Segue a linha de pensamento para combinar as ferramentas aos desafios:

1. Novos membros da equipe precisam ouvir histórias e histórico. Usar um **gráfico da história** para visualizar como você chegou à situação atual é a maneira mais divertida e direta de conseguir isso.
2. Reuniões com tempo limitado podem facilmente sair do curso com a introdução de itens importantes, porém não relacionados. Crie um **estacionamento** e anote o item e combine de lidar com ele mais tarde. Defensores desses assuntos geralmente conseguem se desapegar de suas preocupações se as virem anotadas.
3. O modelo **PARR** é básico. Seja claro com papéis, agenda, resultados e regras, e suas reuniões transbordarão de produtividade.
4. Quando as pessoas estão muito presas no dia a dia, elas podem ficar desencorajadas. Uma sessão de "**como o sucesso se parece**" pode convidar a um pensamento sobre o futuro. Anotar a ideia de todos faz as pessoas se sentirem conectadas e engajadas.
5. Uma **estrutura de agenda grande** e lembretes permitem que você faça com uma agenda de planejamento o que o pessoal do financeiro faz com planilhas. Ela cria um ambiente dinâmico de "e se...". Você pode sempre voltar e refinar suas primeiras versões. Mas a técnica do grande mural deixa todo mundo envolver a imaginação ao redor do quadro geral.
6. Se você precisa de ação em uma equipe, atribua a tarefa de fazer um **plano gráfico de ação**. Responda a estas perguntas-chave: Qual é o meu alvo? O que é a nossa equipe? Quais são nossas tarefas? Quais desafios precisamos atravessar? Quais são os fatores de sucesso? Faça graficamente, e você terá uma ótima maneira de revisar o trabalho depois que a equipe fizer seu planejamento inicial.
7. Se você tem um monte de ideias borbulhando para vir à tona, use uma parede grande para criar um **quadro de afinidades**. Gere os dados e depois encontre padrões em grupos. É uma ótima maneira de trabalhar.
8. O **registro gráfico** simples do que todos dizem é a atitude correta quando você quer ter uma noção geral do que se pensa a respeito de um assunto. Registrar deixa as pessoas saberem que foram ouvidas.
9. Uma **tabela alto-baixo** é a maneira perfeita de fazer uma seleção inicial em uma gama ampla de escolhas. Faça a equipe inteira mover os lembretes sem conversarem para ver o que acontece.

9. Modelos Gráficos

Visuais para Qualquer Tipo de Planejamento

Vimos a importância que metáforas visuais convincentes para a comunicação e práticas de reuniões visuais têm para promover engajamento. Quando você deseja que sua equipe realmente pense de modo profundo sobre um assunto, e quer lidar de forma inteligente com escolhas de planejamento, modelos gráficos se tornam um assunto essencial. Modelos gráficos são grandes planilhas projetadas para serem usadas por grupos pequenos. Seu propósito é visualizar as informações de todos em um formato que otimize as chances de todos perceberem relações importantes nas informações. Isso ajuda a tornar mais palatável qualquer um dos aspectos do processo de planejamento que você está encaminhando. O tópico Teclado de Gráficos em Grupo, explicado no Capítulo 3, reflete os arquétipos subjacentes nos modelos, mas, em termos práticos, são moldados para os fins específicos de seu processo de planejamento.

Modelos Gráficos Dão Suporte a Processos de Grandes Grupos

Modelos gráficos pré-desenhados e pré-impressos trazem um nível de padronização à prática visual que é especialmente útil em grandes grupos. Quando grupos bem-sucedidos trabalham com o mesmo formato, fortalecem a comparação do conteúdo entre si. E quando eles desenham seus próprios quadros a partir do zero, há uma grande quantidade de "barulho" visual refletido nas diferentes habilidades de desenhar, o que não é necessariamente relevante ao conteúdo que você está explorando. Trabalhar com modelos gráficos pré-impressos é cada vez mais atraente para organizações que querem economizar o tempo que levaria para criá-los.

Este capítulo o apresentará a alguns dos modelos gráficos de planejamento mais úteis, e um método de integração deles em um processo de planejamento completo. Olharemos alguns exemplos dos modelos formais de Visão Estratégica do The Grove chamados de Guias Gráficos. Trabalhar com sequências de modelos gráficos como esses resulta em um nível totalmente novo de conhecimento e entendimento do grupo.

LINHA DO TEMPO SIMPLES & SUPRIMENTOS

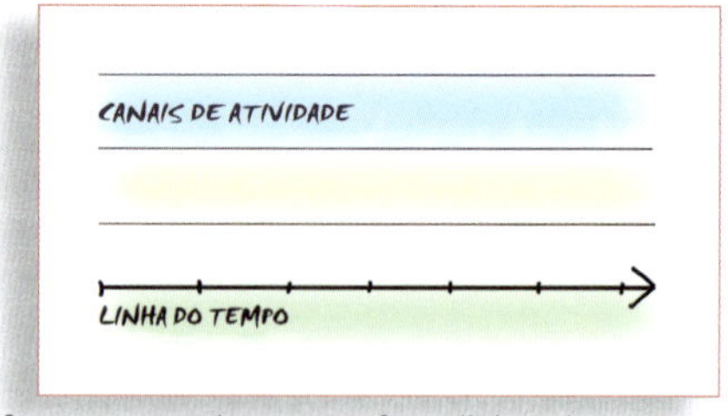

As ferramentas-chave para fazer linhas do tempo são folhas compridas de papel, notas autoadesivas e canetas. Frequentemente, você vai querer ver múltiplos fluxos de atividade no decorrer do tempo.

Papel

Use papel para plotagem, do tipo usado em grandes impressoras a jato. A maioria das grandes papelarias tem rolos de 90cm e 120cm. Você quer um papel que *não* seja altamente absorvente.

Fita

Lojas de artigos para artesanato também vendem um tipo de fita crepe para artistas que é um pouco mais delicada com as paredes do que a normal.

Canetas

Use marcadores coloridos à base de água para evitar que escorram.

Giz

Se você realmente quer encorajar a criatividade, sugira que as pessoas usem giz pastel para colorir. Ao dar polimento ao giz com um lenço, parece que você usou uma pistola de ar.

Post-its

Esses são muito úteis para qualquer trabalho com modelos. Ambos os tamanhos, 7cm x 12cm e 12cm x 20cm são úteis.

Tipos de Modelos Básicos em Linhas do Tempo e Tabelas

No nível mais geral, a despeito do que estiver planejando, parte de seu trabalho será sobre como as coisas funcionam com o *tempo,* e parte sobre como os elementos se encaixam em alguma estrutura *espacial* (como a lista de prioridades). Pensar sobre o tempo é melhor suportado com linhas do tempo, grande surpresa! Já pensar sobre espaço e estrutura tem uma ampla gama de possibilidades, todas derivadas de espaços estilo tabela. Alguns modelos gráficos combinam ambos, como veremos.

Em reuniões normais, você provavelmente não usará mais que um ou dois modelos. Por exemplo, você pode escolher uma linha do tempo para contar a história do grupo para novos membros ou ter seu plano de ação refletido em um mapa de algum tipo (veja o Capítulo 11). Caso esteja trabalhando virtualmente, você se focará em um ou outro modelo durante partes diferentes da reunião. Se você resolver fazer uma história, então oriente sua equipe a usar um pedaço de papel tão grande quanto a parede permitir. As pessoas realmente gostam de refletir sobre o passado, e na maioria das vezes não estão recebendo nem perto do reconhecimento suficiente por todo o trabalho pesado que fazem. O espaço se preenche rapidamente.

Nas reuniões especiais de planejamento, você pode usar uma série de modelos. Começar com a história é uma maneira perfeita de fazer com que a imaginação de todos seja esticada em um período de tempo mais longo. A Experiência de Liderança da Apple nos anos 1980 costumava citar a pesquisa de Omar El Salway na University Of Southern California como um motivo para começar com a história. Salway deu uma tarefa a dois grupos de 15 executivos. Cada pessoa em um grupo deveria descrever a história de sua carreira. Os outros deveriam descrever o futuro das respectivas carreiras. Em média, o grupo que começou com a história voltou 15 anos. O grupo do futuro foi, em média, cinco anos para a frente. Mas quando os grupos trocaram de tarefa, os resultados foram diferentes. O grupo do futuro, agora fazendo a história, voltou 15 anos também. E o grupo da história, agora fazendo o futuro, foi 15 anos para a frente! Claramente esticando sua imaginação, preparando-se para pensar mais audaciosamente. Esse é o valor de começar com a história.

Você pode então continuar com uma tabela SWOT, olhando os pontos fortes, fracos, as oportunidades e ameaças. Tabelas com quatro caixas são boas ferramentas para guiar as pessoas a ir além do pensamento simplista. É a porta de entrada para os sistemas de pensamento e para entender como as partes se conectam em sua organização. Há dezenas e dezenas, dependendo do que você quer examinar. Como líder, fazer a equipe selecionar as coisas dessa maneira contrabalança ficar preso em um pensamento de um quadrante.

Seu Papel É Moldar as Categorias

Visualizar como um grupo, em uma exibição, seja em reuniões presenciais ou conferências online, envolve experiencialmente todos na formação de sentido da informação. O que faz um modelo gráfico funcionar é a estrutura esclarecedora das categorias. As categorias são na verdade perguntas que você está fazendo. O que vai aqui? O que vai ali? As perguntas são o que estimulam consultas e exploração.

As categorias são na verdade perguntas que você está fazendo. O que vai aqui? O que vai ali? As perguntas são o que estimulam consultas e exploração.

TABELA SIMPLES

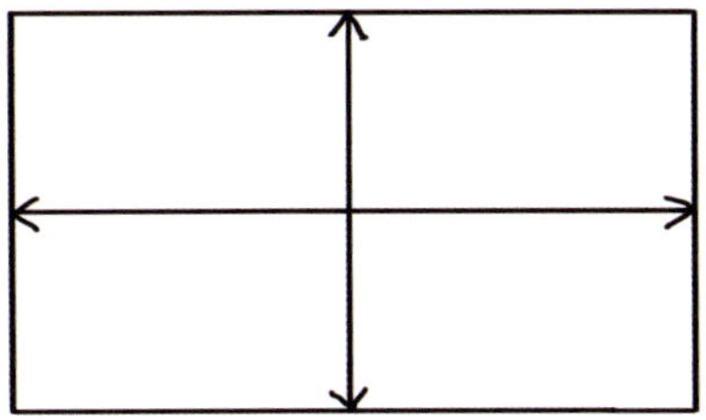

Modelos de quatro caixas, o tipo mais simples de modelo de tabela, vêm em variedades abundantes.

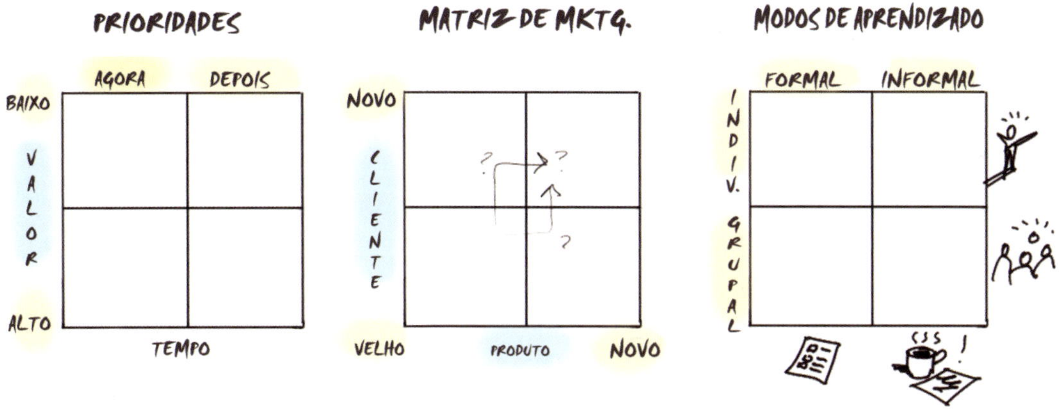

AGENDA DE BLOCOS DE TEMPO

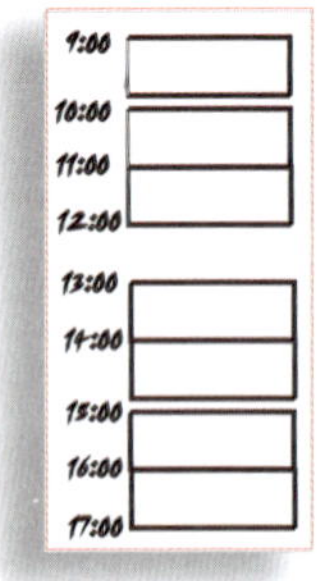

Caixas gráficas representam quantidades fixas de tempo para que, quando você planejar sua agenda, possa pensar sobre quanto tempo as coisas estão demandando.

Usos

- ❑ Agendas de reuniões normais
- ❑ Agendas de reuniões especiais
- ❑ Reuniões de equipe de design

MODELO DE DIAGRAMA DISPERSO

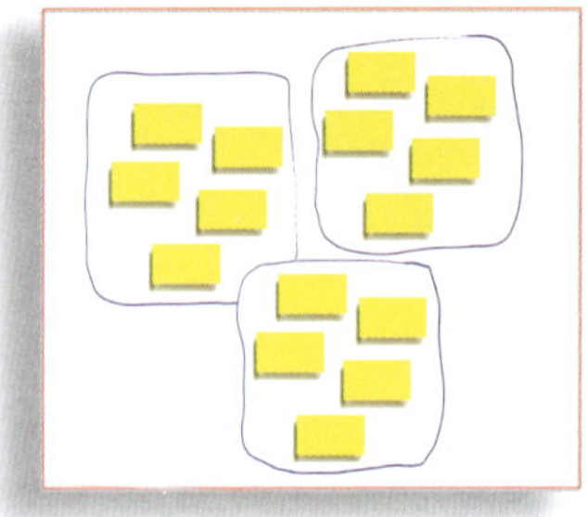

Às vezes você pode querer usar categorias pré-determinadas e pedir que as pessoas façam um brainstorm sobre elas.

Usos

- ❑ Questões de brainstorm
- ❑ Identificar metas
- ❑ Agrupar temas de visão

MATRIZ DE NOVE CAIXAS

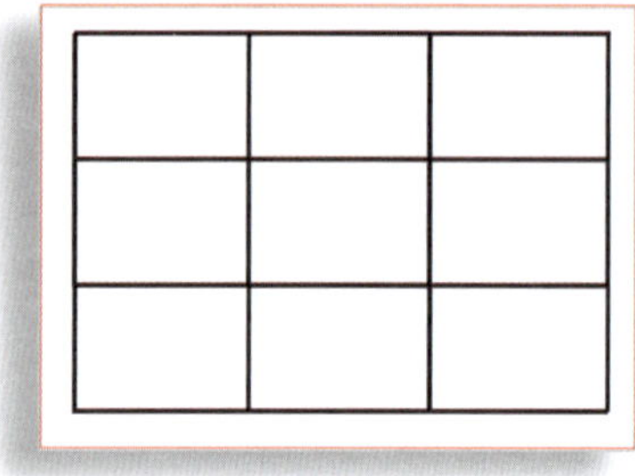

Separas as coisas em nove caixas refina as distinções de todos. Esclarecer as categorias é o segredo para o sucesso com matrizes.

Usos

- ❑ Calendários
- ❑ Segmentação de mercados
- ❑ Critérios de matrizes

MODELO DE MAPA MENTAL

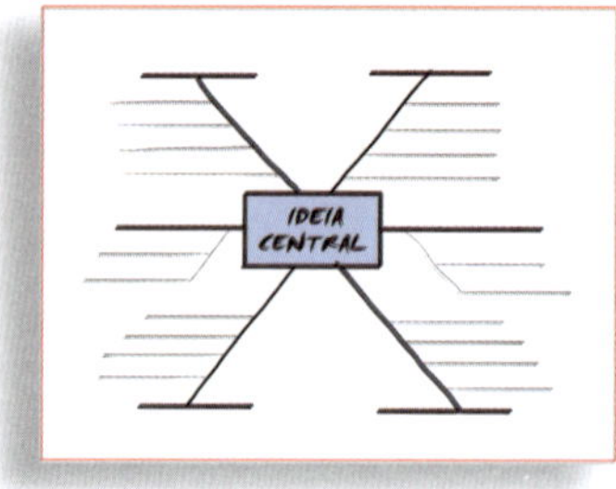

Diagramas se ramificam em padrões orgânicos. Você pode querer prenomear os ramos principais para orientar a exploração.

Usos

- ❑ Analisar um campo de ideias
- ❑ Identificar a raiz dos problemas
- ❑ Organizar uma apresentação

MODELOS GRÁFICOS DE ACESSO PÚBLICO

Todos os modelos nesta página são modelos gráficos comuns e genéricos que você pode reproduzir facilmente sozinho. Eles são variantes dos padrões arquetípicos representados no Teclado de Gráficos de Grupos, no Capítulo 3.

Como Usar Modelos Gráficos na Prática

Os modelos gráficos ilustrados nesta página e na próxima são ferramentas que você, como líder, pode usar para estimular o pessoal a aprimorar a qualidade dos insights em qualquer processo de planejamento. A qualquer hora que estiver em reunião com sua equipe ou consultores externos para planejar reuniões especiais, você deve estar suficientemente familiarizado com a gama de opções disponíveis para combinar os formatos de exibição com seus propósitos gerais. Caso esteja trabalhando virtualmente, esses modelos gráficos simples funcionam melhor nos quadros brancos que estão disponíveis em quase todos os softwares de conferência via web. Softwares de apresentação

MODELO DE METÁFORA DA PAISAGEM

As pessoas se identificam tanto com paisagens que elas constituem uma das metáforas verdadeiramente universais. Mapear a informação ordenando-a entre elementos físicos tangíveis e coisas intangíveis, como estratégia e intenção, ajuda as pessoas a entenderem seus pensamentos como um fenômeno completo, integrado, tal como a natureza conecta elementos diferentes.

Usos

- ❑ Análises ambientais
- ❑ Mapas e visões
- ❑ Quadros de desejo de mudança

MODELO MANDALA

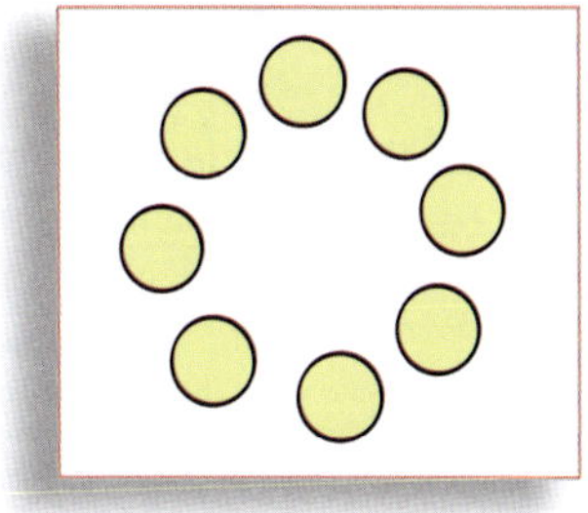

Um modelo simples em círculo como esse fornece espaços para as pessoas identificarem subelementos, assim como a ideia central unificada.

Usos

- ❑ Introdução de equipes
- ❑ Visão
- ❑ Priorização de ideias

MODELO ALVO

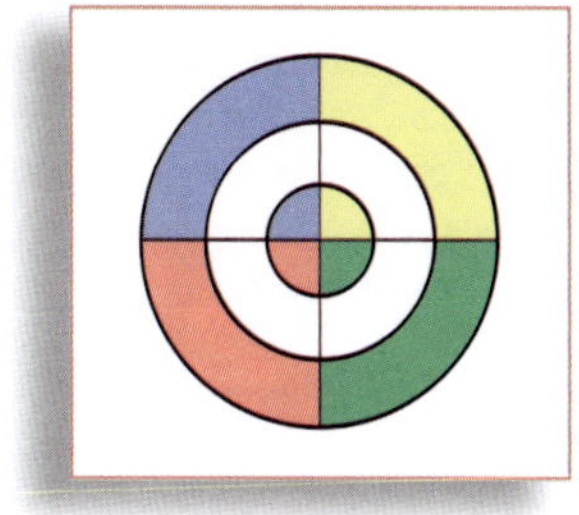

Alvos podem ser simples ou mais complexos, dependendo de sua decisão sobre o que os quadrantes representarão.

Usos

- ❑ Modelos mentais
- ❑ Sistemas operacionais
- ❑ Metas e visões

geralmente incluem modelos e diagramas (exceto talvez o modelo de metáfora de paisagem mostrado acima). Uma maneira de gerar modelos para uso em grupo é simulá-los em softwares de apresentação e, então, imprimi-los em um grande plotter. No entanto, softwares de apresentação não são projetados para suportar uma grande escala de impressão, assim, você talvez tenha que consultar sua equipe técnica para obter um bom resultado. Você pode também mostrar à equipe de reunião o que está procurando e fazer com que, antes de se reunirem, desenhem os modelos, ou fazer com que consigam os modelos pré-impressos em uma fonte como o The Grove. Em conferências online equipadas com a função quadro branco, é possível desenhar um modelo simples na hora.

VISUALIZAÇÃO ONLINE

Estão surgindo muitas plataformas de software novas que permitem que grupos trabalhem juntos em um gráfico comum. Essas ferramentas de visualização colaborativa geralmente possuem modelos gráficos inclusos. O material está, em grande parte, disponível na nuvem, e permite ao usuário convidar outros para ajudar a cocriar o gráfico ou apresentação.

GUIAS GRÁFICOS GROVE

O The Grove Consultants International tem sido pioneiro no uso de modelos para o planejamento visual por mais de 20 anos. Eles são chamados de Guias Gráficos e são usados tanto para planejamentos estratégicos como de negócios. A próxima página reproduz seis dos básicos. Uma dezena de outros também está disponível. Qualquer um pode comprar e usar essas ferramentas (mas não reproduzir sem permissão). Cada Guia Gráfico possui um Guia do Líder, de 20 páginas, mostrando como usá-lo, acompanhado de exemplos de casos. A razão pela qual as organizações usam modelos pré-impressos como esses é economizar o custo de ter que criá-los antecipadamente. Os gastos para produzi-los podem ser muito altos, deixando as pessoas se focarem no conteúdo no qual estão trabalhando e não na formatação subjacente.

A seguir está um exemplo do modelo PARR, ilustrado como uma sala de reunião. Poderia ser usado por uma equipe de design para ilustrar papéis, agenda, resultados e regras em um mural que pode ocupar a sala de reunião inteira.

Guia Gráfico de Reunião de uma Startup

Para mais informação, veja www.grove.com.

Coloque os Modelos Juntos em um Processo de Planejamento Integrado

O processo de Visão Estratégica do The Grove (VE) é um exemplo de como integrar modelos em um processo completo. Ele evoluiu durante a efervescência dos anos 1990, quando organizações se expandiam rapidamente e muitas aplicaram processos de reengenharia para se adaptar às novas tecnologias. A intenção central do VE era superar o viés analítico do planejamento estratégico tradicional, que enfatiza a retrospectiva ao olhar dados históricos. Organizações inovadoras precisam equilibrar a retrospectiva com as aspirações e o tipo de previsão que vem ao vislumbrar diferentes futuros. Ambas essas perspectivas precisam convergir e dar suporte às ações no presente.

O modelo de processo VE é por si só um tipo de estrutura, embora projetado para a orientação do processo de design, não para o conteúdo de registro em grupo. (Veja o Capítulo 7 para mais informações sobre modelos.) A imagem em formato de oito no gráfico VE sugere a necessidade de integrar a retrospecção e a prospecção, para discernir as ações a serem tomadas, através de ciclos repetidos em níveis diferentes da organização visando o entendimento completo e adesão. O alvo primário de tal processo é desenvolver a capacidade de pensamento visionário estratégico no sistema geral através de rodadas regulares de planejamento visual. O plano e modelos de gráficos relacionados são dispositivos para guiar o desenvolvimento dessa capacidade de pensamento estratégico.

Você pode notar os pequenos símbolos gráficos na parte esquerda do modelo na próxima página. Eles representam os quatro fluxos que os líderes precisam gerir e os tipos diferentes de inteligência que você, como líder, precisa impulsionar na organização. A luz no topo aponta em direção às intenções top-line e à necessidade de envolver os pensadores intuitivos. O pequeno símbolo do yin-yang representa o corpo sensível da organização, os aspectos energéticos e experienciais da cultura. A equipe de recursos humanos e os facilitadores focam nesses aspectos. O pequeno diamante representa a parte técnica e racional da organização. O cubo representa os aspectos operacionais, bottom-line, mão na massa. Esses quatro níveis são representados como símbolos porque organizações diferentes têm muitas palavras distintas para esses aspectos. O objetivo é integrar esses níveis em um processo que otimize o caminho de todos para os insights principais e compreender as relações-chave.

Veja versões maiores desses Guias Gráficos na próxima página.

PROCESSO DE VISÃO ESTRATÉGICA

Estas duas páginas ilustram toda a coleção de Guias Gráficos que podem orientar uma reunião estratégica off-site (externa) de dois dias. Imagine-os completos com informações da sua equipe, e você pode começar a ver o poder dessa forma de trabalhar. Uma vez preenchidos, eles podem ser reproduzidos digitalmente, discutidos, retrabalhados e refinados em um plano. Os quadros podem também ser usados para reuniões subsequentes com subordinados diretos. (Os números se relacionam com os estágios no Modelo VE na página anterior.)

Integre Intuição, Sentimento, Pensamento e Sensação

O padrão da figura em formato de oito integra o pensamento top-line e bottom-line. Quando o processo VE estava se desenvolvendo, Meryem LeSaget, membro do Grove em Paris, destacou que a real vantagem de contar a história no gráfico de grande escala era a maneira pela qual isso impulsionava a intuição e as sensações do grupo. Embora o exercício possa ser levado de uma maneira analítica, na maioria das vezes, ele libera o ato de contar histórias e uma celebração da comunidade. Por outro lado, trabalhar na matriz do modelo Matriz de Pontos tende a prender a atenção de todos nos problemas específicos e concretos encontrados na parte operacional da organização. Pedir a

1. HISTÓRIA GRÁFICA

Use a metáfora da paisagem para visualizar os eventos-chave na linha do tempo de sua organização.

2. MAPA DE CONTEXTO

Mapear tendências e fatores como grupos de características ambientais estimula ver relacionamentos.

3. MATRIZ DE PONTOS

Use uma tabela para mostrar como as oportunidades são construídas sobre os pontos fortes, e mude a energia amarrada em problemas (às vezes chamados de fraquezas).

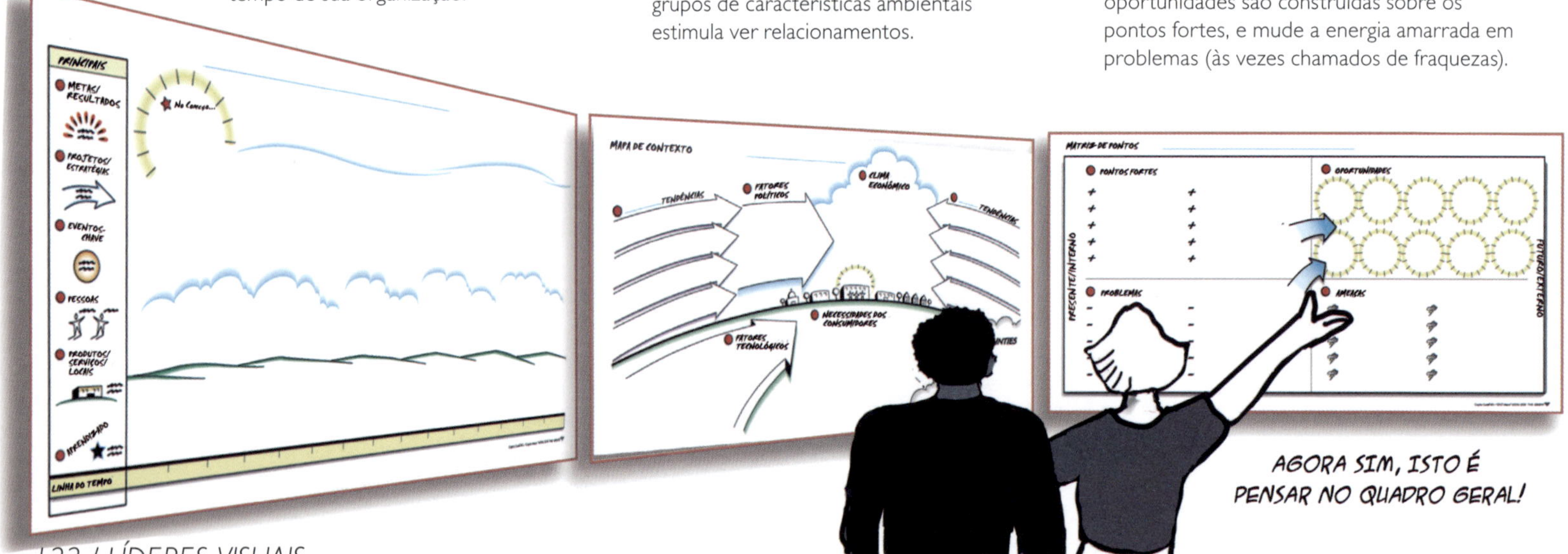

todos que imaginem o futuro como se a organização estivesse na capa de uma revista importante muda a atenção de volta para o futuro e a uma modalidade mais intuitiva, ao passo que fundamentar as coisas nos Cinco Passos Audaciosos requer priorização e concordância — novamente um modo muito mais limitado e operacional. Esse ciclo de trabalho e as mudanças de ponto de vista em cada modelo garantem que você otimize a chance de fazer emergir o espectro completo da sabedoria embutida do grupo.

4. VISÃO DA MANCHETE DE CAPA

Imagine estar na capa de uma revista importante. Faça todos escreverem a história futura!

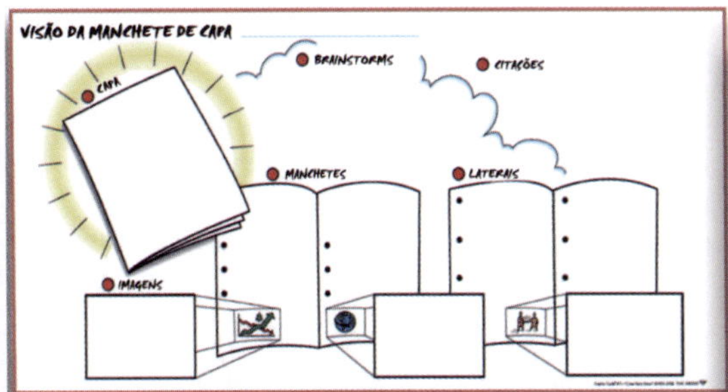

5. CINCO PASSOS AUDACIOSOS

Identifique elementos compartilhados na sua visão e combine-os com iniciativas-chave no presente.

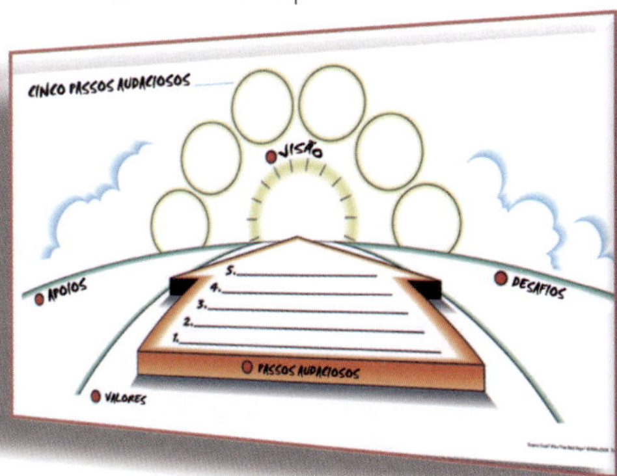

6. PLANO DE JOGO GRÁFICO

Solicite que equipes de ação desenvolvam planos para cada uma das iniciativas-chave ou passos audaciosos.

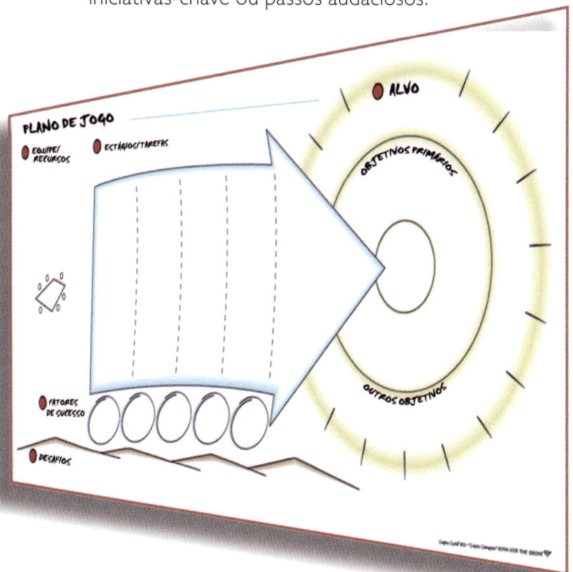

MODELO OMEM

Um formato que muitos negócios usam para planejar no nível funcional é um quadro OMEM. Significa objetivo, metas, estratégias e medidas. O gráfico acima ilustra o uso de uma tabela padrão. Você pode também usar uma planilha de computador. Este é, geralmente, o formato usado para esse tipo de planejamento. A vantagem das planilhas são sua familiaridade. Elas são fáceis de criar no computador. A desvantagem é que não fornecem nenhuma âncora visual para lembrar de todas as informações.

E o Planejamento Regular de Negócios?

Processos estratégicos acontecem com menos frequência do que planejamentos anuais de negócios. Embora muitas organizações simplesmente mostrem os números de cada divisão, algumas realmente mantêm grupos funcionais para pensar visualmente sobre os planos, usando alguns dos mesmos modelos mostrados antes. Como o próximo capítulo explicará, existem algumas maneiras muito produtivas de você, como líder, poder pedir que planos funcionais lhe sejam apresentados, permitindo a comparação e priorização de suas atividades, e ver sua organização como um sistema completo. Esses tipos de ambiente são chamados de salas de decisão, salas de projetos ou centros de suporte a decisões rápidas.

Na Otis Spunkmeyer, seguindo uma visualização de sucesso da estratégia geral da empresa, John Schiavo pediu que seus grupos funcionais conduzissem workshops de planejamento para determinar quais seriam seus objetivos, metas, estratégias e medidas (OMEM) para o ano seguinte, alinhados com a Estratégia Otis geral que era visualizada em um grande mural. Ele selecionou três modelos para que cada equipe completasse — uma história, um mapa de contexto e um modelo de Cinco Passos Audaciosos adaptados para o modelo OMEM (veja a lateral da próxima página). Cada grupo funcional, então, os trouxe para uma sala, e fizeram uma revisão de todos os planos por toda a empresa. Há uma descrição e imagens desse processo sobre salas de decisão no próximo capítulo. O ponto a se entender aqui é como John guiou seu pessoal, não apenas em qual tipo de informação eles deviam considerar, mas também como ele queria que relatassem. No processo, ele criou um ambiente que dava suporte a mais comprometimento e insights que o planejamento anual normal de "mostre seus números".

Uma vez que todos os quadros do The Grove também estavam disponíveis no formato PowerPoint, cada grupo pôde levar seu trabalho adiante para o ano seguinte, criando assim um senso real de continuidade.

Planejando para a Reorganização

O trabalho do The Grove com modelos desenvolveu-se a partir de um processo de mudança organizacional extenso com o National Semiconductor (NSC) no início dos anos 1990. O CEO, Gil Amelio, formulou uma visão e estratégia gerais com seus colaboradores de primeira linha e autorizou que uma equipe de mudança interna começasse a implementação. Essa equipe criou um Infográfico visual que obteve muito sucesso (veja a página 156). Era um mural gráfico de grande escala para retratar sua visão, que incluía um pouco de sua história e outro tanto sobre valores e desafios. A equipe de mudança, em sequência, liderou quase duas dúzias de processos internos de planejamento, muitos dos quais destinados a criar uma estrutura para o que na época era chamado de reengenharia. Isso geralmente envolvia prioridades de racionalização e aprimoramento da infraestrutura técnica. A liderança no NSC queria que esses planos se integrassem, para encorajar uma abordagem padrão para a apresentação. Isso resultou em um modelo gráfico chamado de Visão da Jornada, que é ilustrado na próxima página. Foi um dos primeiros que implorou para ser pré-impresso para que não precisasse ser desenhado de tempos em tempos. Isso evoluiu para uma estrutura padrão elaborada em cima da experiência quase universal de fazer uma jornada.

MODELO GRÁFICO OMEM

Acima está uma maneira de visualizar o quadro OMEM emprestando um design do Guia Gráfico dos Cinco Passos Audaciosos do The Grove. A metáfora de uma seta indo em direção à aurora do objetivo primário fornece uma imagem visual memorável para ancorar a mesma informação que, em um formato de planilha, seria mais difícil de lembrar.

Usando Modelos Gráficos como Agendas e Formatos de Relatório

O processo NSC normalmente envolvia pendurar o modelo e usá-lo como uma agenda visual para o workshop. Cada parte seria desenvolvida em quadros e outros papéis, e então formalizada como um elemento na Visão da Jornada. O gráfico completo era a visão geral do plano que a equipe poderia compartilhar com os outros na empresa, e fornecia um tipo de interface gráfica de usuário para os planos mais detalhados e retratados convencionalmente que os sustentava.

VISÃO DA JORNADA

O modelo ilustrado abaixo é um dos primeiros a emergir de uma grande mudança de projeto no National Semiconductor.

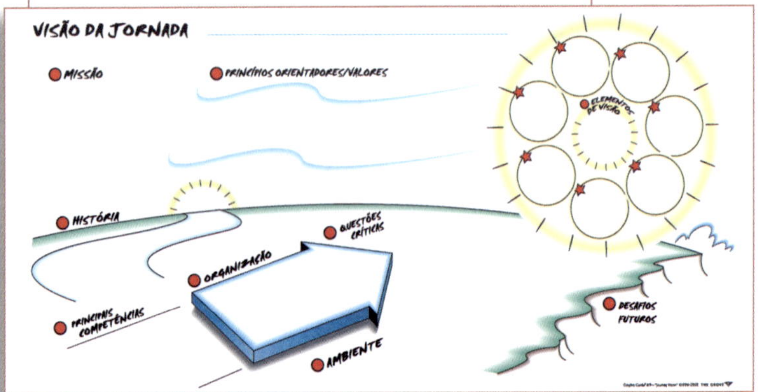

Quando treinar facilitadores internos para trabalhar visualmente se tornou uma prioridade no NSC, o The Grove projetou uma agenda para um workshop de Visão Estratégica que usava o Guia Gráfico da Visão de Jornada como formato.

Durante o processo de mudança do NSC, o The Grove desenvolveu uma abordagem de treinamento para a visão estratégica e usava o mesmo modelo para mostrar os resultados, agenda, missão, valores, habilidades e desafios do workshop. É reproduzido aqui para mostrar a você como pode ser a aparência de um modelo gráfico completo.

Neste exemplo, o formato de seta do modelo original foi preservado. Em muitas das visões do NSC, algumas das quais serão compartilhadas no Capítulo 12, a seta seria substituída por uma metáfora gráfica que a unidade funcional escolhesse para representar o tipo de organização que gostariam de ser. Os líderes de cada unidade foram muito ativos na busca pela metáfora convincente exata para esse propósito, colocando em prática a ferramenta de metáfora descrita no Capítulo 7.

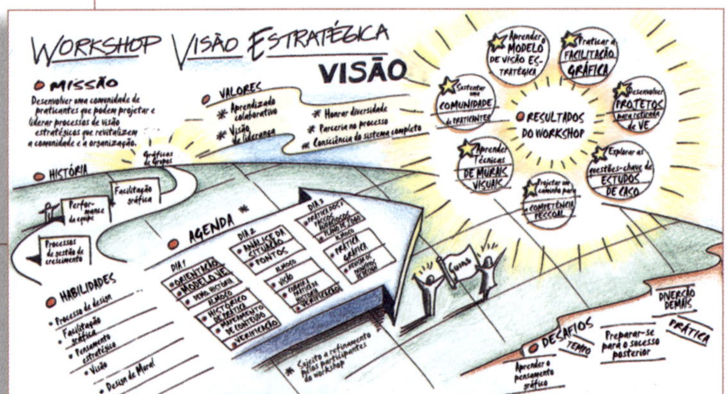

Modelos de qualquer tipo são simplesmente um ponto de partida. Como líder, você precisa apropriar-se não apenas do conteúdo das categorias mas também do formato geral. A linguagem de qualquer tipo molda a percepção, e a linguagem visual molda sua apreciação do quadro geral.

Redesenhando o Modelo de Negócios

No coração de sua organização está o conceito de como você sobrevive de fato. Em um negócio, de como você consegue lucrar. Em uma organização sem fins lucrativos, de que maneira atrairá contribuintes e colaboradores suficientes. E, no governo, do modo de garantir que as leis, impostos e taxas forneçam renda suficiente. Entender esses pontos é fundamental caso queira que todos na organização se deem conta de como os seus trabalhos se relacionam com o sucesso da organização.

Alexander Osterwalder escreveu sua tese de doutorado sobre esse assunto e, então, começou um processo de criar uma ferramenta baseada em modelo chamada o Modelo de Negócios Canvas, o qual poderia ajudar os líderes a esclarecer e mudar seus modelos de negócio. É uma tabela personalizada que usa lembretes para brincar com modelos diferentes de negócios. Alexander e outros quatro colegas escreveram um livro a respeito chamado *Business Model Generation*, e no processo envolveram mais de 400 colegas em uma rede online para revisar e responder às ideias. Patrick van der Pijl, um consultor holandês com experiência na PriceWaterhouseCoopers, estava na equipe principal e compareceu à conferência VizThink em Berlim, onde o The Grove estava apresentando um workshop sobre pensamento visual e defendendo que a visualização é a linguagem dos sistemas de pensamento. As ideias assumiram o controle e o grupo de modelos de negócio investiu pesado em métodos de reuniões visuais em seu trabalho.

O livro *Business Model Generation,* que inclui um capítulo inteiro sobre facilitação visual, é, em si, um testemunho de como os visuais podem ser usados nas publicações. A versão de publicação independente teve tanto sucesso que John Wiley & Sons a pegaram. Vendeu mais de 200 mil cópias e está hoje traduzida em 24 idiomas (no Brasil, a obra foi publicada pela Alta Books), testemunho de como a maneira de trabalhar visualmente está sendo recebida ao redor do mundo. Patrick foi em frente e criou um negócio de consultoria chamado Business Model Inc. e está integrando o processo EV e os Guias Gráficos do The Grove com o canvas, obtendo uma resposta enorme dos clientes.

BUSINESS MODEL GENERATION

Este best-seller de Alexander Osterwalder, e uma numerosa rede de colegas, baseiam sua abordagem em um modelo gráfico chamado Modelo de Negócios Canvas (veja a próxima página para um exemplo). O livro defende o uso da facilitação visual como uma parte integral do processo de criar os modelos.

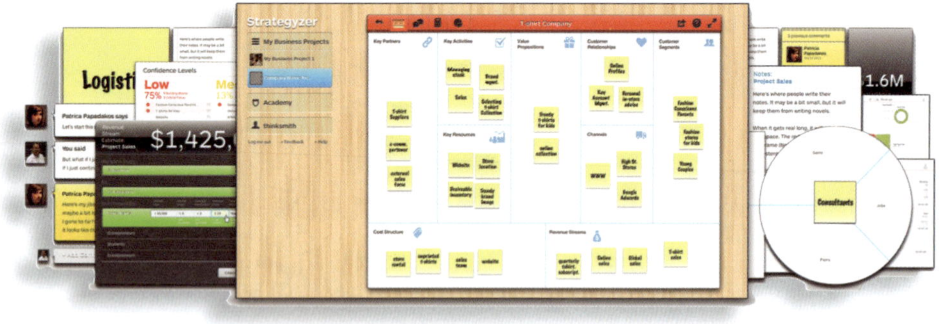

MODELO DE NEGÓCIOS CANVAS

Esta imagem mostra todas as diferentes telas ligadas à versão online do Strategizer.com do Modelos de Negócios Canvas, o modelo gráfico no coração do best-seller *Business Model Generation*. Ele apareceu inicialmente como um aplicativo para iPad, ainda disponível para download, chamado Business Model Toolbox. Mas o futuro, na opinião do criador Alexander Osterwalder, são as aplicações arquivadas na nuvem.

Essa suposição nasceu devido a outra startup, Mural.ly. Ela possibilita aos usuários mapear o conteúdo em uma grande parede virtual. Pode-se colaborar em tempo real com outros e, então, mostrar suas ideias como uma apresentação. De acordo com o CEO e cofundador, Mariano Suarez Battan, a meta da startup é "tornar-se o GitHub da Ideação Visual" (GitHub é um serviço de hospedagem web compartilhado). Um desses exemplos iniciais foi uma implementação do Mural.ly do Modelo de Negócios Canvas, mas sem a capacidade de passar os números.

O sucesso do Modelo de Negócios Canvas está ajudando organizações a pensar sobre seus modelos de negócio como um indicador importante. Alexander compreende intimamente que a revolução da visualização está se movendo para a internet, e conduziu sua rede para o desenvolvimento de um aplicativo de web, o Strategyzer.com. Ao trabalhar com a funcionalidade dos lembretes e ligá-los com softwares que se ocupam com os aspectos matemáticos no que concerne ao tamanho dos mercados, renda esperada etc., ele e sua equipe criaram uma ferramenta que literalmente lhe diz se é possível ganhar dinheiro ou não. Tudo isso pode ser feito no papel, é claro, mas o aplicativo facilita o processo. Todos os títulos de categorias possuem ajustes de instruções apensas e menus previamente projetados para facilitar o processo.

Movendo-se para a Nuvem

O próximo desenvolvimento de modelos gráficos será de ferramentas como essas disponíveis através de serviços de assinatura. Embora todos os programas de software de apresentação tenham muitos modelos gráficos que você pode escolher para usar, poucos, se houver, entre os tradicionais, são projetados para dar suporte à interação e aos processos em grupo. Isso está mudando rapidamente. O aplicativo do Modelo de Negócios Canvas dá suporte à colaboração. Assim como o Prezi, um software de apresentação com recurso de ampliação desenvolvido na Hungria que conta com um milhão de usuários mensalmente. Ou como o Mural.ly, uma plataforma em estilo de mural de quadro de avisos que compete com o Prezi. Todos eles permitem que o usuário envie e-mails para outros para convidá-los a se juntar na cocriação de uma exibição visual de qualquer espécie. Os novos aplicativos possuem grandes exibições virtuais, mas o acesso por meio de telas ainda não dá suporte ao pensamento de grupo panorâmico, e ainda não têm o impacto que uma sala e modelos de papel têm. Talvez precisemos apenas esperar que as paredes os acompanhem.

10. Salas de Decisão

Tomando Decisões em um Contexto Geral

Até agora, consideramos as práticas visuais como ferramentas gráficas que funcionam ou em sua imaginação ou em superfícies. Mas nós, humanos, vivemos em espaços, e algo mágico acontece quando você começa a considerar todo o espaço de reunião como um ambiente visual. "Pensando no quadro geral" é uma figura de linguagem, desenhada da experiência que as pessoas têm de serem capazes de imaginar muito mais quando as figuras são realmente grandes! Vamos ver como você consegue fazer esse efeito funcionar para você como líder em sua organização.

Boas Decisões Requerem o Entendimento do Contexto Mais Amplo

Grande parte da liderança é focada em conduzir as pessoas a fazerem coisas que vão produzir resultados superiores para a organização. Este é um processo de manter uma grande imagem do contexto e, então, fazer escolhas astutas do que fazer em seguida. Muitas vezes essas escolhas serão somente suas, dependendo de que tipo de unidade você está guiando, mas frequentemente, tratando-se de escolhas muito críticas e que alteram a organização, você precisará envolver outras pessoas e trazer sua equipe junto. Uma das obviedades de planejar é que você pode tomar decisões rapidamente e depois lidar com uma implementação vagarosa, ou gastar mais tempo envolvendo e alinhando todos para que, depois, possa implementar mais rapidamente. Além de acelerar a implementação, a qualidade das decisões tende a melhorar quando você, como líder, está aberto a ouvir outras opiniões, mesmo que você vá, ao final, tomar a decisão. Salas de decisão ajudam.

SALA DE DECISÃO DA EQUIPE DE GERENCIAMENTO

A maioria das salas de conferência executivas não é otimizada para exibições visuais. Uma sala de decisões é. Abaixo está o modelo de uma das salas de conferência do The Grove, reconstruída na Second Life, um ambiente virtual tridimensional que permite simulações fáceis. Você pode ver o Modelo de VE (Visão Estratégica) e quatro dos Guias Gráficos relacionados na parede, apoiados por aparelhos que permitem que participantes remotos compareçam através de conferência via web. Os modelos gráficos na parede são espelhados em fichas na mesa e em modelos gráficos online.

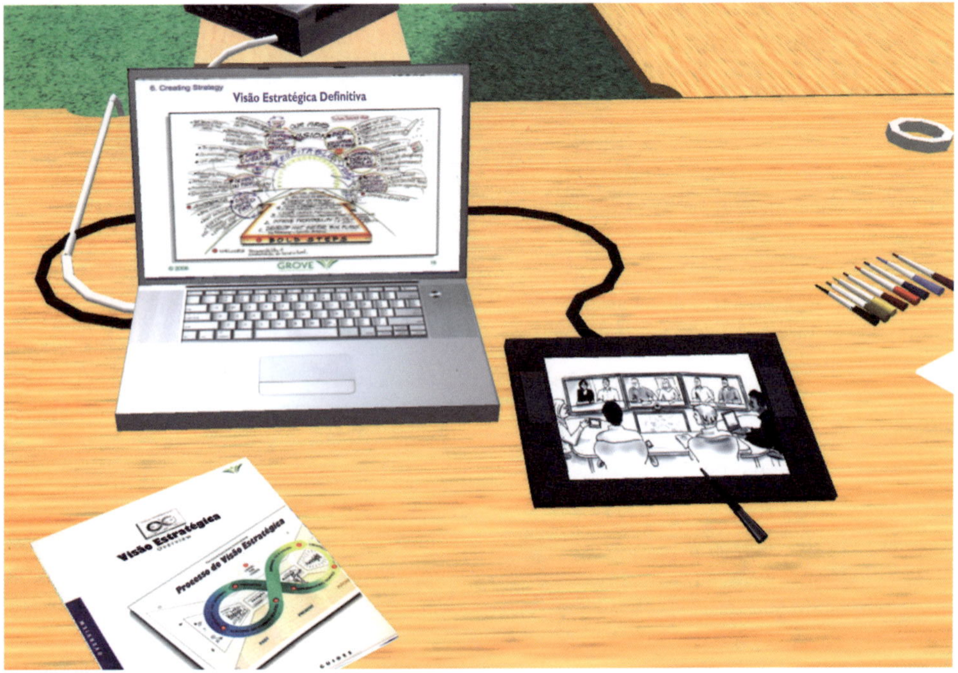

Nos últimos anos, muitas empresas começaram a apoiar ambientes especiais que permitem rápidas tomadas de decisão. Esses normalmente têm espaço abundante para visualização, excelentes infraestruturas técnicas e equipes de facilitação que são bem versadas em diferentes tipos de processos de inovação, planejamento e solução de problemas. Caso sua organização tenha um ambiente assim, esse seria um bom lugar para realizar uma reunião especial como uma forma de descobrir como o ambiente funciona.

Crie um Teatro de Memória

Salas de decisões têm um elo com o teatro tradicional. Antes de existirem livros impressos, quando as informações e o conhecimento eram compartilhados oralmente pela maioria, a apresentação teatral foi um meio decisivo de fazer as pessoas se lembrarem de histórias e lições culturais. As igrejas também usavam imagens gráficas para esse propósito. Nas peças teatrais, os gregos e outros usavam várias partes do palco para representar diferentes elementos. Um narrador onisciente, por exemplo, sempre ocuparia uma parte do palco, com certos elementos de comédia acontecendo em outra. Se você pensar sobre as reuniões a que compareceu, nas quais as pessoas estavam fazendo gráficos, já notou que as pessoas vão gesticular no espaço onde algum gráfico foi criado originalmente, mesmo que ele tenha sido movido? Os seres humanos relembram grandes quantidades de informação criando teatros de memória no cérebro. Na verdade, essa técnica é ensinada atualmente para pessoas que estão treinando para competições de memória. Uma sala de decisão é precisamente esse tipo de ferramenta. Ela cria um teatro de memória compartilhado e encoraja as pessoas a olharem para as coisas de múltiplos pontos de vista.

Na próxima página há uma ilustração prévia do Modelo de Visão Estratégica do The Grove, localizando-o em uma sala desse tipo. Nesse caso, a orientação futura está na parede direita. A passada está à

SALAS DE DECISÃO VIRTUAIS

Dois dos mais comuns métodos de trabalho virtual são a conferência via web, com ou sem telepresença, e usando tablets gráficos, para fazer a visualização virtual. Todos os modelos e processos gráficos descritos até agora funcionam nesses ambientes, com a limitação de que não podem ser vistos lado a lado em escala e não encorajam o pensamento panorâmico.

esquerda, e as ações que precisam ser tomadas no presente estão na frente e no centro. Você precisa imaginar uma mesa organizada em forma de U voltada para a parede.

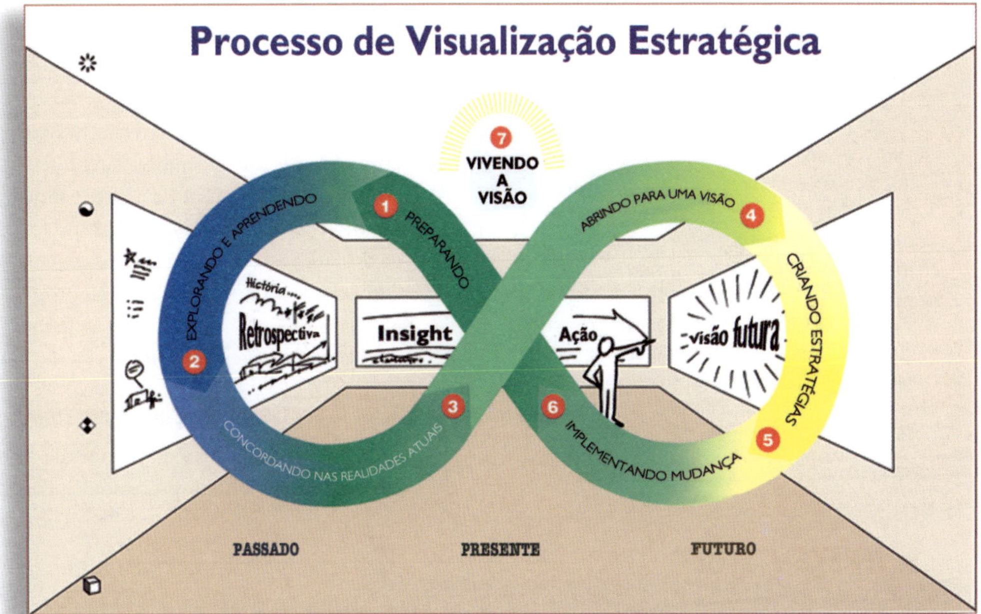

Fazer Escolhas É a Jogada

Escolhas são o foco das salas de decisão. Decisões são o resultado de escolher uma opção em detrimento de outra. Sempre há razões ou critérios implícitos ou explícitos. A essência de uma sala de decisões visual é criar meios para manter tanto os critérios como as opções visíveis e ser capaz de mover as opções para determinar prioridades.

Uma boa metáfora é a planilha de computador. Antes de ter sido inventada, os contadores e pessoal de finanças tinham que calcular manualmente cenários diferentes. Mudar fatores implicava em refazer a exibição inteira. Com uma planilha eletrônica, um analista pode facilmente criar diferentes cenários, envolvendo-se em pensamentos de "e se...", e ver o impacto das mudanças imediatamente. Esse tipo de exploração é o que qualquer designer faz durante a fase de protótipo do design. Lembretes autoadesivos combinados com modelos gráficos e encenados em um ambiente de sala de decisão criam uma grande capacidade de planilhas para um grupo inteiro participar desse tipo de exploração durante a tomada de decisões.

Um vice-presidente (VP) de marketing em um grande banco de Nova York usou essa abordagem para cortar $2 milhões em despesas de seu orçamento. Ele não queria fazer os cortes unilateralmente, então, tinha uma equipe completa de subordinados diretos — cerca de 15 pessoas — participando de uma reunião de dois dias para compreenderem isso. A peça central era uma grande exibição que mostrava graficamente todas as partes de uma organização que exigiam recursos. Não foi exatamente um gráfico de organização, mas mais um conjunto de caixas arrumado para que as unidades

V.E. EM CONTEXTO

Uma versão prévia do Modelo de Visualização Estratégica incluía uma ilustração de um ambiente de sala de decisões que usou as paredes para representar o passado (esquerda), o futuro (direita) e o presente (centro). Usando essas paredes consistentemente para diferentes gráficos, os líderes podem criar um "teatro de memória" que ajuda todos a relacionarem e lembrarem de diferentes elementos de um processo de planejamento e tomada de decisões.

SALA DE DECISÃO AD HOC

Esta imagem ilustra uma sala de decisão temporária criada em um hotel durante a reunião de uma empresa de tecnologia para determinar onde alocar o orçamento de pesquisa do ano seguinte. Ela foi focada em um modelo gráfico chamado Semear-Cultivar-Colher-Arar, desenvolvido por Rob Eskridge, consultor associado do The Grove. Líderes de P&D apresentaram suas sugestões ao modelo e, então, criaram uma versão unificada da função P&D inteira. Adicionar um gráfico com multicamadas permitiu ao grupo pensar em fases também e resolveu alguns dos conflitos orçamentários ao permitir o financiamento em etapas.

que trabalhavam juntas estivessem perto uma da outra. Representantes de cada unidade receberam uma quantidade de lembretes representando seus orçamentos e lhes foi pedido para "gastarem" esse dinheiro. Isso criou um mapa visual de onde as pessoas pensavam que os recursos deveriam fluir. Uma vez que os interesses do grupo foram visualizados, todos puderam ir para a fase de negociação e defender esta ou aquela abordagem, com o mapa geral como contexto. Foi uma reunião muito dolorosa, mas o VP cumpriu seu propósito e chegou a um acordo que todos entenderam e estavam interessados em apoiar. Sem o ambiente da sala de decisões, ele teria precisado ditar os cortes ou trabalhá-los com apenas alguns de seus subordinados diretos.

Um Processo de Decisão de Portfólio

Uma prática comum é criar uma sala de decisão temporária em um hotel. Uma empresa de alta tecnologia apoiou um processo de planejamento de portfólio de P&D (Pesquisa e Desenvolvimento) dessa maneira. (Um portfólio é o nome de uma pasta ou fólio, usado como uma metáfora para um conjunto de produtos e serviços que uma organização oferece.) Determinar o que deve ou não entrar em um portfólio torna-se um trabalho importante de liderança. Nessas deliberações, as salas de decisão são essenciais. Nesta página há uma ilustração do arranjo de um líder de P&D para uma grande empresa de tecnologia na área de Portland, criada para fazer com que seus diretores de pesquisa e desenvolvimento concordassem com o orçamento do ano seguinte. Ele era um chefe muito exigente e bem capaz de decidir por si mesmo, mas queria que todos se envolvessem e concordassem. Então ele, como VP de marketing, decidiu fazer isso em grupo. Seu processo foi o seguinte:

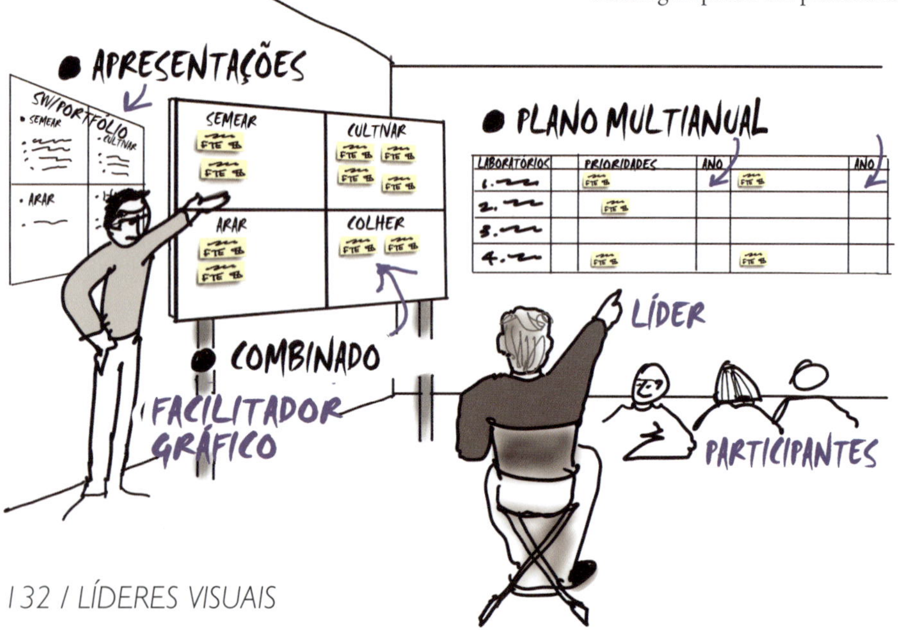

1. **Definir Critérios para as Categorias de Portfólio:** O modelo de portfólio Semear-Cultivar-Colher-Arar torna-se significativo quando todos concordam sobre o que as categorias

significam. Elas devem ligar-se às estratégias de organização gerais. *Semear* significava "começar algo", mas o grupo teve que olhar para suas metas organizacionais maiores para saber quais coisas eram importantes para se começar. O mesmo aconteceu com *cultivar* e *colher*. A categoria *arar* precisou ser discutida. Em alguns casos ela simplesmente significou "parar com isto". Em outros, significou reimplementar ou redefinir o propósito de algum recurso. Todos esses critérios foram definidos antecipadamente.

2. **Portfólio Antecipado:** O líder pediu que cada gerente de P&D criasse um portfólio do atual gasto de recursos em sua área antes da reunião e chegasse com uma versão 4' por 4' (120cm x 120cm) que pudesse ser compartilhada.
3. **Apresentações:** Cada gerente de P&D apresentou seu portfólio para os outros, respondendo a todas as dúvidas sobre entendimento, e o colocou na parede.
4. **Portfólio Compartilhado:** Todos então cocriaram um portfólio organizacional extraído dos individuais.

Esse processo foi planejado para durar um dia inteiro. Assim que começou, o diretor de P&D e o facilitador gráfico perceberam que teriam um problema para concordar sobre um portfólio para o ano seguinte. Você consegue imaginar por quê?

Esteja Preparado para Improvisar

Tomadas de decisão não são mecânicas. É uma função de nossa noção de timing, assim como relações com outros fatores. Os projetos normalmente têm prazo de alguns anos e, em alguns casos, não podem ser avaliados no primeiro ano porque ainda não produziram nenhum resultado. Por mais meticulosamente que você analise e disponha todas as informações, são as pessoas que consideraram todos os fatores que decidem. No caso do P&D, um modo de pensamento orientado no tempo precisou ser integrado com o modo de pensamento focado em priorização que o modelo do portfólio reforça. A solução foi criar outro gráfico, na hora, que mostrou diversos anos com canais para cada uma das unidades de P&D. Quando o grupo discordava sobre os investimentos do ano seguinte, o líder poderia resolver a questão decidindo qual o montante a ser contingenciado, dependendo do faseamento multianual.

O PROBLEMA DE ACORDOS EM LINGUAGEM DE PLANEJAMENTO

Certas palavras que têm a ver com planejamento têm tantas definições diferentes que as pessoas envolvidas em planejamento organizacional se confundem. Aqui estão algumas delas que precisam ser definidas em modelos gráficos e em comunicações gerais.

VISÃO: Geralmente simboliza uma imagem de um futuro desejado. Às vezes, a palavra aspiração é usada no lugar de visão.

MISSÃO: Às vezes, isso simboliza o propósito subjacente da organização, que é imutável, mas que de vez em quando representa a meta maior. Grupos militares têm missões específicas, por exemplo.

OBJETIVO: Por vezes se refere à direção-geral mais ampla (como em modelos OMEM), mas outras organizações usam essa palavra para denotar aspectos específicos de uma meta.

METAS: Esta palavra, algumas vezes, é a palavra do nível máximo, e em outras, é o detalhe apoiando o objetivo.

ENTREGAS: Estas normalmente são resultados específicos e tangíveis.

MEDIDAS: São os meios do objetivo pelos quais um grupo pode ver se as metas foram atingidas.

ESTRATÉGIAS: Esta palavra é usada para a forma como uma organização pretende atingir suas metas. Mas, às vezes, é usada para indicar a própria meta maior.

INICIATIVAS: Simboliza projetos específicos apoiando metas.

A ALTA ADMINISTRAÇÃO QUER ALINHAMENTO EM DECISÕES-CHAVE

Na Otis, em 2008, John Schiavo (de pé) era o CEO, Ahmade Hamade (à esquerda) era o diretor financeiro; e Jerry Reardon (à direita) era o VP executivo responsável pelas vendas e marketing. Eles dirigiam a empresa, mas queriam uma reunião de alinhamento para unir todas as lideranças funcionais.

Reuniões de Alinhamento

Um grande exemplo do uso de uma sala de decisão temporária aconteceu na reunião de alinhamento que John Schiavo convocou em 2008, depois que todos os grupos funcionais da Otis completaram seus planos anuais. Ele queria ver as prioridades de todos em um lugar e determinar os efeitos colaterais. Esse foi o ponto de partida para criar planos independentes e deixar a alta administração tomar as decisões.

Para fazer a reunião de alinhamento funcionar, ele pediu a todos os gerentes de função para virem com uma versão grande do gráfico OMEM ilustrado na página 125 (alguns são visíveis na foto à esquerda). Eles mostraram claramente os objetivos gerais de cada função para os anos seguintes, assim como metas, estratégias e medidas. Isso tudo foi disposto nas paredes ao redor de uma grande sala de conferências em um hotel perto da sede da empresa. Você pode notar os post-its nos mapas, na foto. Durante cada apresentação, esses lembretes foram criados por duas razões. Uma, escrita em verde, continha pedidos de ajuda para outros grupos funcionais ou à equipe da alta administração. Os outros lembretes, escritos em roxo, indicavam decisões específicas que precisavam ser tomadas para deixar o caminho livre para ação e implementação. Isso demorou a maior parte do dia para ser feito através de dezenas de apresentações funcionais. Na última hora, havia dezenas de itens de decisões específicas identificados. A última hora foi completamente focada em fazê-los.

1. Três "baldes" foram criados em um grande gráfico à frente do grupo (veja na próxima página). Eles eram a Alta Gerência, Responsabilidade Funcional e Equipes de Estratégia.

2. Cada notinha de decisão foi retirada dos gráficos funcionais (depois que as fotos foram tiradas) e foi perguntado ao grupo em qual balde cada uma iria. Precisaria da atenção da alta gerência, da atenção funcional ou da equipe funcional para decidir?

3. Em uma hora, todas as decisões foram verificadas e classificadas, donos designados e equipes formadas. John orquestrou o diálogo. A equipe principal iria se reunir de vez em quando e então compartilhar sua decisão. Os responsáveis funcionais deram um passo à frente. Todos saíram concordando com o conjunto completo de decisões. O fato de poder ver todo o conjunto de uma vez tornou isso possível — e eficiente.

GERENTES FUNCIONAIS

Líderes de todas as funções estiveram na reunião de alinhamento da Otis. Aqui alguns deles aparecem sentados sob um Mapa Visual da Otis, um Infográfico [um mapa que conta uma história] que incluía história, visão e estratégia geral atual. Ele forneceu o contexto maior para o planejamento.

4. Após a reunião, todos os gráficos foram digitalmente copiados e compilados em um livro que se parecia exatamente com os gráficos que todos viram durante a reunião.

Liderança É Necessária para Convergência

Tanto no caso da reunião do portfólio do P&D como no da reunião de alinhamento da Otis, a liderança teve um papel decisivo nas tomadas de decisão finais. Em ambos os casos, as discussões e gráficos ativos e engajados permitiram à liderança ter uma ideia muito mais clara do contexto geral e, como resultado, maior aceitação indiscriminada dos resultados. É por isso que as salas de decisão são tão úteis.

MODELO DE ALINHAMENTO

O gráfico abaixo mostra a estrutura simples utilizada.

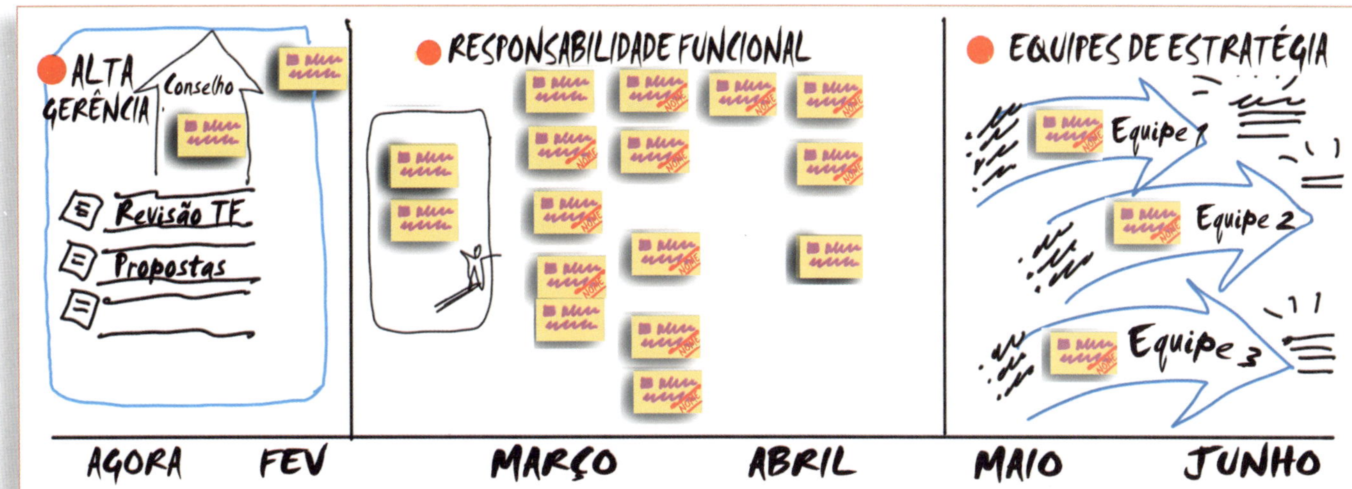

Tomada de decisão não é algo mecânico. É uma função de nossa noção de timing, assim como relações com outros fatores. Os projetos normalmente duram mais do que alguns anos e, em alguns casos, não podem ser avaliados no primeiro ano porque ainda não produziram nenhum resultado. Por mais meticulosamente que você analise e disponha todas as informações, são as pessoas que consideraram todos os fatores que decidem.

Salas de Projeto & Suporte à Decisão Rápida

Um tipo de sala de decisão é a sala de projeto que muitas empresas de design criam para projetos grandes. Ed Fredrichs, ex-CEO da Gensler, diz: "Nós sempre tivemos uma sala de projeto. Nós precisamos ver o projeto inteiro definido visualmente". Além do mais, disse que, de certa forma inspirados pelo trabalho anterior que o The Grove fez com a empresa, eles começaram a produzir grandes banners gráficos que sumarizavam tudo no projeto. Eles continham o seguinte:

- Motivações
- Grandes ideias
- Metas e estratégias
- Táticas
- Roteiros

"Era basicamente uma sala de projeto em nossos bolsos", ele disse. "Nós examinávamos cada aspecto dele com nossos clientes e equipes de design para garantir que todos estivessem alinhados em todos os elementos decisivos."

Outro testemunho sobre a eficácia dessas abordagens é o fato de que grandes empresas de consultoria fazem propaganda de "suporte a decisões rápidas" e "suporte a decisões aceleradas" como um serviço. Elas aprenderam que estratégias de reunião visual são primordiais para o engajamento e responsabilidade totais nas decisões.

Salas de Decisão para Grandes Grupos

Quando os grupos ficam maiores do que 50 a 60 pessoas, ajuda usar um pouco de tecnologia. A CoVision é líder em desenvolver reuniões grandes e interativas. Ela usa tablets e laptops — idealmente um aparelho para cada três participantes. Sua plataforma de software é um aplicativo fácil de usar e baseado em browser, que permite aos participantes da reunião responder aos apresentadores, debater, colher pequenos trabalhos grupais, classificar itens, votar em eleições e gravar comentários a qualquer momento durante a reunião. As perguntas são introduzidas em diferentes estágios da reunião, com caixas de respostas simples nos mesmos dispositivos de entrada. Todas as entradas são então legíveis por todos com os mesmos dispositivos, em amplas telas de projeção ou por uma equipe temática especialmente formada, dependendo do design da reunião.

A abordagem da CoVision apoia o ciclo de "descrever e decidir" que os gerentes de P&D e os líderes funcionais da Otis experimentaram. O diagrama nesta página ilustra o processo.

1. Uma informação é apresentada e então uma questão é colocada.
2. Participantes em suas mesas de grupo discutem a questão durante 5 a 10 minutos e postam respostas. Há rapidamente centenas de comentários que todos podem ler assim que acabarem.
3. Uma equipe temática de gerentes-chave lê as ideias logo que aparecem e identifica e prepara temas que são mostrados ao grupo todo.
4. O apresentador ou painel responde aos temas e algumas vezes avança para um diálogo em grupos grandes sobre os temas. Comentários feitos durante essa grande consulta pública são geralmente visualizados em grandes telas de projeção, para que as pessoas possam ver que suas respostas estão sendo registradas.

Esse ciclo de ideação e resposta pode acontecer qualquer número de vezes. Lenny Lind, fundador da CoVision, diz: "Os dispositivos são apenas ferramentas capacitantes. O foco da energia de todo mundo está nas discussões de pequenos grupos. O software meramente grava as ideias dos grupos pequenos para que possam ser destiladas e compartilhadas com o grupo inteiro".

Trabalhando com o The Grove, a CoVision combina visualizações em larga escala com o processo de feedback rápido ao gravar as discussões temáticas em exibições grandes. A abordagem foi usada para envolver 80 interessados em revisar o plano de responsabilidade corporativa da Nike. Também foi usada pelos Operadores de Sistemas Independentes da

PROCESSO DE CONSELHO SUPORTA O FEEDBACK ACELERADO

A CoVision é líder em design de amplas reuniões interativas. Este é um diagrama usado para resposta e feedback que permite a grupos numerosos integrar diálogos entre grupos pequenos e grandes, e chegar a um alinhamento. O software da CoVision suporta pequenos grupos de mesa dialogando acerca de questões cuidadosamente projetadas e, então, inserindo respostas em computadores portáteis ou tablets. Depois de lançadas, todas as respostas podem ser visualizadas por todos na reunião, os temas identificados e o diálogo do tipo consulta pública é utilizado para construir entendimento e alinhamento.

O FÓRUM ECONÔMICO MUNDIAL LISTA OS PROBLEMAS

No plenário aberto do Fórum Econômico Mundial de 2005, em Davos, na Suíça, 700 líderes mundiais usaram o método da CoVision, com a America Speaks facilitando, para identificar e classificar os principais problemas enfrentados no mundo naquele momento. O tema do encontro era "Fazendo Escolhas Difíceis". Em menos de três horas, todos estavam engajados em deliberações significativas e chegaram a um consenso da lista de problemas:

1. Pobreza
2. Globalização equitativa
3. Mudança climática
4. Educação
5. Oriente Médio
6. Governança global

Essas prioridades foram então consideradas como tópicos do Fórum e revisadas ao final da conferência em uma sessão plenária.

Califórnia para envolver mais de 100 interessados em uma revisão contenciosa de planos para redesenhar a rede elétrica da Califórnia. Tanto a estrutura dos sistemas da rede quanto o plano para melhorá-los foram complexos, com muitos elementos. Esses dois aspectos foram visualizados em grandes murais que orientavam participantes da reunião. A CoVision estava acostumada a solicitar amplo feedback para questões específicas feitas pela equipe de planejamento e para chegar a acordos onde fosse possível.

Outras Tecnologias para Votações

Tecnologia de suporte a decisões é um campo por si só com escolhas que evoluem rapidamente. As pessoas estão experimentando usar o Twitter e suas funções de hashtag para permitir que participantes em amplas reuniões respondam a questões. Muitas companhias oferecem ferramentas de votação que usam teclados especiais ou smartphones para permitir que grupos ainda maiores votem rapidamente. Os resultados são calculados imediatamente e formatados em belos gráficos que ilustram o consenso (ou a falta dele) na sala. Essas ferramentas permitem que grandes grupos experimentem o mesmo tipo de feedback rápido que grupos menores conseguem a partir de pontinhos fixados e grandes exibições. A limitação primária de todas essas ferramentas é estarem confinadas a uma tela pequena, onde a informação atual desaparece assim que um novo conjunto é exibido. Para decisões complexas, os líderes geralmente precisam pensar sobre essa nova informação por mais do que apenas alguns minutos.

Dando Suporte à Implementação

No geral, ambientes de sala de decisão suportam você e seu compromisso com a liderança em decisões-chave. Algo para se prestar atenção a respeito do processo decisório é o crescimento do movimento "desconferência". Ele é conduzido por pessoas mais jovens que estão acostumadas com encontros do tipo que tem fluxo livre e espaço aberto, nos quais decisões emergem de interações bem dinâmicas e improvisadas. Esses processos dinâmicos podem ser até mais benéficos do que a encenação de sala de decisão visual para encorajar o consenso. Independentemente do processo decisório, o próximo passo é alinhar como implementá-lo. É nesse momento que roteiros e Infográficos entram no jogo, como veremos nos próximos dois capítulos.

11. Roteiros & Planos Visuais

Gestão de Marcos & Diagramas "Swim Lane"

Visualizar tem sua vez quando o foco está na implementação. Pense nos processos de planejamento dos quais você já participou. No começo, quando todas as ideias possíveis estão sendo discutidas, o foco é amplo e permissivo. Mas coloque um calendário quando as pessoas precisam pensar sobre tempo e que tipos de prazos eles terão que cumprir, e a energia definitivamente se altera.

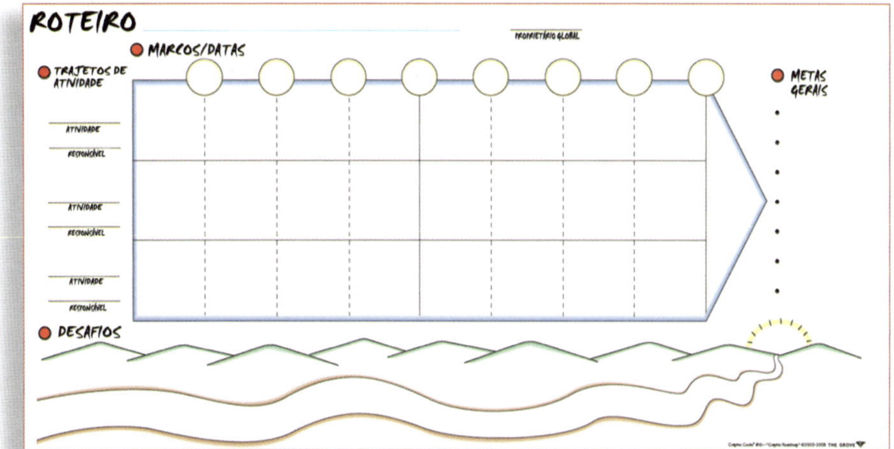

GUIA GRÁFICO DE ROTEIROS

Roteiros são mapas gráficos organizados em um calendário com vários canais de atividade. O nome, claro, é uma metáfora, mas uma tão familiar que a maioria das pessoas sequer pensa a respeito. Marcos, historicamente, eram pedras usadas para marcar distâncias; o termo também tornou-se amplamente usado para os diferentes objetivos que você tem em seu caminho para suas metas gerais. Essa imagem é o Guia Gráfico do The Grove de seus modelos de Visualização Estratégica, disponíveis em www.grove.com (conteúdo em inglês).

Mapeando Atividade Contra Tempo

Roteiros são mapas gráficos que mapeiam seus planos contra uma linha de tempo. O termo é uma metáfora, claro. A menos que você realmente esteja viajando para algum lugar, o "mapa" é uma representação de uma série de atividades no tempo. Na maioria dos projetos e programas, esses fluxos de atividade são visualizados como canais, ou o que alguns gostam de chamar de diagramas "swim lane" (*raia de natação*) — outra metáfora. É explicada pelo fato de que as atividades do projeto são sempre dinâmicas, como a água, mas dentro de fronteiras, como as raias de uma piscina (ou as margens de um rio, como foi sugerido anteriormente, no Capítulo 5).

O planejamento de projetos desse tipo pode ser bem objetivo se você estiver construindo algo físico. Mas se o que está implementando é uma mudança organizacional, um novo esforço de mercado ou algum novo programa inovador para desenvolver talentos, então muitos elementos são difíceis de se descrever precisamente e, como resultado, desafiadores para o prazo. Então, o que você vai fazer quanto a isso?

A primeira coisa a ser avaliada é que uma certa quantidade de estrutura é sua amiga. Considere o Guia Gráfico de Roteiros desta página. Ele considera que ter como padrão três canais de atividade, cada um com líderes designados, é um foco útil. Ele também assume que haverá marcos ou submetas, ocasionalmente. O processo é um pouco parecido com planejar um passeio nas montanhas. Você planeja pontos de encontro e horários específicos, mas não tenta planejar cada detalhe entre eles.

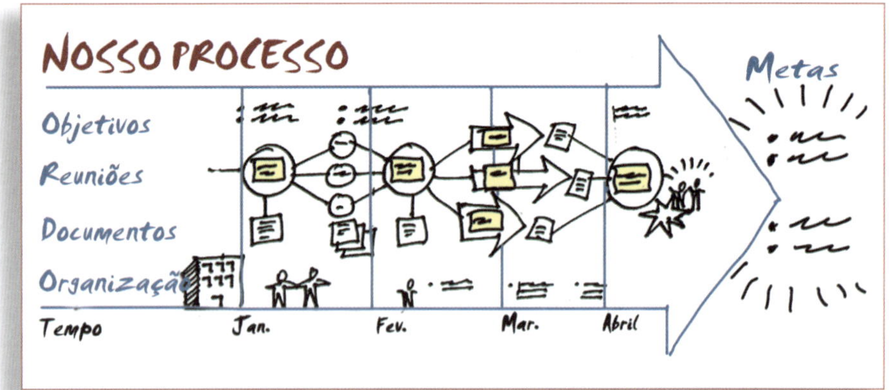

DESIGN DE ACORDEÃO

Este estilo de mapear um processo de planejamento surgiu do trabalho da Interaction Associates (IA) no final dos anos 1970, quando ela estava colaborando com o The Grove em alguns projetos grandes. Agora, é um design padrão para roteiros de processo chamado de modelo acordeão.

Processos de planejamento ocorrem invariavelmente ao longo de uma série de reuniões. A primeira reunião desenvolverá acordos que mudarão a segunda, e assim por diante. Um visual que ajuda a retratar essa dinâmica é o que Michael Doyle da Interaction Associates nomeou de modelo de acordeão (mostrado à esquerda). Ele ilustra as maiores e menores reuniões, e pode se flexionar como um acordeão no que concerne ao tempo. Esse é o padrão refletido no roteiro de processo sugerido no Capítulo 6 como um exercício pessoal. Visualizar seu roteiro não só ajuda você a pensar além de seus detalhes, mesmo que o tempo se altere, mas também fornece um meio útil de comunicar essas mudanças ao lançar novas versões para todos assim que as mudanças acontecerem!

Como Construir um Roteiro em Conjunto?

A princípio, pode parecer mais simples apenas contar para as pessoas o que fazer em um projeto grande. Entretanto, com a experiência, você logo perceberá que manter todos alinhados durante um processo dinâmico é um problema real se as pessoas não compartilharem a mesma imagem ampla do que é importante. Portanto, é muito válido concordar em fases e resultados desejados adiantadamente. Vamos ver dois meios de contornar isso, um que envolve usar o próprio gráfico como um pretexto para conseguir alinhamento e um segundo no qual reuniões específicas são sediadas para construir um roteiro em conjunto. Vamos considerar a primeira abordagem.

Transformando uma Base Militar em um Parque Nacional

Em 1988, o Presídio de São Francisco, a base do Sexto Exército dos Estados Unidos, foi incluído na lista de bases a serem fechadas que passou no Congresso. Uma cláusula na lei que criou a Área de Recreação Nacional Golden Gate (ARNGG), o grande parque nacional mencionado anteriormente em conexão com o Centro de Artes Headlands, estipula que se o presídio algum dia fosse desativado, se tornaria parte da ARNGG. Subitamente, a liderança da ARNGG lançou-se em um dos maiores projetos de planejamento de sua história. Como a ARNGG foi uma forma não tradicional de parque urbano/silvestre no Sistema Nacional de Parques (SNP), a liderança que ela atraiu não foi a dos mega parques populares, mas a de alguns novos experimentos com parques urbanos. Brian O'Neill, o superintendente, veio do Serviço de Recreação e Conservação de Herança. Ele era um inovador experiente e apoiou uma abordagem de parceria para o desenvolvimento. Também já era familiarizado com a prática visual como um resultado do Centro de Artes Headlands, que ele apoiou ativamente. Brian recomendou que Roger Brown, o planejador do SNP que comandava a equipe de planejamento de transição, usasse a abordagem visual do The Grove.

A SNP tem um processo de planejamento muito desenvolvido, e conseguir respostas de cidadãos é um primeiro passo essencial, que consiste em planejar seis grandes reuniões de visualização pela região como ponto de partida em 1990. Você precisa perceber que consultas públicas como essa são difíceis em uma comunidade como São Francisco, composta por interessados muito ávidos. Presídio constituía um estudo de caso. Sua boa localização na ponta norte da cidade atraiu pessoas que passeiam com cachorros, surfistas, ciclistas, historiadores militares, caminhantes de praia, vizinhos ricos, a cidade de São Francisco. E a própria SNP, só para citar alguns nomes. O que aconteceria sem a polícia militar? A SNP poderia pagar por isso? (O orçamento seria três vezes maior do que o do Parque Nacional Yellowstone, o maior da SNP.) Como 250 construções históricas poderiam ser reabilitadas?

Para entender o que foi solicitado ao The Grove, precisamos entender esse projeto no contexto do esforço de planejamento total. Eles explicaram o processo, que visava atualizar o Plano de Gestão Geral da ARNGG. "Mas o que acontece quando uma pessoa vai a uma dessas reuniões e quer respostas sobre uma construção específica?", nós perguntamos. "Isso não pode ser respondido antes de a emenda ser aceita", eles disseram. Para obter sucesso com a reunião de entrada, o SNP precisou explicar o processo inteiro, não só a parte de planejamento. Nessa visão baseou-se no grande roteiro ilustrado na próxima página.

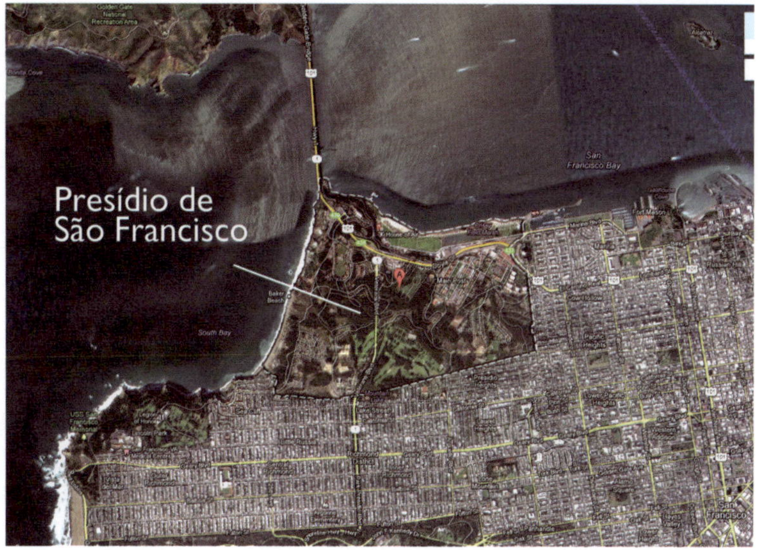

PARQUE NACIONAL DO PRESÍDIO

As oficinas visuais de Presídio seriam difíceis em uma comunidade com muitos interessados ávidos. Sua boa localização na ponta norte da cidade atraiu a mais ampla gama de interessados possível, e muitos deles, como a própria São Francisco, possuíam muita influência. (A propósito, esse é um roteiro real.)

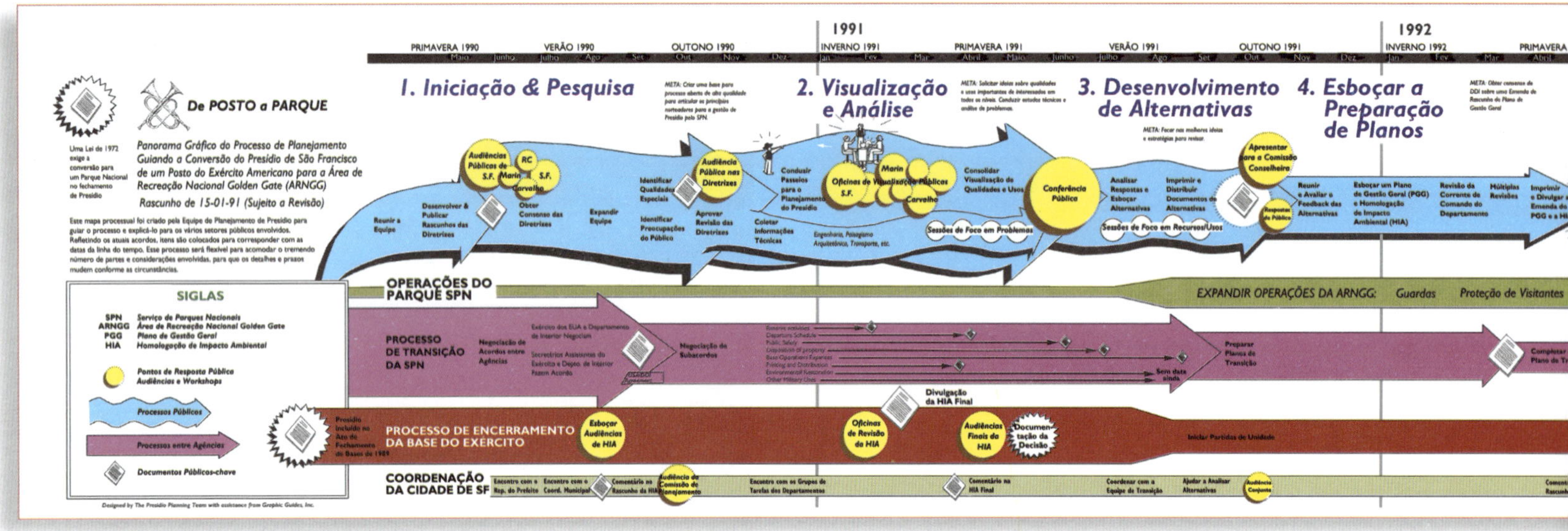

O ROTEIRO DO PROCESSO DE CONVERSÃO DO PRESÍDIO

O diagrama ilustra cinco processos de planejamento paralelos relacionados à conversão da Base Militar Presídio em um parque nacional. Os círculos amarelos são reuniões nas quais opiniões do público eram possíveis. O azul é o processo de planejamento do Serviço de Parques Nacionais (SPN). O verde é o processo operacional do Parque Presídio. O roxo é o Exército e o SPN em conjunto. O marrom é o processo de fechamento da base militar. A última linha é a cidade de São Francisco.

Um Processo de Alinhamento de Documento Único

Além de concordar que o roteiro deveria ilustrar conceitualmente a implementação em si, para que perguntas sobre as atribuições de construção pudessem ser respondidas, todos sentiram que ele também deveria refletir os outros quatro processos de planejamento feitos ao mesmo tempo! Um rascunho desse roteiro circulou entre todas as cinco equipes para confirmação. Foi a primeira vez que eles viram a imagem completa em um só lugar. No final, todos concordaram sobre o conteúdo, com ênfase particular nas consultas públicas, exibidas em amarelo no mapa.

Essa versão do roteiro foi impressa em um mural de 1,20 metro por 7,20 metros e apresentado em cada workshop de visualização pública. Um líder do PSN pôde, em cerca de 10 minutos, revisar o processo inteiro e questões de campo. Funcionou muito bem. Todos viram que o processo foi

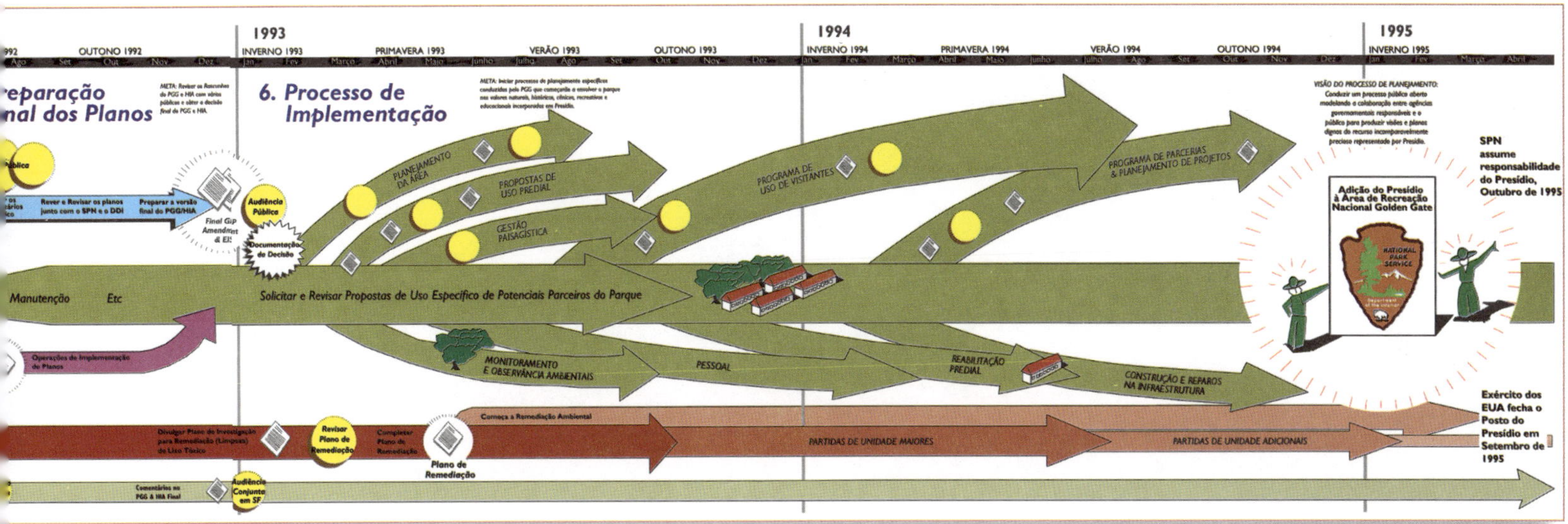

organizado, souberam onde o workshop de visualização se encaixava e puderam ver onde eles poderiam participar se os interesses deles fossem adiante no processo. Não interessava se os passos mais distantes eram conceituais.

Você pode notar que os dados são aqui apresentados em faixas, ou no que alguns chamam de swim lanes, que são desenhadas para refletir graficamente a natureza de cada processo. O planejamento do SPN seria mais aberto e flexível, por isso as setas azuis são onduladas. O processo de implementação, em verde, seria diversificado e ramificado e menos detalhado nos anos mais distantes. O processo de fechamento da base militar foi bem regulado e formal, e é ilustrado dessa maneira, como é um processo de fechamento de base. Cada faixa era mais larga ou estreita, dependendo da quantidade de esforço necessária em cada estágio.

CODA

Em última análise, o Presídio foi organizado como um relatório de confiança em separado para o Departamento do Interior. Em troca da autonomia financeira do processo orçamentário do SPN, o Congresso exigiu que ele fosse financeiramente autossuficiente até 2013. Esse resultado sublinha o fato de que roteiros conceituais, como esse, são de grande utilidade para o alinhamento no começo de projetos. A mudança para a confiabilidade aconteceu perto do fim desse roteiro em particular.

PLANO DE LANÇAMENTO DO PROJETO FUSÃO

A equipe de projetos da Otis Spunkmeyer, responsável por um grande projeto de implementação tecnológica, precisou comunicar os benefícios (ilustrados do lado direito no gráfico acima) e as fases e marcos importantes do projeto (nos balões de fala). Os gráficos são derivados de uma ilustração prévia da visão da companhia (veja a foto da página 135) e mostra o caminhão de biscoitos da Otis lançando uma espaçonave que vai fortalecer a comunicação global. Ligar metáforas e imagens, através de diversos visuais de grande escala, começa a criar uma linguagem visual na empesa que pode ser usada muito eficientemente por líderes para sustentar atenção em projetos grandes.

Roteiros Técnicos

Acompanhando seu extenso uso de métodos visuais durante seus grandes processos de planejamento em 2006-2007, uma equipe da Otis Spunkmeyer, na função de tecnologia da informação que estava dirigindo a implementação de um grande banco de dados empresarial, decidiu usar um roteiro visual para ajudar a alinhar a equipe de projeto e comunicar a todos os funcionários o processo e benefícios esperados. O resultado final é mostrado acima. O conteúdo original surgiu de um workshop que durou um dia com todos os especialistas em matérias a respeito do assunto, e líderes da equipe de projetos que trabalharam nas especificações durante semanas. A reunião para o design do roteiro permitiu que eles levantassem coletivamente os olhos dos detalhes e se pusessem no lugar da grande base de funcionários que precisava conhecer o histórico do panorama. O gráfico convidou a equipe de projeto a construir a história geral, com um foco claro nos benefícios a todos os envolvidos.

Uma vez que o conteúdo foi desenvolvido, o processo moveu-se para criar e dar resposta às versões que a equipe de projeto foi capaz de refinar em várias conversas e negociações internas. Todos perceberam que publicar esse roteiro iria, de fato, comprometer todos com a agenda. Como você pode imaginar, os líderes do projeto ficaram contentes ao verem isso acontecer.

Usar números de versão liga esse tipo de processo, metaforicamente, ao processo de melhorias de software. Essa experiência é generalizada atualmente, quando a maioria das pessoas sabe, de imediato, que as visualizações da versão 1.0 melhorarão com o feedback.

Murais de Roteiros Ajudam Mensagens-chave em Cascata

Líderes da Sutter Health queriam trazer clareza e animação para sua visão, e estratégias transformacionais para implementá-las. Um processo de Infográfico [um roteiro completo, com elementos gráficos] produziu esse roteiro (veja mais sobre Infográficos no próximo capítulo). A Sutter Health é uma organização não lucrativa com 45 mil funcionários. Passar sua mensagem em cascata para essa quantidade de pessoas exigiu algo que se destaca em relação a outras comunicações. A imagem mostrada aqui forneceu esse foco. Subelementos foram usados para suportar apresentações de estratégia em um grande simpósio de gestão — Destino 2012 —, quando o mapa foi introduzido. Os organizadores do evento até construíram uma grande "ponte para o futuro" como entrada para o simpósio, dando vida a essa metáfora de modo parecido com o que John Schiavo fez na Otis com seu voo de avião (veja no Capítulo 7).

Roteiros Permitem o Feedback sobre o Progresso

Na última página deste capítulo há uma grande imagem do roteiro usado para organizar os processos de desenvolvimento estratégicos anuais para a RE-AMP, um grande consórcio de filantropos e fundações no Centro-oeste americano que visa limpar poluentes do aquecimento global na indústria de energia. A equipe de implementação para esse projeto foi destacada em *Equipes Visuais* como um exemplo de equipe de alto nível. Eles também foram bem espertos quanto ao uso da visualização para suportar o alinhamento e a comunicação. Esse roteiro foi criado no Adobe Illustrator e atualizado no fim do ano para refletir o trabalho que foi cumprido. Perceba como círculos são usados para reuniões, computadores para conferências via web e faixas coloridas para os diferentes grupos de trabalho.

ROTEIRO & VISÃO DA SUTTER HEALTH

Este roteiro detalhado foi impresso em tamanho grande e usado como componente chave em um simpósio de gestão para 2.000 pessoas chamado "Destino 2012". Ele foi exibido na apresentação de abertura do CEO, assim como nos estandes de informação de estratégia. Ele combina um elemento visionário limpo na direita com um roteiro e uma metáfora de ponte na esquerda.

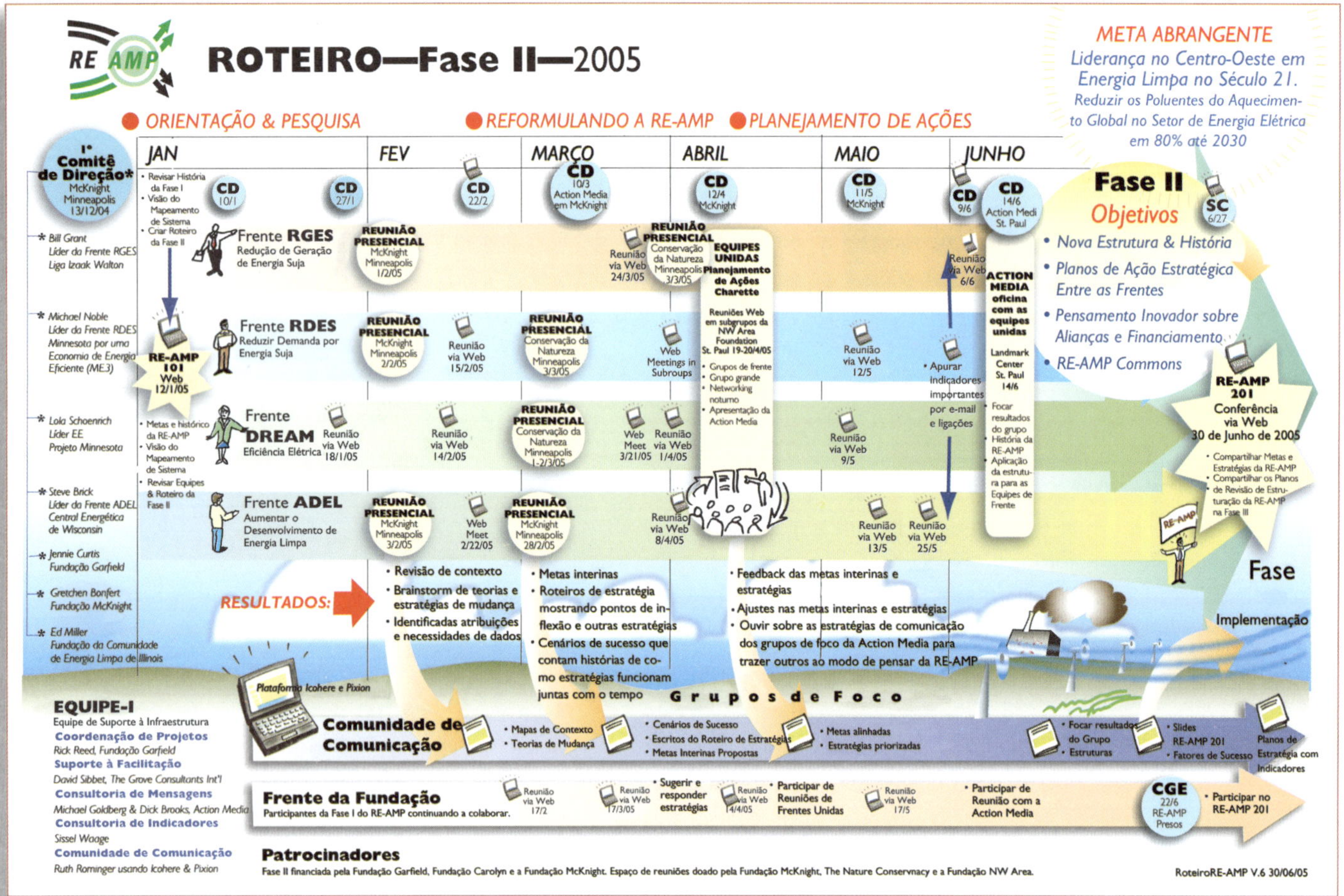

ROTEIRO DA RE-AMP

Este é o relatório do trabalho cumprido em 2005. Os círculos são reuniões. Os computadores são conferências via web. As faixas coloridas são equipes de trabalho. Documentos fluem para todos em comum. As duas longas barras verticais no centro são as duas reuniões entre grupos usadas para integrar o trabalho de todos.

12. Infográficos

Conectando Planos com Cultura

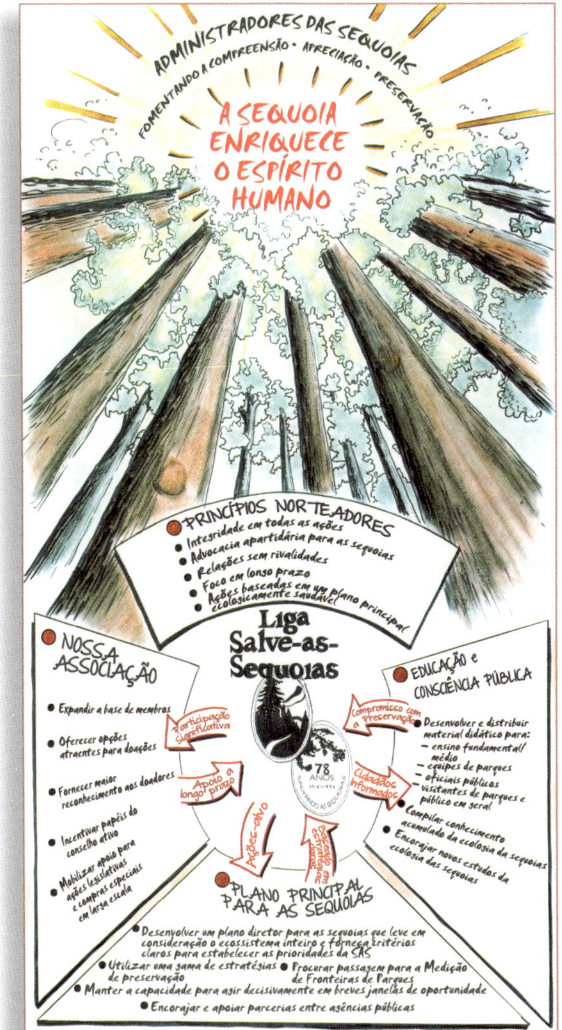

Infográficos compreendem o sexto conjunto nesta seção de ferramentas essenciais. Infográfico é o nome que o The Grove Consultants International usa para murais grandes que são desenhados para apoiar líderes contando histórias importantes sobre novas diretrizes. Infográficos usam palavras e imagens para ajudar todos a lembrar não apenas dos planos, mas também da cultura e dos valores que tornam sua implementação significativa. O Capítulo 1 relata um exemplo clássico ao descrever a Jornada de Qualidade da HealthEast. O capítulo anterior, sobre roteiros, incluiu mais exemplos. Este explica como você pode usar essa ferramenta para suas comunicações de liderança.

Nesta página há um Infográfico criado para uma empresa não lucrativa chamada Liga Salve as Sequoias, uma organização creditada por inspirar os sistemas de parques divulgados hoje em dia. Foi criada como parte de um processo de alinhamento profundo entre os conselhos diretor e consultivo. A sequoia foi, para essa organização, não só um ícone do que eles pretendiam salvar, mas uma metáfora sobre como gostariam que a organização operasse. Princípios e programas norteadores do mapeamento dessa imagem faziam completo sentido para a organização. É um grande exemplo do uso de uma metáfora poderosa e valorizada.

Integrando Palavras & Gráficos em Grandes Murais

A prática de usar grandes murais gráficos para integrar grandes quantidades de informação tem uma longa tradição, se você considerar os hieróglifos nas tumbas egípcias ou os vitrais das janelas de igrejas, por exemplo. Mas o desenvolvimento da contemporânea e íntima integração de palavras e gráficos em grandes murais é relativamente recente. Ela evoluiu de uma abordagem utilizada por uma firma suíça chamada Celeme nos anos 1980. Em certa ocasião, eles trabalharam com a Volvo para criar um pôster de um novo carro que ajudaria a treinar vendedores. Ele ilustrava o novo veículo e suas peças minuciosamente, tal como as instruções de um kit de modelismo. Porém, ao contrário das instruções de modelismo, nenhuma peça era etiquetada nesses mapas. As etiquetas estavam distribuídas ao redor da figura! Equipes de vendedores, então, trabalharam para combinar as etiquetas com as peças e então aprender sobre o novo carro! O processo não exigiu treinadores dando informações,

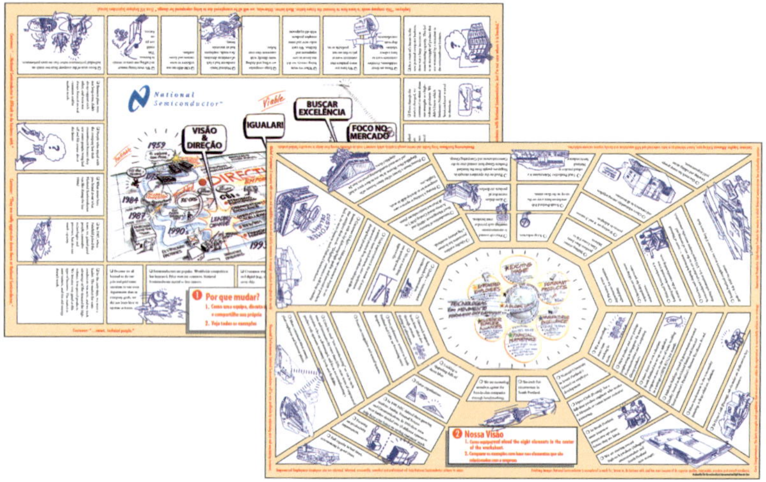

INFOGRÁFICO DE APRENDIZADO DA NATIONAL SEMICONDUCTOR

Durante a reviravolta da National Semiconductor no começo da década de 1990, milhares de pessoas precisaram entender a nova visão e estratégias, retratadas em um grande mural de Infográfico (ilustrado na página 156 no final deste capítulo). Segmentos da visão foram incorporados em um segundo nível de informação que equipes em aprendizado precisavam associar com as imagens centrais. Essa abordagem de aprendizado por descoberta é uma das formas como os murais infográficos são usados.

mas usou facilitadores que poderiam trabalhar com grandes números de uma só vez. Na área educacional essa abordagem foi chamada de aprendizado baseado em descobertas. *Mapas de Aprendizado (Learning Maps)* foram popularizados nos Estados Unidos e o termo foi registrado pela Root Learning nos anos 1990. A Root usou os pôsteres para ensinar às empresas sobre seus consumidores, direcionadores de mercado e, o mais interessante (e prioritário), como a empresa ganhava dinheiro. Esses mapas de modelo de negócios foram ocasionalmente associados a um baralho de cartas e outros materiais de aprendizado para criar um ambiente realista, baseado em descobertas e para aprendizado em equipe. (Os exemplos à esquerda foram criados com esse propósito.)

O The Grove logo se deu conta de que esse mesmo tipo de visualização poderia suportar narrativas focadas em liderança seguindo processos de formação de estratégia. Usando métodos de reuniões visuais para desenvolver as imagens de maneira colaborativa, o próprio processo de design do Infográfico tornou-se um meio de obter engajamento, alinhamento e compromisso com novas ideias. Vamos ver alguns exemplos. Como modelos gráficos, esses visuais grandes enfatizam tanto relações estruturais/espaciais entre visão e elementos do plano, como os mapas desta página e a visualização do Yosemite na página 153, ou enfatizam tempo, tais como a história da Visa na página seguinte. Vamos começar a entender a ferramenta de Infográficos estudando a história da Visa.

Nova Orientação para os Funcionários da Visa

No começo da década de 1980, a Visa precisou compartilhar sua história incomum com novos funcionários. Ela evoluiu de uma facilidade oferecida aos usuários do Cartão Diners, nos anos 1950, para uma companhia internacional bilionária. Ninguém foi capaz de capturar essa história de crescimento e sucesso, exceto em gráficos de lucros e trechos de relatórios financeiros que ficavam em diversas estantes nos arquivos do escritório central. Havia uma história a ser contada àqueles que participaram da criação da Visa, assim como para aqueles que a compartilhariam no futuro.

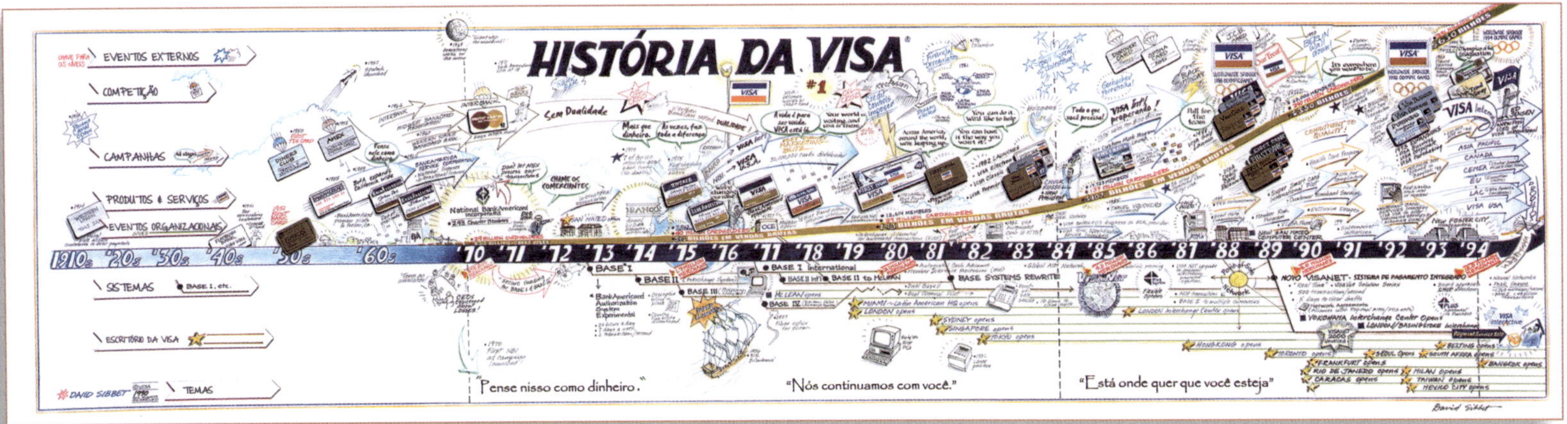

O processo do Infográfico começou com uma lista, gerada pela alta administração, de quem estava na corporação e era familiarizado o suficiente com seu passado para trazer o grupo para o presente. Esse grupo incluía recém-aposentados, alta administração e alguns novos executivos. Eles foram reunidos em um primeiro encontro para contar a história. Um longo rolo de papel branco em uma parede inteira em uma sala de conferências capturou a narrativa deles. Nela constavam informações sobre o crescimento de sua infraestrutura informática, escritórios internacionais, produtos, campanhas de marketing, competição e eventos externos. Ranny Riley, uma consultora associada ao The Grove, entrevistou alguns gerentes sênior adicionais que não puderam ir à reunião inicial e resumiu ao The Grove o que deveria ser incluído. Um primeiro rascunho do gráfico foi criado e distribuído para críticas e adições do grupo central de líderes. Meia dúzia de outras versões depois, a imagem que você vê nesta página surgiu.

A Visa imprimiu a história como um mural de 1,2 metros por 7,2 metros e o usou como pano de fundo para orientação aos novos funcionários. Líderes-chave poderiam vir a uma dessas reuniões com pouca preparação e trazer histórias de vida humanas e agregadoras. Todos os fatos de que precisavam estavam no mural. Participantes receberam versões menores para ajudá-los a se lembrar da sessão. Além disso, o infográfico inicial foi emoldurado e dado como um presente para todos os membros-chave de bancos e parceiros da Visa. As sessões de narração de histórias da Visa foram tão bem-sucedidas que a empresa atualizou a narrativa duas vezes desde sua versão inicial. Na página seguinte mostraremos a mais recente.

HISTÓRIA DA VISA

A Visa competiu com sucesso com o MasterCard dos grandes bancos, na década de 1970, através de uma rede de bancos menores. O líder fundador da Visa, Dee Hock, organizou o empenho competitivo ao redor de alguns princípios norteadores que permitiram que a companhia se desenvolvesse organicamente no que Hock chama agora de padrão "caórdico" (algo que mistura características de caos e ordem). Em 1994, líderes criaram esse gráfico para orientar novos funcionários, permitindo que qualquer um na Visa contasse sua história. Todos os fatos principais estão no gráfico, assim, o papel do líder era transmitir a emoção e a vida da organização. O mural organiza a informação em oito faixas de atividade, cada uma com um tratamento gráfico distinto. A evolução dos grandes sistemas de transação e escritórios estrangeiros, ilustrados abaixo da linha do tempo, apoiaram o desenvolvimento dos produtos, mostrado como fotografias de cartões. Os esforços organizacionais são setas. Campanhas de marketing estão em balões de fala. Os fatores externos são mostrados no topo.

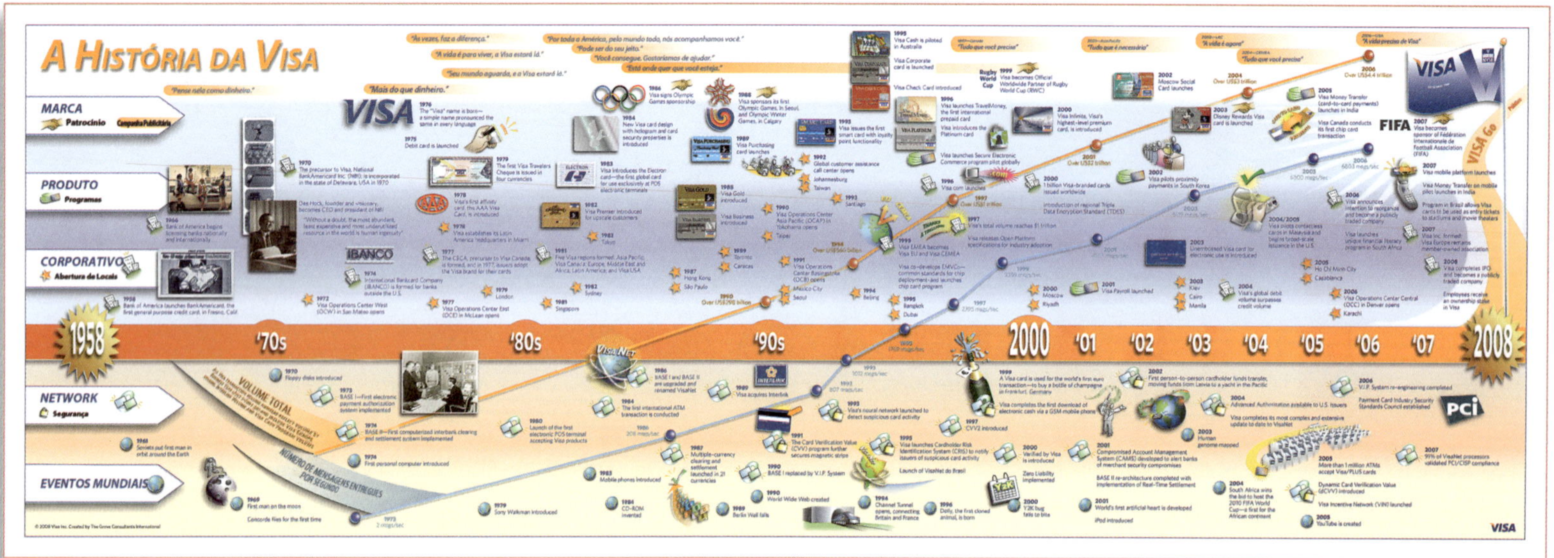

HISTÓRIA AMPLIADA DA VISA

Em 2008, a Visa decidiu atualizar o infográfico de sua história com uma versão estendida. Ele foi criado no Adobe Illustrator e fornece uma boa comparação entre o original desenhado à mão da página anterior e a imagem mais formal acima. Impressos no formato de pôster grande e pequeno, ambos os gráficos serviram ao mesmo propósito em estilos diferentes. Compor esses visuais considerando a imagem e sentimento gerais é tão importante quanto alinhar o conteúdo às mensagens. Eles precisam combinar com as pessoas que os utilizam.

Conectar-se à Cultura É Crítico

Fatos sobre uma organização, por si só, não significam muito para as pessoas. Por exemplo, o conteúdo da Liga Salve as Sequoias e os exemplos da Visa mostrados aqui não lhe são muito significativos se você não tem relação ou interesse nessas organizações. Os fatos ganham vida através de interpretações que as pessoas dão a eles através da narrativa. Líderes trabalham com essas histórias, fazendo sobressair aquelas que servem às estratégias atuais, e ignorando as demais.

Se você tivesse de fazer um script para cada líder que transmite uma história organizacional em uma nova reunião de funcionários, ou em algum local externo ou conferência via web, você precisaria de uma equipe muito grande para manter tudo alinhado. Porém, fazer a liderança concordar com a história abrangente na forma de um gráfico e, a partir daí, relacionar ícones e símbolos-chave de uma cultura, cria um pano de fundo bem flexível para narrativas que mantêm todos em uma linha de convergência. Ao longo dos anos, essa abordagem foi tratada com muito sucesso por uma ampla variedade de organizações.

LIDERANÇA DE YOSEMITE

Don Neubacher, superintendente do Parque Nacional Yosemite, reuniu sua liderança em um workshop de dois dias para cocriar uma visão e determinar prioridades para os próximos cinco anos do parque. Houve um alinhamento em torno de uma missão geral e no plano geral de gestão de longo prazo, mas prioridades de curto prazo impuseram um desafio. A demanda por acesso ao parque estava crescendo e os recursos, diminuindo. Como o caminho adiante não era óbvio, Don precisou de toda a inteligência organizacional focada em identificar e alinhar-se em prioridades. Aqui a equipe de liderança está explorando metáforas gráficas em potencial para organizar um grande Infográfico visual que eles pretendiam usar para engajar os chefes de filiais em reuniões subsequentes (veja o Infográfico na página 156).

Visualizando Prioridades no Parque Nacional Yosemite

Don Neubacher é um grande exemplo de líder visual que entende o poder de envolver todos em uma história sobre prioridades. Superintendente do Parque Nacional Yosemite, uma das joias do Sistema de Parques Nacionais dos Estados Unidos, ele chegou vindo da Point Reyes National Seashore. Antes disso, foi um dos planejadores de Presídio, onde foi exposto ao trabalho de prática visual com Brian O'Neill.

O Yosemite, como vários dos maiores parques nacionais, é dirigido por uma cultura organizacional bastante influenciada pelos militares, de modo que muitos de seus guardas e funcionários têm histórico de carreira militar. Hierarquia e disciplina são valorizadas. Mas Don é um líder mais jovem e colaborativo. Ele queria que seus chefes de filial entendessem e concordassem com as prioridades, não apenas seguissem ordens. Para fazer isso, precisou de um processo que os engajaria apropriadamente. Ele optou por gerar um Infográfico estratégico.

Don começou com seus relatores diretos, um grupo de cerca de oito gerentes responsáveis pelas principais funções do parque. Eles se reuniram por dois dias para examinar o histórico do Yosemite, seu ambiente atual e questões urgentes, e visões em potencial para o parque. Yosemite tem, como todos os parques nacionais, um plano diretor e uma missão norteadora. Isso realmente não seria discutido. A questão imediata era determinar prioridades para os próximos cinco anos numa época de contração de recursos e demandas públicas crescentes sobre o sistema. Yosemite chegava a ter 4 milhões de visitantes anuais nesse momento, e o parque, grande como é, estava chegando ao limite de sua capacidade.

DON ORIENTA OS CHEFES DE FILIAIS

Don Neubacher instou dezenas de seus chefes de filiais a criticar e fazer sugestões para a visão do Yosemite e o plano de cinco anos. Você pode ver isso na foto. Don está orientando a todos na reunião especial focada na visão e preparando os chefes de filial a ajudarem com planos de ação mais detalhados. O infográfico foi coberto com lembretes ao final da reunião e passou por seis versões no processo para que todos fossem alinhados.

Envolvendo & Alinhando Toda a Liderança de Yosemite

Duas reuniões subsequentes com chefes de filiais e depois com todos os gerentes resultaram na visão mostrada na próxima página. Tanto as palavras quanto as imagens foram fonte de muito debate e discussão. Cada uma das áreas funcionais queria ícones críticos que serviriam como pontos de discussão. A própria imagem não é uma fotografia, mas um composto mostrando os vários ecossistemas dentro do parque, com uma homenagem ao fundo do vale, que é a assinatura icônica do parque. Como exemplo do escrutínio que aconteceu no infográfico, os chefes queriam garantir que a sequoia Gigante Cinzenta estivesse no lado direito da visualização, tão alta quanto a face de granito da El Capitan à esquerda, equilibrando os interesses deles no "granito carismático", como eles o chamavam, e a megafauna representada pelas sequoias gigantes. Eles também se certificaram de que uma pessoa fosse mostrada fazendo uma queimada controlada, outra inovação no parque.

Planejamento de Ação e Planos Visuais

Para ancorar essa grande imagem em objetivos específicos, os líderes funcionais se comprometeram a desenvolver planos de ação explícitos para cada área de ênfase. Eles seguiram um modelo de relatório que os líderes codesenvolveram. Conduzidos pelo diretor de comunicações internas, Tom Medema, o parque criou, em sequência, um plano visual impresso e um digital com muitas imagens e fotos adicionais. A qualidade desse esforço atraiu atenção considerável dentro do serviço de parques e ajudou a continuar a liderança planejada do Parque Nacional Yosemite em seu campo.

A jornada inteira levou cerca de seis meses e ainda está em vigor. Membros da equipe de liderança mudaram-se para outros parques. Novos rostos entraram. As histórias estão sendo contadas e recontadas. Mas agora o parque tem um infográfico que combina valores, questões, visões e prioridades imediatas. Ele literalmente ilustra o apoio à missão específica do parque: A Administração do Yosemite Inspira o Mundo.

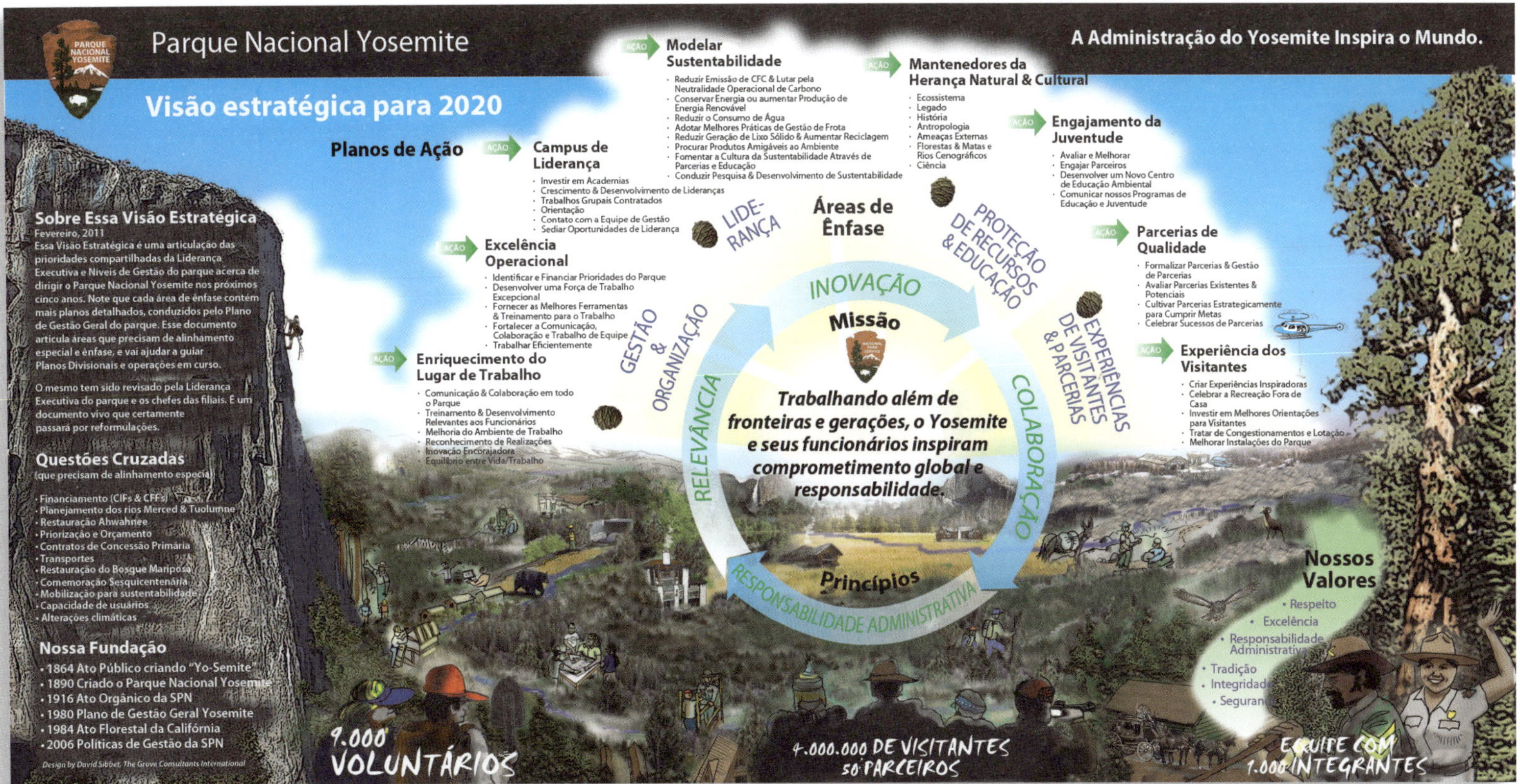

O sucesso desse processo resultou em técnicas similares usadas para os esforços de dois planejamentos fluviais no parque para os rios Tuolumne e Merced. O envolvimento do cidadão é decisivo para esses projetos, portanto, gravar as reuniões públicas serve como uma demonstração visual de que o pessoal do parque está atento. As várias alternativas são então compartilhadas, e criticadas visualmente também. Para o planejamento de recursos naturais, métodos de reunião visual são ferramentas testadas e comprovadas.

VISÃO DO YOSEMITE

Esta é a versão final, aprovada por dezenas de gerentes de filiais e lideranças do Parque Nacional Yosemite, e destacada num colorido plano interno que incluiu planos de ação com ênfase em áreas.

INFOGRÁFICO DE PROCESSO DE MAPEAMENTO HISTÓRICO

Este é o Infográfico usado para ilustrar o Processo de Mapeamento Histórico do The Grove. A seta azul representa o trabalho atual em uma organização. A espiral é o processo de criar um Infográfico. Ele começa com desenvolvimento da mensagem, depois design, e finalmente, dá suporte ao lançamento do processo de comunicação. Os benefícios são listados na extrema direita. Os subestágios são exibidos como itens na espiral. Os balões de fala mostram o que as pessoas devem estar dizendo no caminho.

Implementando um Processo de Infográfico

Se você está interessado em usar o método de Infográficos em sua empresa, eis como deve proceder:

1. **Desenvolvimento da Mensagem:** Aqui é onde você e sua equipe de liderança determinam o que precisa ser comunicado. Você deve, durante este processo, identificar quem é seu público e quem deseja envolver no processo de cocriação. Sua equipe de liderança ou um grupo selecionado deve, então, dedicar-se a desenvolver e concordar com a história geral. Você pode querer comunicar sobre sua história, interesses de clientes, mercado ou seu modelo de empresa, além de um processo de planejamento especial.

2. **Design Conceitual e Final:** Uma vez que a mensagem esteja clara, seu próximo passo será encontrar a metáfora gráfica certa e o design geral. Esse é um lugar maravilhoso para envolver interessados importantes. Brincar com as imagens gráficas convida todos a começarem a pensar sobre a organização como um sistema completo e as características culturais que a liderança gostaria de apoiar. Isso é o que a HealthEast fez em seu Processo de Jornada de Qualidade (páginas 21 a 23) e o Parque Nacional Yosemite no desenvolvimento de seu mapa de visão estratégica (páginas 151 a 153).

Esse passo normalmente requer envolver designers de informação que sabem trabalhar de maneira colaborativa. Esse pessoal trabalha com uma equipe de design interna que revisa diferentes exemplos e decide como representar melhor a organização. Na National Semiconductor, a metáfora de *Jornada nas Estrelas* soou legítima e foi entendida por seus funcionários (veja página 156). Na Liga Salve as Sequoias foi um bosque de sequoias. A HealthEast escolheu a imagem imponente de uma enfermeira. Os designers geralmente fornecerão a você alguns rascunhos conceituais e trabalharão com sua equipe de design para encontrar o sentimento e o visual gerais corretos. Você deve também decidir se quer o produto final polido e gerado

COMO SE DESENVOLVE UM INFOGRÁFICO

Os três gráficos apresentados aqui são versões da ilustração de um Infográfico de um centro de políticas públicas de uma grande corporação. O desafio foi mostrar os fluxos de informação.

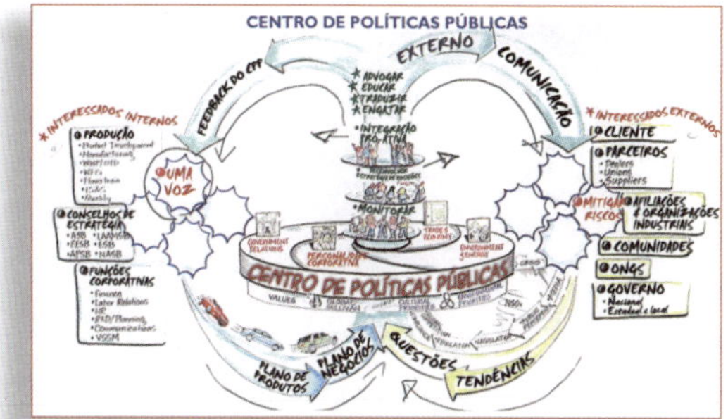

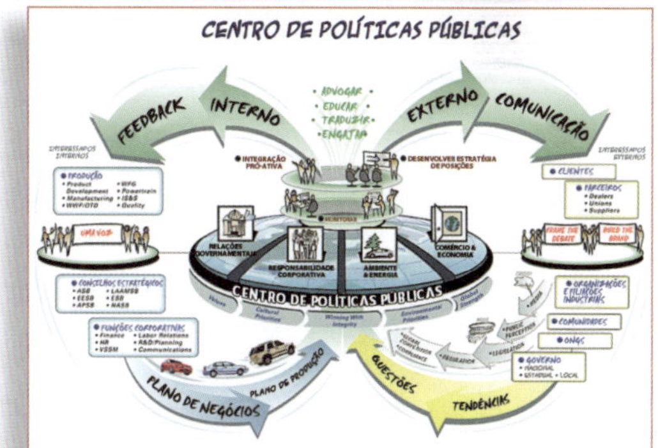

no computador, ou desenhado à mão. (O segundo convida para mais interação quando você revisar as coisas. O primeiro pode ter mais autoridade.)

Depois que o conceito é aprovado, um trabalho detalhado de todo o conteúdo é incluído em uma primeira versão do mapa. Agora o processo progride, moldado pelo quanto é importante envolver outras pessoas. Se o alinhamento é uma preocupação real, quanto mais revisões, melhor. No geral, uma vez que o design, ou o que as vezes é chamado de arquitetura, está completo, fazer mudanças nos detalhes ou na parte de decoração de interior pode facilmente levar muitas rodadas. Quanto mais pessoas puserem as mãos nisso, mais consistência será alcançada.

Quando o conteúdo e o design se estabilizarem, uma versão final é criada.

3. **O Processo de Lançamento:** Murais gráficos frequentemente são usados em campanhas de comunicação explícita, às vezes chamadas de lançamentos. Esses podem ser processos nos quais sua equipe de liderança revisa o infográfico com suas unidades e solicita feedback sobre o que é convincente e o que pode ser melhorado. Pode ser que o lançamento aconteça em um grande encontro anual e reforce uma apresentação visual e estratégica. As variações são inúmeras. Normalmente, comunicações associadas vão junto com o próprio infográfico. É comum que organizações criem um livro que explica o infográfico mais detalhadamente, retirando exemplos dele como ilustrações. Líderes-chave fazem vídeos explicando a história. Também é comum que as imagens apareçam online, com links para informações adicionais. Esses links podem ser incorporados direto da imagem para permitir que a informação apareça quando o cursor passar em cima dele.

Sustentar comunicações dessa natureza é importante. Se você tratar esses infográficos como um tipo de software de pensamento organizacional, então a versão 1.0 é como a versão 1.0 para computadores. É possível melhorar. Se você republicar o mural no ano seguinte como a versão 2.0, refletindo mudanças e adições de uma organização maior, você pode começar a agregar conteúdo aos valores, diretrizes, diálogo interativo e visões de uma organização. É um processo lento e profundo em vez de rápido e oscilante, e pode ter muito impacto.

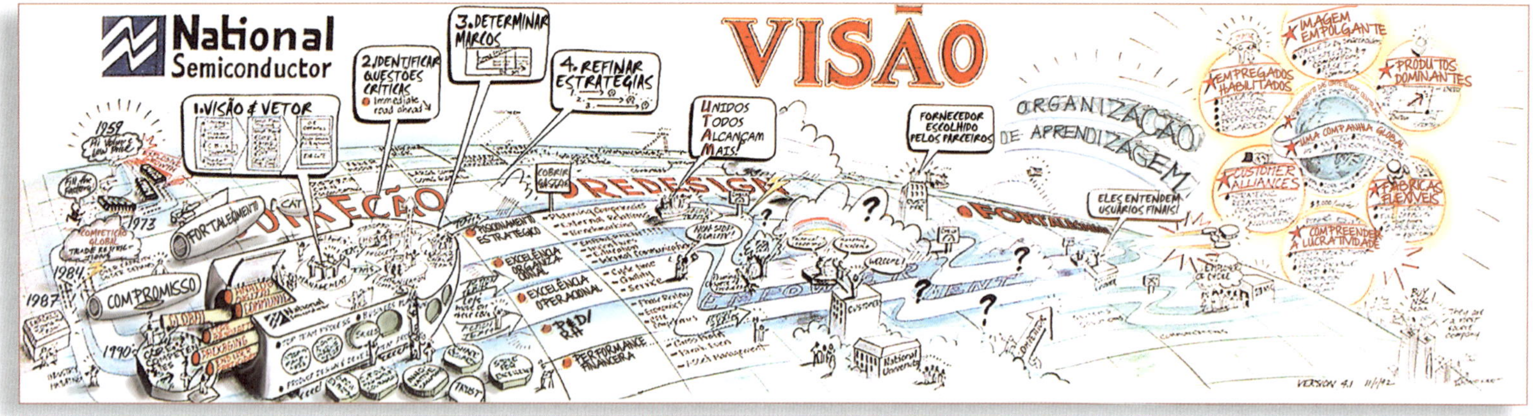

VISÃO DA NSC

Gil Amelio e a equipe de mudanças da National Semiconductor usaram grandes Infográficos para conduzir uma mudança no começo dos anos 1990. Versões anuais ilustraram o progresso no processo, assim como respostas do mundo todo, provenientes de workshops de Mudança de Direção.

A próxima página ilustra um conjunto de infográficos da National Semiconductor (NSC). Eles passaram por uma série de revisões durante os quatro anos em que Gil Amelio foi o executivo--chefe. Essa visão teve 95% de reconhecimento mundial, conforme avaliação em pesquisas de utilização, na época. A equipe de mudança da NSC incluía um líder criativo de comunicação, Mark Levin, que relacionou artigos de revistas, vídeos e estudos de caso para esses gráficos. Meia dúzia de outros membros da equipe de mudanças aprenderam a trabalhar visualmente conduzindo diversas sessões de visualização estratégica internamente. Eles, então, passaram a assessorar diversas outras companhias de alta tecnologia com práticas visuais.

13. Vídeo & Visuais Virtuais

Vídeo em Telefones Celulares, Tablets, Animação & Exibição Panorâmica

Um sétimo conjunto de ferramentas para líderes visuais é o conjunto de mídias agora disponíveis para comunicação e educação online, que conta com multimídia e animações ricas. Historicamente, mantiveram-se além do alcance da maioria dos gerentes e eram caros! Mas não é o caso agora. Como você verá em outro grupo de histórias reais, a revolução visual está explodindo nessa área. Este capítulo deve ajudar você, em termos amplos, a começar a entender suas escolhas. Vamos começar com o vídeo, e então abordar visuais virtuais em reuniões online, vídeos de quadro branco animados e os prospectos de exibições panorâmicas em cenários virtuais. A seção seguinte deste livro será dedicada a como você, como líder, pode aplicar bem essas ferramentas e guiar sua organização para adotar as opções corretas. Primeiro, vamos ver o que essa mídia pode realizar.

EXPLOSÃO DE VÍDEOS TEDx

As populares conferências TED (Tecnologia, Entretenimento & Design) agora licenciam sua abordagem para conferências TEDx regionais. Veja neste mapa todos os eventos em um mês no mundo todo!

Vídeo para Educação & Mensagens

Vídeos pequenos e amigáveis estão transformando a educação e o envio de mensagens, tornando-se ferramentas baratas, altamente sofisticadas e facilmente disponíveis. Como elas podem ser usadas em ambientes organizacionais foi previsto pelo fenômeno TEDx. Se você nada sabe a esse respeito, olhe atentamente o gráfico do smartphone nesta página. Os pontos representam eventos TEDx em *um mês* no mundo todo. O modelo TEDx está se expandindo tão rapidamente que sugere que o uso regular de vídeos para comunicações de liderança é algo bem próximo.

O TED começou em 1984 como um evento isolado organizado pelo designer de informação Saul Wurman para seus amigos, uma lista bem especial de pessoas envolvidas em tecnologia, entretenimento e design. Ele foi bem-sucedido e tornou-se o padrão de conferências para essas comunidades. Saul cobrou muito e todos receberam muito. Um formato de conversas de 18 minutos foi desenvolvido e 50 pessoas foram convidadas a cobrir o tema que fosse escolhido a cada ano. O TED tornou-se tão popular que extrapolou sua localidade em Monterey, na Califórnia, e começou a organizar-se em encontros menores via satélite. Devido à qualidade dos participantes e apresentadores, o evento continuou se expandindo. Em 2001, Chris Anderson, editor da *Business*

TEDx SANTA CRUZ

Essa é a imagem tema do TEDx Santa Cruz (Califórnia) de 2012. Ela explorou o conceito de "abertura" na tecnologia, comunicação, conhecimento e organizações. A natureza auto-organizadora da web tornou-se uma metáfora organizacional e artigo de fé para várias pessoas que sentem que se os sistemas fossem livres para se autorregularem, floresceriam. Há, obviamente, muitos contra-argumentos, uma vez que a própria natureza demonstra mover-se depois de desastres e não necessariamente se regenera ou retorna à homeostase.

2.0, comprou o TED através de sua fundação sem fins lucrativos e elevou-o a um novo patamar. O TED adotou o lema Ideias que Merecem Ser Divulgadas e disponibilizou todos os vídeos de suas conversas online, gratuitamente. Além disso, em 2009, começou-se a licenciar a ideia para organizações regionais que estivessem dispostas a adotar o formato. Elas são chamadas conferências TEDx e são exigidas para criar e postar vídeos de todas as palestras.

O Vídeo Agora É Acessível & Dá Suporte ao Engajamento Interativo

David Warren, professor de comunicação visual aposentado de Santa Cruz, descobriu o formato TEDx e o tachou de "o trabalho mais empolgante que eu já fiz" assumindo a liderança na organização do TEDx Santa Cruz. David ofereceu seu primeiro evento em 2011, e para surpresa dele, lotou completamente os 300 assentos do auditório do Cabrillo College. No ano seguinte, foi registrado um aumento para mais de 350 participantes em um espaço maior.

David diz que custou a eles cerca de 8 mil dólares na época para fornecer vídeo profissional para o evento — uma exigência para haver o TEDx. Eles convidaram 25 apresentadores. Se você dividir o custo dos vídeos, cada um sairá por 320 dólares! Parte do que alimentou a explosão das organizações TEDx é a oferta de streaming (fluxo de mídia) online pelo Livestream para todas as conferências TEDx. O TED também apoiou o esforço com manuais bem-apresentados que mostram aos organizadores como lançar um evento. David diz que há quatro em seu grupo principal e outros 10 em um grupo estendido que passam o ano organizando o evento, e cerca de 50 voluntários auxiliando na produção. Apesar de parecer que os vídeos são um meio de entretenimento relativamente passivo, essa rede de engajamento ao redor dos eventos TEDx e do próprio TED está criando um novo tipo de comunidade de compartilhamento e interesses. Isso torna o meio interativo, com os próprios vídeos rodando online, permitindo respostas e comentários continuados.

A Visualização É uma Grande Função no TED

Em 2008, a Autodesk equipou o TED com uma demonstração de uma grande tela touch screen (sensível ao toque) em parceria com a Perceptive Pixel, a organização que faz grandes televisores com tela touch screen usados para exibir dados de votantes e outros recursos gráficos interativos. Todas as 50 apresentações no evento central TED foram gravadas em tablets Wacom (veja abaixo), com cerca de 16 desenhos por unidade para cada apresentador durante os três dias da conferência. Isso foi trabalhoso, mas forneceu um bom visual sobre como todos estavam se comunicando. Ouvir todas as apresentações revelou o alcance das práticas de visualização por parte dos apresentadores.

1. Imagens de Slides Simples: O formato predominante eram apresentações de slides bem limpas e simples que suportavam narrativas ricas. (Para informações sobre como fazer isso, veja o livro de Nancy Duarte *slide:ology*. É a tecnologia mais recente. A empresa dela cria apresentações para a Apple.)

2. **Vídeos Demo:** Quando apresentadores queriam mostrar um experimento ou provar que um fenômeno acontecia, o vídeo era a escolha. Em várias apresentações você tinha vídeos incorporados em vídeos.

BIG VIZ NO TED

Em 2008, a Autodesk, a Perceptive Pixel e o The Grove se uniram para gravar todas as apresentações TED na cabine de demonstração da Big Viz. Nós usamos o Sketch-Book Pro, o software de desenho da Autodesk, e uma grande parede touch screen programada especialmente para o evento pela Perceptive Pixel. Desenhos, quando salvos, seriam anexados a fotografias previamente tiradas dos apresentadores (veja a parte inferior da imagem acima). Um toque nelas mostraria todos os gráficos associados (ver os desenhos pequenos na parte inferior esquerda). Tocar em um tema aumentado (tela principal), permitia que fossem movidos, distribuídos, agrupados, rotacionados e redimensionados. Tais paredes estarão disponíveis em ambientes organizacionais nos próximos 10 anos, assim como há salas de videoconferência, hoje em dia, para grandes organizações. Para ver um vídeo desse evento, visite www.grove.com/site/ir_vid.html (a videoteca do The Grove).

YOUTUBE

O YouTube, o serviço gratuito de postagem de vídeos na web, é um dos principais indicadores da revolução dos vídeos. O Google reportou que, em meados de 2012, uma hora de vídeo foi enviada para o YouTube ***a cada segundo!*** Essa quantidade de uploads — equivalente a 60 horas de vídeo por minuto — representa um incrível aumento de dez vezes a quantidade registrada em 2007. Isso soma 86.400 horas de vídeo por dia! Se você procura por gravações gráficas ou facilitação gráfica, pode ver a avalanche de amostras postadas lá. Por exemplo, esta imagem é de uma reunião de um Café Global em Bilbao, na Espanha, e explica como gravações gráficas suportam um Café Global. O The Grove inspirou a prática quando Tomi Nagai-Rothe registrou um dos primeiros Cafés na casa da fundadora Juanita Brown.

3. **Conversas de Cavalete:** Diversos apresentadores usaram dois ou três desenhos em um cavalete (claramente, pessoas caneta preta). Esses normalmente eram modelos mentais, de alguma forma.

4. **Simulações Computadorizadas:** Um exemplo amplamente visto é a famosa apresentação de visualização de dados de Hans Rosling relacionando países e padrões de vida com o passar do tempo. Ele os ilustrou como círculos móveis em expansão em um grande eixo de *x* e *y* em sua frente.

5. **Narrativa Pura:** Alguns apresentadores não usaram nenhum recurso visual, contaram tudo através de narrativas excepcionais. Os humanos ainda acham histórias muito convincentes.

6. **Mapas e Gráficos:** Muitos apresentadores usaram diversos formatos retratados no Teclado Gráfico de Grupo para apresentar dados e ajudar o público a ver padrões.

Era notável a falta de visualizações panorâmicas de larga escala, do tipo que é descrito neste livro. Apesar de o TED ser um fenômeno inovador, ele ainda precisa de trabalho na modalidade de transmissão, e não é verdadeiramente cocriativo no uso de visualizações durante a própria conferência.

Os Vídeos Estão se Tornando Rapidamente um Meio de Instrução Chave

Salman Khan é outro líder visual que está fomentando uma transformação na educação online com vídeos baratos feitos de capturas de telas de seus desenhos. Salman é um ex-gerente de fundos de hedge (forma de investimento financeiro especulativo de alto risco) que ensinou matemática a seu primo mais novo através de um vídeo caseiro que ele postou online. Daí cresceu a Khan Academy, e mais de 3.400 vídeos já haviam sido postados online até a edição deste livro. Eles oferecem instrução em tudo, de álgebra a ciência da computação e história da arte. De acordo com um artigo da revista *Time*, dirigir uma academia não lucrativa é a ocupação integral de Khan agora, e ele planeja expandir o empreendimento ainda mais, acrescentando mais áreas de conhecimento, mais membros facultativos (até agora, todos os vídeos foram narrados pelo próprio Khan) e traduzindos os tutoriais para as línguas mais faladas no mundo.

Annie Paul escreveu na *Time*, em novembro de 2012:

> A verdadeira revolução representada pela Khan Academy ... passou desapercebida. A nova disponibilidade de conhecimento sofisticado, produzido por uma fonte confiável e apresentado de maneira acessível, promete inaugurar uma nova era de ouro para os autodidatas. Não só a Khan Academy, mas também as maiores faculdades e universidades da nação americana estão oferecendo aprendizado online. O MIT, a alma mater (diz-se da faculdade na qual alguém se formou) de Khan, disponibilizou mais de 2 mil de seus cursos gratuitamente na internet. Harvard, Yale, University of California em Berkeley, Johns Hopkins e Carnegie Mellon estão entre as outras instituições que oferecem tal educação gratuita. Quando Stanford anunciou em agosto do ano passado que abriria um curso de inteligência artificial para o público online, mais de 70 mil pessoas se inscreveram em questão de dias. Os dois professores do curso dizem que se inspiraram em disseminar suas lições graças ao exemplo de Salman Khan. Os próprios vídeos da Khan Academy agora vão bem além de álgebra básica, para ensinar cálculo, biologia e química em nível universitário.

O trabalho da Khan Academy é um exemplo do que está inspirando David Warren e o programa Aberto de TEDx em Santa Cruz. Ele foi habilitado pela internet, claro, mas é seguro afirmar que sem visualização e vídeo, isso não aconteceria. Quão cedo isso tudo se tornará padrão nas organizações? A julgar pelos estandes da recente conferência ASTD em Denver, a educação empresarial avança firmemente nessa direção também. No YouTube, já é possível procurar por vídeos de como fazer quase qualquer coisa que você possa ver diretamente. Agora é possível ter este mesmo suporte no trabalho. Muitos profissionais de desenvolvimento de recursos humanos estão encorajando seus líderes a usarem esse meio. É interessante que Salman tenha usado tecnologia cotidiana para afirmar seu exemplo. A imagem desta página usa um lápis e um papel pautado para demonstrar. Filmado em vídeo digital e postado no YouTube, quase nada pode atrapalhar este tipo de compartilhamento.

A KHAN ACADEMY

A Khan Academy postou 3.400 lições online, como essa na qual Salman Khan demonstra como desenhar uma árvore binária. Ele tem quatro graduações no Massachusetts Institute of Technology (MIT) e Harvard. Obteve nota integral na parte matemática de seu teste de admissão. Muitos anos depois, abandonou seu emprego como gestor de fundos de hedge e começou a criar programas de matemática e ciências online em um quartinho de fundo, usando seu computador, desenhando tabelas e vídeos dele mesmo desenhando em papel, como no exemplo. Graças à Khan Academy, ele ensinou mais de 85 milhões de lições a estudantes do mundo todo e desencadeou um movimento de reformulação da educação online.

Filmes de Gravações de Gráficos Animados

Desde que a RSA Animate na Grã-Bretanha começou a animar gravações gráficas em quadros brancos como forma visual de ampliar uma conversa, o método fez sucesso e muitos comunicadores agora usam esse meio. Ele foi usado em alguns comerciais populares, mas agora está se espalhando para tornar-se uma nova ferramenta para comunicações regulares de liderança. É um ramo da árvore de animação tradicional, mas suficientemente acessível para que você considere essa abordagem se quiser uma apresentação especial que se destaque mais do que um vídeo tradicional. Gravações gráficas ou filmes de quadro branco, como alguns chamam, mostram ilustradores no papel ou quadro branco e então aceleram o desenho, acrescentando efeitos especiais de pós-produção no computador.

Rachel Smith, no The Grove, desenvolveu um meio de usar o aplicativo de pintura Brushes para fazer a animação (veja o exemplo à esquerda). Brushes captura e repete versões de desenhos traço por traço. Filmes feitos assim não exibem uma mão desenhando as imagens, mas têm pequenas pictografias e textos ilustrados surgindo enquanto a linha narrativa progride.

INOVAÇÕES COM TABLETS

Rachel Smith cria animações de gravações gráficas acessíveis usando a habilidade de um aplicativo de iPad chamado Brushes para capturar a sequência de um desenho em um arquivo que ela pode exportar para um programa de edição de vídeo. A imagem acima a mostra esboçando um painel para um de seus filmes. Essa abordagem contorna o trabalho caro de pós-produção necessário para criar vídeos tradicionais.

Rachel também é uma visualizadora virtual renomada em conferências via web, usando um tablet Wacon, como mostrado na foto dela, à direita, criando uma agenda em um workshop de Reuniões Visuais.

Filmes de gravação de gráficos ainda são usados em modo de transmissão não interativa, entretanto, eles usam o poder da visualização para disseminar ideias que se beneficiem do entendimento de como as partes se interconectam dinamicamente. As simples imagens de gráficos concedem o sentimento de leitura de um livro, despertando a imaginação dos ouvintes, criando uma energia e um nível de atenção muito diferentes das apresentações de slides tradicionais, que normalmente não possuem animações.

Gráficos Melhoram Reuniões Telepresenciais

A telepresença é outra utilização crescente de vídeos interativos. Esse termo se refere à tecnologia que combina duas ou mais telas para simular pessoas sentando-se ao redor de uma mesa em uma reunião. A visualização virtual é um complemento emergente levando em conta que equipes acham que focar no próprio trabalho é melhor do que focar em imagens de vídeo, especialmente para equipes que se conhecem.

As salas de telepresença são razoavelmente caras e foram claramente projetadas com a modalidade de apresentação de slides em mente. Um uso visual comum de telepresença é editar slides como um grupo, com uma pessoa inserindo comentários e ideias na seção de notas do software de slides e, às vezes, mudar o próprio slide não é muito difícil. Essa atividade funciona bem se o propósito da reunião é afinar a apresentação e alinhá-la com a mensagem. Não funciona muito bem nos estágios iniciais de idealização, nos quais a visualização ativa em tablets gráficos é mais funcional. Uma vez que os gráficos estão no mesmo canal das apresentações, você deve escolher um ou outro. Algumas organizações emparelham instalações de telepresença com quadros SMART para obter capacidade videográfica completa, mas isso ainda não é comum.

Contrastando com as salas de telepresença de alta tecnologia, a maioria dos serviços de conferência via web, hoje em dia, pode lidar relativamente bem com vídeos. O skype permite compartilhamento de tela, e se você estiver conectado a um tablet, ele pode exibir você desenhando ativamente. Não é interativo, mas é visual. Porém, gravar ativamente em um tablet não funciona bem se você também ligar o vídeo. O mesmo é verdade em outras plataformas de menor qualidade. O Adobe Connect,

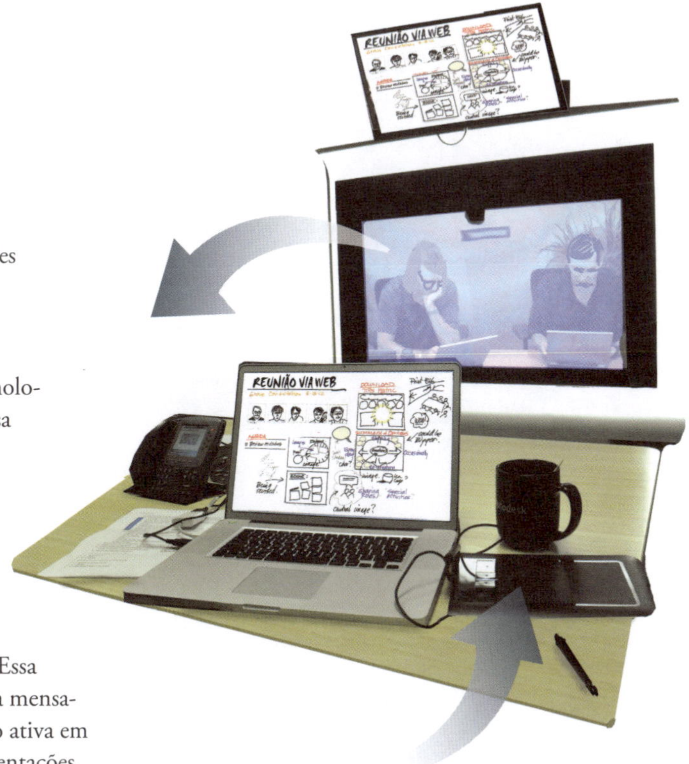

SALA DE TELEPRESENÇA BÁSICA

A telepresença envolve usar vídeo de alta qualidade para conectar um ou mais sites, com imagens de participantes exibidas em tamanho real na tabela das telas. Os gráficos são exibidos em monitores, como mostrado aqui. A ilustração também tem um exemplo do uso de gravação de gráficos interativamente em uma conferência.

porém, desenvolveu seu serviço de conferência via web para manusear vídeos mais robustos e funciona bem com gráfico e vídeo conectados.

Como com qualquer tecnologia emergente, se você for persistente para aprender sobre suas peculiaridades, poderá fazer muito. Uma equipe chamada Voice Vision de Hakuhodo, a segunda maior empresa publicitária do Japão, fez uma conferência via web no GoToMeeting, um serviço popular de conferência via web. Nós podíamos ver membros da equipe nas imagens de videocâmera no topo de suas telas (veja ao lado). As imagens estavam em baixa resolução, mas podíamos facilmente ver nossos gestos e as expressões nos rostos de cada um. Eu estava em São Francisco e eles em Tóquio. Trabalhamos com um tradutor, mas os membros da equipe japonesa sabiam inglês suficiente para entender muito do que foi dito. Todos pudemos discernir bastante apenas observando os gestos e expressões uns dos outros. De alguma maneira, era mais fácil ver rostos do que seria em uma reunião na qual as pessoas estão ao lado, em vez de estarem em linha de visão direta.

EQUIPE VOICE VISION DE HAKUHODO

A equipe Voice Vision de Hakuhodo se reúne online para discutir como eles poderiam utilizar visualizações para relatar resultados de grupos de discussão de consumidores de volta aos clientes de Tóquio. Essa imagem mostra todos conectados pelo vídeo através do GoToMeeting, um serviço de conferência via web. As imagens do topo eram grandes o bastante para prover a todos feedback em tempo real durante as comunicações, assim como para olhar para o quadro branco compartilhado, onde notas são criadas graficamente com o software SketchBook Pro da Autodesk.

Kayo Ootaka, líder da equipe, participou de algumas oficinas de Visualização Estratégica no começo dos anos 2000 e se convenceu de que trabalhar com visualização em mídias sociais abriria novas possibilidades.

Outras Ferramentas Essenciais Podem Funcionar Online?

O capítulo anterior inclui muitos exemplos de reunião presencial. Sem dúvida, o nível de engajamento do pensamento geral é superior se você puder reunir as pessoas presencialmente. Mas a maioria das equipes tem membros remotos agora, e muitas organizações encorajam trabalho virtual. Felizmente, existem várias maneiras de obter um bom valor visual do trabalho online.

7. **Metáforas com Significado:** Vídeos bem elaborados e conversas animadas podem trazer à vida a uma visão central, um plano estratégico ou um processo de mudança, e tornando-se um ponto de atenção. Como pôsteres impressos, sua habilidade de atrair atenção depende da diferenciação de outras comunicações. Um grande mural funciona quando é novidade. Um filme de gráfico animado tem o mesmo impacto. Uma tecnologia em evolução para esse tipo de trabalho é o uso de fóruns online para convidar contribuições sobre que tipos de mídia, me-

táforas e mensagens funcionam. É o que a equipe Voice Vision está fazendo com seu trabalho em Hakuhodo (veja página anterior).

8. **Reuniões Visuais:** Reuniões visuais online podem ser bem eficazes se a visualização é central no trabalho, como numa reunião de design processual. Ter as ideias de todos ilustradas graficamente durante as sessões criativas fornece um feedback interessante. Mas gravações gráficas de textos diretas enquanto pessoas conversam podem não ser muito interessantes para jovens com experiência com mídias. Vivian Wright, uma líder visual na Hewlett-Packard (HP), diz que "reuniões online devem ser como o rádio — continuamente mudando e convidando contribuições". Ela gosta de usar o quadro branco e funções de inserção de texto para que os participantes forneçam conteúdo em modelos de gráficos simples (como os exibidos na barra lateral), através dos quais ela então convida ao diálogo. No papel de líder, você pode precisar engajar alguém para manusear essa parte da reunião via web se não for familiarizado com a tecnologia. Pode ser necessária alguma preparação para elaborar uma conferência via web interativa. Reuniões visuais online tendem a ser úteis em reuniões focadas no design de algo ou em reuniões de tomada de decisões críticas que precisam de alinhamento.

9. **Modelos de Gráficos:** Simples modelos de gráficos funcionam muito bem em reuniões virtuais online. Linhas do tempo, grades de quatro caixas, mapas e tabelas de índices são fáceis de criar em tempo real. Se você é o líder e quer ter a experiência de ouvir as sugestões do seu time, essas ferramentas ajudarão. Você também pode usar modelos gráficos enviando-os com antecedência e designando indivíduos ou subgrupos para preenchê-los. Sua reunião online poderá então acontecer com cada pessoa compartilhando suas ideias e criando então uma visão composta.

10. **Salas de Decisão:** Criar um mural de decisões real virtualmente ainda é difícil. O que você pode fazer em conferências via web é usar votações para fornecer feedback imediato. Se você planejar a reunião para que as informações estejam claramente numeradas e as opções compreendidas, as atividades de medição e organização podem fornecer o mesmo tipo de feedback que você conseguiria em votações usando lembretes em uma reunião presencial. Caso os ambientes tridimensionais evoluam, será possível simular salas de decisão que possuem o mesmo impacto de uma sala de conferências de verdade.

MODELOS DE GRÁFICOS WEB

A maioria dos softwares de conferência via web permitirá que o participante digite trechos de conteúdo em quadros brancos. Você pode então criar um simples modelo gráfico e fazer com que todos separem as informações usando seus cursores.

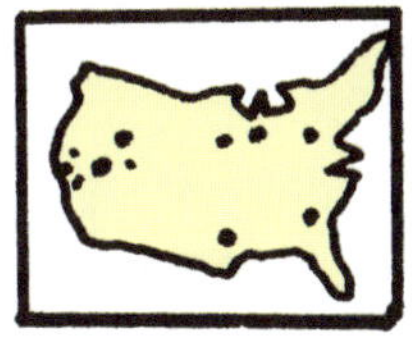

MAPAS

Quando todos podem contribuir e engajar-se, em vez de se ocuparem com multitarefas, todos se focam e obtêm mais com a troca.

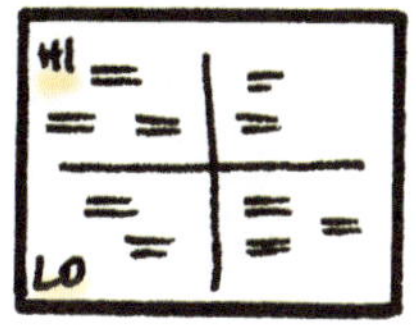

GRADE DE QUATRO CAIXAS

Siga este processo:

1. Explique para todos o propósito e os objetivos dessa sessão.
2. Convide à contribuição usando quaisquer ferramentas que seu software de conferência via web fornecer.
3. Desenhe um modelo de gráfico simples.
4. Peça para que todos contribuam com informações e discutam seu significado.

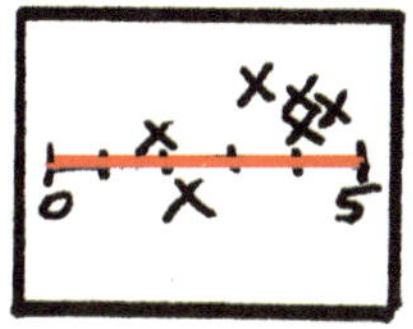

TABELA DE ÍNDICES

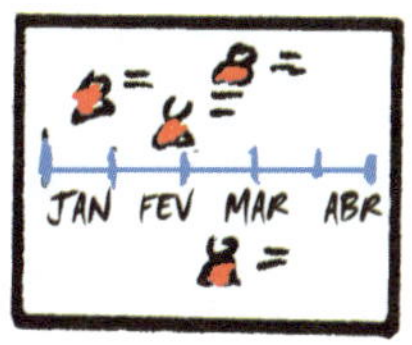

LINHA DO TEMPO

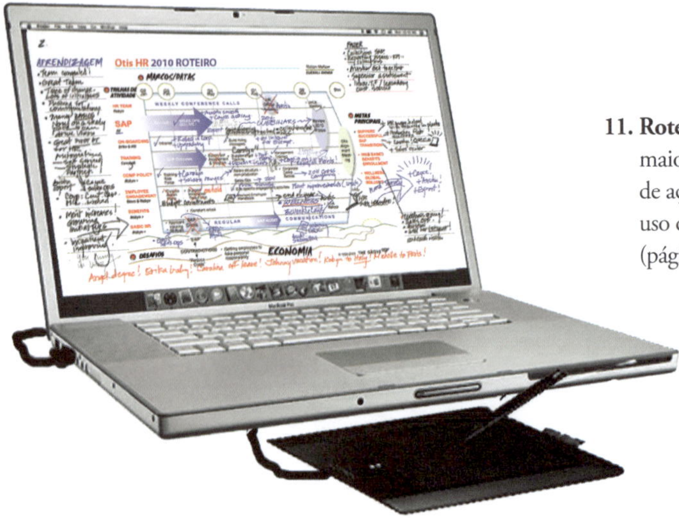

ROTEIROS ONLINE

O gráfico acima reflete as anotações feitas durante a conferência via web com a equipe de recursos humanos da Otis Spunkmeyer enquanto revisavam seu mapa de 2010. O documento fonte foi um slide criado com o Guia de Roteiros Gráficos Digitais do The Grove. Ele foi concebido no SketchBook Pro e os comentários foram anotados na tela usando um tablet Wacom conforme a reunião progredia. Robyn Meltzer, a líder da equipe, passou a solicitar ideias para o ano seguinte. A reunião durou um total de uma hora e meia.

11. **Roteiros:** Reuniões de progresso são normalmente feitas em teleconferências e online. Apesar de a maioria delas provavelmente usar como padrão uma lista ou uma folha para indicar tarefas e itens de ação, é possível trabalhar eficientemente com roteiros gráficos. O livro *Equipes Visuais* descreve o uso que Robyn Meltzer fez de um mapa com sua equipe de recursos humanos na Otis Spunkmeyer (página 153). A equipe estava toda espalhada pelo país. Ela convocava uma reunião via web e revisava o roteiro do ano anterior, com um facilitador gráfico checando itens enquanto eram discutidos (veja a ilustração mostrada no computador aqui). Ela fazia perguntas ativamente e fornecia feedback para todos. O grupo, então, debatia itens que precisavam estar no plano do ano seguinte. Depois da conferência, ela e uma subequipe esboçavam um roteiro para o próximo ano e convocavam uma segunda conferência via web para conceder a todos a chance de responder, melhorar com novas ideias e comprometer-se com o plano.

12. **Roteiros Gráficos:** Cada vez mais, as organizações estão usando murais gráficos focados em dar suporte aos líderes compartilhando visões e diretrizes da empresa, e permitindo que os funcionários se orientem em relação aos planos e metas da companhia. Gráficos ricos como esses podem ser desenvolvidos com botões que acessam uma segunda camada de informação nas telas. Se você deseja criar um Infográfico [espécie de mapa visual, repleto de recursos gráficos] para seus planos, investigue se o pessoal de tecnologia informativa sabe como criar uma versão interativa online. É, tecnicamente, bem possível, mas como em qualquer coisa técnica, as pessoas envolvidas precisam saber como fazê-lo.

O trabalho online é muito útil durante os vários diálogos e discussões necessários para concordar com o conteúdo de um Infográfico. Fazer sessões de revisão online com respostas gravadas permite que uma rede muito maior de pessoas sinta ser proprietária do resultado final. O codesenvolvimento com computadores estilo tablet está chegando, então, tenha isso em mente quando planejar murais.

7. **Vídeo & Visuais Virtuais:** É disso que este capítulo trata. Imagine trabalhar com quatro quadros SMART interconectados como a imagem da página 168 ilustra, com acesso flexível a vídeos, visualização interativa, desenhos funcionais e toda a informação disponível para sua organização. Esse é o sonho que as companhias de tecnologia buscam realizar e para o qual você, como líder, deveria preparar-se.

Desenvolvimento de Liderança Virtual

Vivian Wright é outra líder visual que levou o vídeo e a visualização online a sério. Ela era uma talentosa e jovem gerente na fábrica de formatação da Hewlett-Packard (HP) em Boise nos anos 1980, quando compareceu a um workshop da Group Graphics e tornou-se uma praticante habilidosa. Vivian se mudou para o litoral de São Francisco e continuou como gerente interna, usando muitos métodos criativos para conseguir que seus colegas colaborassem e se alinhassem aos planos. Com a ênfase da HP em trabalho virtual, ela se tornou uma renomada líder em workshops e reuniões online. Seu papel atual como parceira de ensino empresarial na organização de finanças globais da HP levou a inovações que se constituem em precursoras do que se tornará um meio regular de se trabalhar.

Há alguns anos ela se uniu com uma firma de desenvolvimento de lideranças baseadas em vídeo para ser tutora na web. Os resultados foram extraordinários, ela relatou. Os participantes puderam trabalhar ativamente com tutores online, conduzir interpretações, receber feedback, promover discussões e receber gravações e transcrições (uma vez que muitos membros falam inglês como uma segunda língua).

"É necessário abandonar algumas coisas sobre o 'testado e aprovado' na sala quando vai para o ambiente virtual", Vivian explica. "Você precisa ter alto engajamento com o outro lado quando as pessoas estão assistindo, ou elas farão outras coisas, como verificar seus e-mails. Elas precisam ser cocriadoras de conteúdo. Você faz com que *elas* sejam o foco, e não você como apresentador." Ela deu um exemplo de como um dos módulos funciona. Atores criaram um vídeo de um apresentador insatisfeito. Os participantes assistem a um pequeno vídeo e são convidados a interpretar um papel. Voluntários vão à câmera, com uma transmissão ao vivo de suas videocâmeras. Bem ao lado deles na tela, o ator aparece e interage com uma pessoa a respeito da questão em um diálogo ao vivo. "É incrivelmente envolvente", Vivian relata.

INTERFACES TRIDIMENSIONAIS

A imagem abaixo é do Portal de Visões de Carreira de Finanças HP, criado para função financeira por uma firma especializada em interfaces tridimensionais para eventos de conferências. Esses tipos de espaços digitais, evoluções de plataformas anteriores como Second Life, eventualmente serão acessíveis para tablets e abrirão outro nível de sutileza visual para comunicações virtuais. Muitos assumem que materiais de educação empresarial serão convertidos para e-books e outros formatos digitais num futuro próximo, se não agora. Esses tipos de ambientes certamente integrarão vídeo, fóruns, pesquisa, filmes de gravação de gráficos e muitos outros canais de mídia.

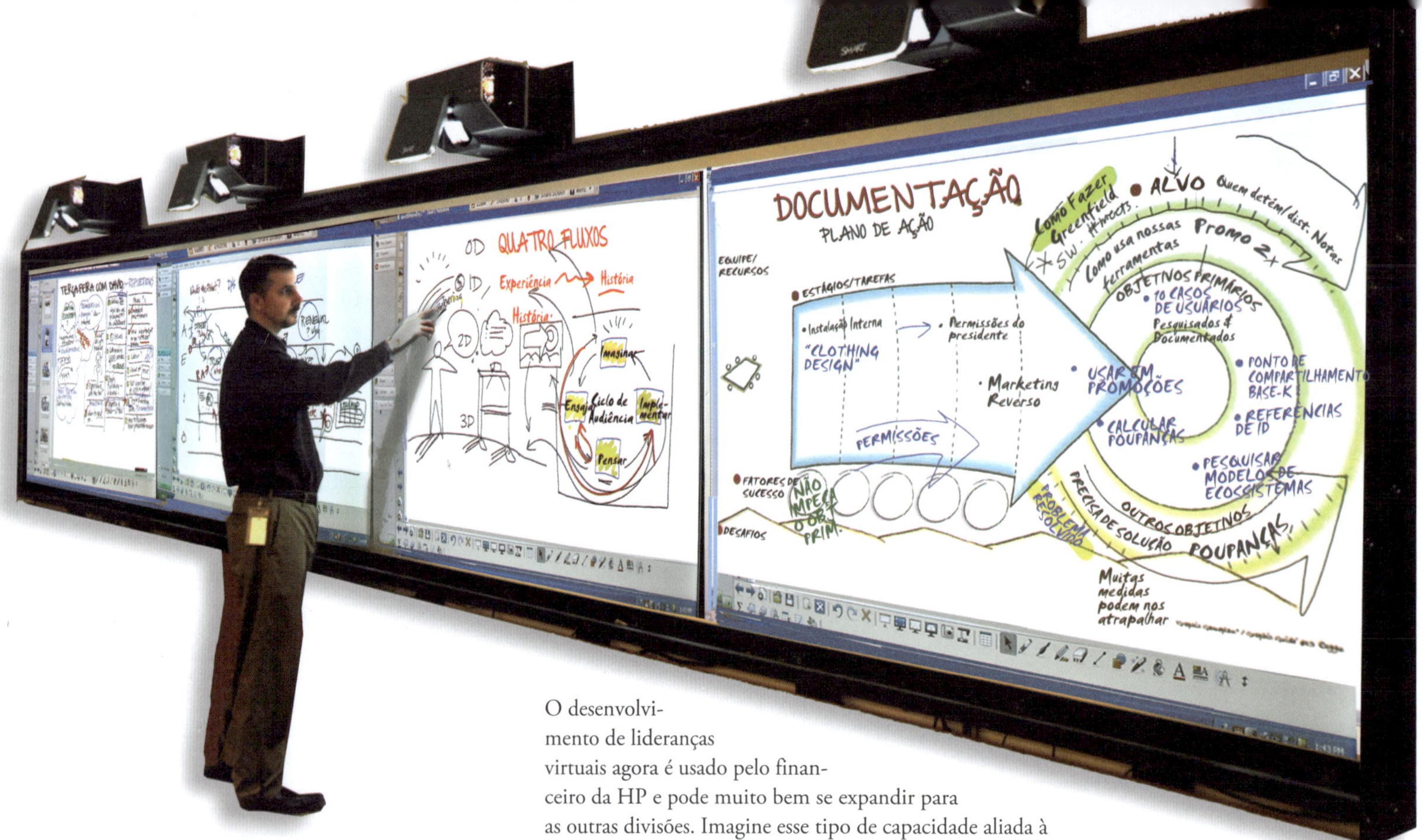

O SONHO

Emilio Bernabei, da SMART Technologies em Calgary, Canadá, demonstra como as imagens podem ser mostradas lado a lado em um grande mural panorâmico composto de quatro quadros SMART. Isso é o mais próximo de um sistema que tem todas as vantagens de um computador e a capacidade para grandes imagens de mural.

O desenvolvimento de lideranças virtuais agora é usado pelo financeiro da HP e pode muito bem se expandir para as outras divisões. Imagine esse tipo de capacidade aliada à ampla instalação de quadros SMART como a exibida acima. Uma vez que esses quadros brancos interativos refletem o que estiver em seu computador, eles podem facilmente ser uma sessão de tutoria que usa gráficos de larga escala.

A próxima seção é sobre como você, como líder, pode, ao mesmo tempo, obter vantagem das realidades atuais sobre visualização e preparar-se para as futuras. As escolhas são incrivelmente amplas, como você verá no panorama gráfico sobre novas mídias, incluído no próximo capítulo.

Parte Quatro: Administrando as Novas Mídias

Parte Quatro:
Administrando as Novas Mídias

14: Tecnologia & Visualização Como você faz escolhas sobre qual mídia usar para suas comunicações? Qual delas dará suporte a seu trabalho visual? Quais são os requerimentos importantes que, quando alcançados, abrirão o caminho para sua equipe trabalhar mais visualmente? Este capítulo fornecerá alguns princípios e práticas para encarar esses desafios. Ele sugere que em seu papel como líder você pode sustentar sua organização ao ser capaz de focar, trabalhar de uma maneira colaborativa e conseguir resultados ao reduzir a fragmentação e o caos que distraem a energia e atenção do trabalho que precisa ser realizado.

15: Liderança Visual Este capítulo foca em você como líder e em como fazer o melhor uso de todas as escolhas disponíveis agora para comunicações virtuais. Como líder, você precisa ser capaz de se comunicar claramente em meio a todas as mudanças. Também precisa permanecer orientado, manter a atenção das pessoas nas coisas certas, certificar-se de que suas mensagens importantes estão chegando e que todos se sentem engajados e comprometidos. É difícil em um ambiente distribuído, mas existem algumas práticas emergentes melhores.

14. Tecnologia & Visualização
Habilitando as Ferramentas Certas

Esta seção foi iniciada com imagens de um computador portátil, um tablet e um smartphone. Todos somos diretamente afetados por essas novas tecnologias, ou o que alguns chamam de nova mídia. Este capítulo compartilha princípios e práticas que surgiram da imersão nesse novo mundo e do envolvimento com a cultura de alta tecnologia do Vale do Silício. É importante ser bem informado mas não hipnotizado. Aqueles de nós que não são nativos digitais ainda têm uma perspectiva sobre ganhos e perdas. Vamos começar com um sobrevoo visual em todas as escolhas de mídia e como elas tendem a influenciar em softwares, mas um pouco mais alto, olhando para a mídia e plataformas disponíveis para comunicação visual. No próximo capítulo exploraremos algumas ideias sobre como você pode começar a usar essas ferramentas para fornecer liderança efetiva em um mundo cada vez mais virtual e antenado.

Pequeno e Rápido versus Grande e Lento

Muitas das ferramentas sugeridas até agora como essenciais para lideranças visuais encorajam você e suas equipes a trabalhar de forma mais ampla e mais lenta — pelo menos nos estágios de "fazer sentido" das coisas. Líderes familiarizados com facilitação visual sabem que métodos de reunião visual trazem mais engajamento e entendimento profundo, o que resulta em equipes mais alinhadas e capazes quando se trata de implementação.

Contudo, grande e lento não é o mundo da nova mídia. Parece haver uma tendência para o menor e mais rápido. Os cortes entre quadros em comerciais atuais, como aqueles exibidos na televisão em grandes eventos esportivos, explodem com efeitos visuais. Muitos parecem desenvolvidos com gravadores de televisão travados na tecla "rápido para a frente" (fast-forward) em mente. As imagens tornam-se uma tremulação na mente. Como o nosso cérebro é focado intensamente em identificação de padrões, mudanças de imagem, som e ponto de vista, isso nos mantém atraídos. Mas o preço de imagens aceleradas e o conteúdo constantemente em mudança é um engajamento raso em qualquer coisa nova. Comerciais gráficos brincam com o que já conhecemos, nos importa-

QUATRO FLUXOS & MÍDIA

Mídia é o nome dos meios pelos quais as pessoas se comunicam com grande número de outras pessoas. Quando pensar em usar os diferentes tipos, tenha estas quatro questões de fluxo em mente.

- ❑ **Atenção:** Minha comunicação é envolvente e prende a atenção?
- ❑ **Energia:** Minha comunicação é convincente nas sensações que provoca; as pessoas podem confiar na "vibração"? Ela excita e inspira? Ela é interativa?
- ❑ **Informação:** Minha mídia está ajudando ou atrapalhando a apresentação do conteúdo? Ela precisa de escala e tamanho? Ela precisa de ampliações ou resumos? Ela deve refletir movimento?

- ❑ **Operações:** O sinal é confiável e acionável? As pessoas podem entender a fonte e a credibilidade? É atual?

mos, e são planejados para parecerem atraentes. Um site ensina os publicitários sobre como manter a atenção de um público especificamente reticente quanto a inclusão de qualquer coisa que possa ser controversa. Então, como você lida com isso? Só seguir as tendências não exatamente o levará aonde você precisa ir como líder organizacional.

Vamos Imaginar as Escolhas

As próximas seis páginas contêm um panorama visual das mídias de uso comum de organizações no começo do século XXI. A lista divulga prós e contras da perspectiva de como dão suporte à liderança visual. Alguns são puramente canais ou o que alguns chamam de plataformas. Esta palavra é usada para referir-se a um ambiente que suporta diversos tipos de conteúdos. Um serviço de conferências via web ou de telefonia é uma dessas plataformas. Assim também o YouTube, Twitter e um site.

Outros tipos de mídia são ferramentas de visualização específicas que podem ser usadas em múltiplas plataformas. (Não é só a tecnologia que nos confunde.) Softwares de apresentação são um exemplo, assim como o próprio vídeo, gravações de gráficos e modelos. Todos esses são considerados mídias. As novas mídias seriam aquelas suportadas por tecnologias digitais. Todas requerem algum entendimento de sua parte se você quiser defender qual cairá melhor em sua organização.

Como É Enfrentar Todas Essas Mídias e Saber que Elas Estão Evoluindo?

Você provavelmente terá um sentimento muito visceral visualizando as próximas seis páginas. Elas estão distribuídas intencionalmente de maneira esquadrinhável para que você possa experimentar o sentimento de varredura que as organizações estão enfrentando. Muitas dessas escolhas estão emergindo não como resultado de as organizações escolherem deliberadamente um ou outro meio, mas porque as empresas de tecnologia estão ocupadas envolvendo todos que puderem em novos produtos, frequentemente através de canais de vendas. Novas mídias surgem nas organizações atualmente. Não apenas isso, mas cada um dos tipos de mídia está evoluindo com sua própria tecnologia e base de usuários.

Que Mídia Você Usa?

Quais desses tipos de mídia você compreende o bastante para usar regularmente? Qual serviria a suas metas de liderança? Leia as descrições e confira quais parecem relevantes.

1. Pense sobre suas experiências com cada uma dessas mídias. Com quais delas você se sente completamente confortável para usar? Classifique a si mesmo em uma escala de 0 a 10, sendo 10 "completamente confortável".
2. Pense sobre o que você precisa comunicar para uma organização maior. Classifique a mídia quanto à relevância dela sobre o que você precisa alcançar.
3. Agora pense em sua própria organização. Você tem pessoas competentes em cada um dos tipos?
4. Pense sobre a necessidade de diferenciar-se de outras comunicações para atrair e prender a atenção. Qual mídia serve melhor a esse propósito?

MÍDIAS INTERATIVAS MAIS COMUNS

	1. TELEFONE & TELECONFERÊNCIA	2. E-MAIL & LISTAS DE E-MAIL	3. MENSAGEM DE TEXTO	4. VIDEO-CONFERÊNCIAS

	Inclui telefones e celulares	Inclui e-mails com anexos	Inclui mensagens de smartphones e computadores	Inclui múltiplas imagens de vídeo simulando a realidade
	Prós + Sempre presente + Rápido + Íntimo + Chama de qualquer lugar	**Prós** + Conhecido + Rápido e global + Pode ser arquivado + Pode anexar recursos visuais	**Prós** + Muito rápido + Plataforma atual + Legível em reuniões + Pode anexar fotos	**Prós** + Parece real + Possibilidade de usar quadro branco + Gravável
	Contras – Sem suporte visual direto – Requer cópias físicas adiantadas para visualização – Fidelidade variável	**Contras** – Excessivamente usado – Frequentemente ignorado – Impessoal – É preciso abrir visualizações	**Contras** – Dificuldade para arquivar – Espaço limitado – Geralmente não visual	**Contras** – Caro – Requer instalações avançadas – Ferramentas de visualização limitadas
SUA INTENÇÃO	Reuniões rápidas da equipe, negociações, transmissões	Comunicar-se de forma geral com sua equipe	Checagens rápidas	Economizar dinheiro com viagens
SUA EXPERIÊNCIA	1-2-3-4-5-6-7-8-9-10	1-2-3-4-5-6-7-8-9-10	1-2-3-4-5-6-7-8-9-10	1-2-3-4-5-6-7-8-9-10
SUA PREFERÊNCIA	NOTA 1-24 ☐	NOTA 1-24 ☐	NOTA 1-24 ☐	NOTA 1-24 ☐

OUTRAS MÍDIAS INTERATIVAS

TIPO DE MÍDIA	5. REUNIÕES VISUAIS	6. CONFERÊNCIAS VIA WEB	7. QUADROS BRANCOS INTERATIVOS	8. FÓRUNS DA WEB	9. SALAS DE EQUIPE ONLINE
ÍCONE VISUAL					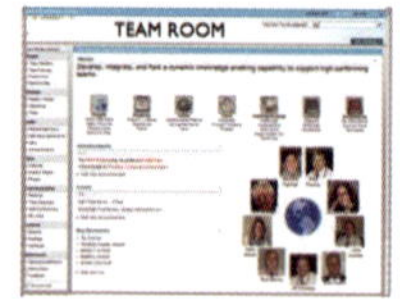
DESCRIÇÃO	Presencial e facilitação gráfica online	Inclui plataformas gratuitas ou pagas	Inclui soluções com colaborações grandes e pequenas	Refere-se a sites online para postagens e comentários	Inclui tanto sites de provedores de serviços quanto internos
PRÓS	**Prós** + As imagens inspiram + As pessoas se sentem ouvidas + Apoia a visão de conjunto + Registro validado pelo grupo	**Prós** + Suporta slides, conversas, quadro branco, votações + Razoavelmente bem compreendido + Gravável	**Prós** + Múltiplas respostas + Gravável + Impressões eletrônicas alteráveis com facilidade + Pode criar panoramas com exibições interligadas	**Prós** + Participar à vontade + Pode ser arquivado + Pode anexar imagens	**Prós** + Todas as informações em um só lugar + Arquivar relatórios + Capacidade de multimídia + Suportado por TI nas maiores organizações
CONTRAS	**Contras** – Requer uso de papel ou tablets – Requer compreensão de formatos visuais básicos	**Contras** – Requer computador – Desenhar é básico – Requer suporte técnico	**Contras** – Curva de aprendizado – Exige habilidade do usuário – Ferramentas gráficas limitadas	**Contras** – Funções visuais limitadas – Ritmo lento – Exige encorajamento	**Contras** – Requer aceitação interna – Não opera em tempo real – Tela pequena para visualização
SUA INTENÇÃO	**Engajar e pensar seriamente em uma situação**	Poupar dinheiro com viagens; rever planos, métodos	Coproduzir, trabalhar em versões de imagens	Agrupar opiniões	Coordenar e sincronizar projetos
SUA EXPERIÊNCIA	1-2-3-4-5-6-7-8-9-10	1-2-3-4-5-6-7-8-9-10	1-2-3-4-5-6-7-8-9-10	1-2-3-4-5-6-7-8-9-10	1-2-3-4-5-6-7-8-9-10
SUA PREFERÊNCIA	NOTA 1-24 ☐	NOTA 1-24 ☐	NOTA 1-24 ☐	NOTA 1-24 ☐	NOTA 1-24 ☐

MÍDIAS VISUAIS COM PROCESSOS DE PRODUÇÃO MAIORES

TIPO DE MÍDIA	10. SLIDES	11. MURAIS & INFOGRÁFICOS	12. VÍDEOS & FILMES	13. PLANOS & RELATÓRIOS	14. ANIMAÇÃO DE QUADRO BRANCO
ÍCONE VISUAL					
DESCRIÇÃO	Inclui todos os softwares de apresentação e cópias físicas	Inclui gráficos de larga escala ilustrados e murais	Inclui produções formais e informais	Refere-se a relatórios não interativos impressos ou em PDF	Também chamada de animação de gravação gráfica: desenho acelerado
PRÓS	**Prós** + Disponível em qualquer lugar + Possibilita visualização ativa slide por slide + Modelos convenientes + Produz cópias físicas	**Prós** + Engajante/memorável + Capacidade para grandes imagens + Destaque + Dá suporte ao alinhamento com o processo criativo	**Prós** + Capturado por câmeras + Captura movimento + Grava emoções + Altamente visual	**Prós** + Tangível e durável + Manuseia cores e visual + Pode ser arquivado + Conveniente para ler	**Prós** + Captura a atenção + Combina linguagem verbal e visual + Desperta a imaginação + Mostra conexões
CONTRAS	**Contras** – Excessivamente usado – Não é interativo – Formato de tela pequena	**Contras** – Demora para ser criado – Não cabe em telas pequenas	**Contras** – Não interativo – O visual some – Exige técnica para produzir	**Contras** – Demora para ser produzido – Não interativo – Difícil de transportar	**Contras** – Difícil de produzir – Não interativo – Imagens não persistem
SUA INTENÇÃO	Organizar seu pensamento rapidamente	Dá suporte a narrativas de liderança	Transmitir paixão e sentimento	Comemorar informações importantes	Atrair atenção/encorajar pensamento visual
SUA EXPERIÊNCIA	1-2-3-4-5-6-7-8-9-10	1-2-3-4-5-6-7-8-9-10	1-2-3-4-5-6-7-8-9-10	1-2-3-4-5-6-7-8-9-10	1-2-3-4-5-6-7-8-9-10
SUA PREFERÊNCIA	NOTA 1-24 ☐	NOTA 1-24 ☐	NOTA 1-24 ☐	NOTA 1-24 ☐	NOTA 1-24 ☐

MÍDIAS SOCIAIS

TIPO DE MÍDIA	15. BLOGS DE ORGANIZAÇÕES	16. REDES DE CHAT	17. REDES SOCIAIS	18. MÍDIA SOCIAL DE INTRANET	19. COMPARTILHAMENTO DE FOTOS E VÍDEOS
ÍCONE VISUAL					
DESCRIÇÃO	Indica blogs no site da sua organização	Inclui o Twitter e outros serviços	Refere-se ao Facebook e similares	Sistemas de rede social internos	Inclui diversos sites otimizados para visualização
PRÓS	**Prós** + Fácil de atualizar + Pode incluir elementos visuais + Permite vínculo com outras informações	**Prós** + Rápido + Portátil e global + Pode ter links para sites + Permite hashtags	**Prós** + Popular + Pode incluir fotos e links + Conecta-se a outras redes	**Prós** + Privado + Dá suporte a organizações espontâneas + Permite buscas	**Prós** + Audiência elevada e estável + Altamente visual + Suporta vídeo + Permite buscas + Links para outros sites
CONTRAS	**Contras** – Interação limitada – Gráficos de tela pequena – Requer suporte técnico	**Contras** – Limitação de caracteres – Só possui links para imagens – Difícil de indicar referências	**Contras** – Muito público – Sem foco – Difícil de controlar os dados	**Contras** – Difícil de se focar – Custa caro para criar – Requer suporte técnico	**Contras** – As imagens são públicas – Número de escolhas grande demais – Não é exatamente interativo
SUA INTENÇÃO	Comunicar-se pessoalmente com muitas pessoas	Direcionar pessoas a outros sites; apoiar reuniões	Alcançar contatos improváveis	Encorajar redes informais porém privadas	Compartilhar vídeos e visualizações globalmente
SUA EXPERIÊNCIA	1-2-3-4-5-6-7-8-9-10	1-2-3-4-5-6-7-8-9-10	1-2-3-4-5-6-7-8-9-10	1-2-3-4-5-6-7-8-9-10	1-2-3-4-5-6-7-8-9-10
SUA PREFERÊNCIA	NOTA 1-24 ☐	NOTA 1-24 ☐	NOTA 1-24 ☐	NOTA 1-24 ☐	NOTA 1-24 ☐

OUTRAS MÍDIAS DISPONÍVEIS

	20.	21.	22.	23.	24.
TIPO DE MÍDIA	EDUCAÇÃO VIRTUAL A DISTÂNCIA (E-LEARNING)	E-BOOKS	APLICATIVOS DE CELULAR	JOGOS & SIMULAÇÕES	REALIDADE VIRTUAL
ÍCONE VISUAL				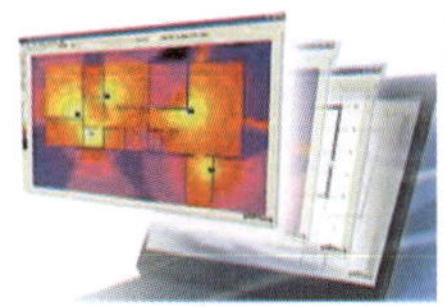	
DESCRIÇÃO	Refere-se a aprendizado com ritmo pessoal em qualquer computador	Inclui livros eletrônicos e iBooks interativos	Inclui smartphones e tablets	Inclui jogos, visualização de dados e demonstrações	Ambientes interativos tridimensionais (em 3D)
PRÓS	**Prós** + Conveniente + Avança no seu ritmo + Pode incluir vídeo e outras multimídias + Suporta aprendizado	**Prós** + Links e camadas + Visual interativo + Portátil + Custo de reprodução barato	**Prós** + Portabilidade + Interatividade + Designs parecidos com jogos + Links para outros sites	**Prós** + Retrata dinâmicas visuais sofisticadas + Interativo + Imersivo	**Prós** + Imersão visual + 3D e animado + Portátil + Fácil de atualizar + Links para outras mídias
CONTRAS	**Contras** – Caro para criar – Atrelado a computadores – Requer suporte técnico	**Contras** – Não possui padrão – Desenvolver interatividade custa caro	**Contras** – Difícil de criar – Caro – Conflitos entre plataformas	**Contras** – Caro e técnico – Baseado em computadores – Menos interação humana	**Contras** – Interfaces não intuitivas – Requer softwares especiais – Pode ser impessoal
SUA INTENÇÃO	**Pensar em estrutura? Pensar em hierarquia?**	**Fornece suporte portátil para aprendizado**	**Engajar funcionários mais jovens**	**Acessar experiências difíceis de se obter**	**Convidar para comunicações não tradicionais**
SUA EXPERIÊNCIA	1-2-3-4-5-6-7-8-9-10	1-2-3-4-5-6-7-8-9-10	1-2-3-4-5-6-7-8-9-10	1-2-3-4-5-6-7-8-9-10	1-2-3-4-5-6-7-8-9-10
SUA PREFERÊNCIA	NOTA 1-24 ☐	NOTA 1-24 ☐	NOTA 1-24 ☐	NOTA 1-24 ☐	NOTA 1-24 ☐

A COLABORAÇÃO VISUAL MÓVEL ESTÁ CHEGANDO

Até mesmo tentar fornecer um panorama sobre as novas mídias é traiçoeiro; elas mudam muito rápido. Quando este livro foi para a impressão, um novo serviço de visualização colaborativa na nuvem chamado mural.ly foi lançado. Ele é uma variante de quadro do Prezi, o aplicativo de apresentações ampliáveis mais consagrado, também baseado na nuvem. O que ambos fazem, algo precursor de uma futura capacidade de colaboração, é permitir que os colaboradores facilmente convidem outros para se juntar à cocriação de um mural ou apresentação. As equipes do Prezi atualmente usam seus aplicativos para reuniões visuais interativas!

Cada tipo de mídia descrita está também mudando por si mesma. Considere estes exemplos:

- O e-mail tornou-se popular na década de 1990. Agora, essa funcionalidade é incorporada em todo site de rede social e está migrando para a nuvem. Alguns dizem que o e-mail já é ultrapassado para a geração mais jovem, que prefere enviar SMS e tuítes. Com a disseminação do SMS, os formatos de chat estão evoluindo. Alguns novos aplicativos focam explicitamente no uso de imagens e alguns permitem anotações em tinta digital. Cada mudança exige ajustes comportamentais.
- Restrições de viagem depois do ataque de 11/09 nos Estados Unidos, acelerados pela crise financeira global de 2008, encorajaram grandes organizações a trabalhar virtualmente. Isso acelerou o ciclo de desenvolvimento das mídias de conferência via web. O Skype tornou gratuitas as conferências por esse meio nos níveis mais baixos. Ofertas pagas fornecem serviços ainda mais sofisticados nos níveis mais altos.
- Lembra-se quando interfaces gráficas de usuários (IGUs) substituíram a velha internet orientada para textos no velho modelo C-prompt? Agora as IUAs, ou interfaces de usuário ampliáveis, estão evoluindo rapidamente, conduzidas pela tecnologia touch-screen e antigos líderes como o Prezi. É um programa de apresentação europeu que permite ampliar os detalhes em um gráfico, seja com caminhos pré-programados ou com navegação manual. ChronoZoom é um programa que permite utilizar zoom em linhas do tempo. O mural.ly fornece capacidade de quadro de avisos e design de apresentações colaborativas com funções de zoom.

Se você se sente sobrecarregado, seu pessoal também. É por isso que a liderança nessa área é necessária.

Tratar Mídias como um Problema de Portfólio

Organizações que se envolvem com muitos produtos e serviços têm o que é chamado de problema de portfólio. Deixar as coisas soltas no que diz respeito a mídias certamente o levará a esse tipo de aperto. O que você precisa fazer é determinar prioridades. Contudo, isso é mais complexo do que determinar uma plataforma simples. É necessário ser muito cuidadoso ao escolher as ferramentas que espera que todos usarão. Cada uma, para ser eficaz, exige desenvolvimento de capacidades e mudança de comportamento — provavelmente, a parte mais difícil para se fazer bom uso das tecnologias que surgem. Escolher uma plataforma é como fazer a fundação de uma construção. Se as capacidades são muito limitadas, você pode criar bloqueios substanciais para uma visualização ser possível. Se eles forem muito complicados, as pessoas podem não ter tempo de aprender.

O Desafio de Decisões Infraestruturais em Larga Escala

Alguns tipos de infraestrutura abrangem a empresa inteira. Como um jovem líder, você provavelmente não será influenciado por isso, mas pode ser parte de um grupo de tarefas buscando melhorias. Cada vez mais, esses grupos operam em ambientes virtuais: sites, vídeo, arquivamento, fóruns e pela maioria das formas de mídia digital descritas aqui. Em grande parte, estas ainda não estão desenvolvidas como seria desejável para suportar zoom e gráficos de larga escala, mas isso está evoluindo. As dimensões descritas no modelo de portfólio apresentado aqui moldam de forma geral as grandes escolhas. Você seleciona programas padronizados para todos ou permite que as unidades escolham? Você adota softwares "open source" (de código fonte aberto) ou customiza os seus? O que você autoriza dentro e fora dos firewalls que são cada vez mais necessários para proteger dados? Uma pergunta importante a ser feita, além daquelas listadas no começo deste capítulo é: "A estabilidade será nossa amiga?"

A Padronização Pode Permitir Flexibilidade em Aplicativos

No final da década de 1990, a função da tecnologia da informação (TI) na Hewlett-Packard (HP) reuniu seus líderes para fazer uma avaliação histórica em suas três décadas de realizações. O que o grupo percebeu, olhando em retrospecto, foi a importância da discriminação entre infraestrutura e liderança no nível de aplicativos. (Infraestrutura, neste caso, significava que as plataformas eram comuns a todos. Aplicativos eram os programas que funcionavam nela.) Em meados da década de 1970, os computadores mainframe (de grande porte) abriam caminho para os microcomputadores e a HP estava ativa no mercado. Havia, claro, muitas variedades, mas o HP 3000 foi um dos líderes. A companhia decidiu padronizar internamente essa plataforma.

EXERCÍCIO DE PORTFÓLIO DE MÍDIAS

Uma ótima maneira de envolver sua equipe para alinhar-se em comunicação visual adequada é fazer com que ela colabore com você para determinar um portfólio de mídias. Siga este processo.

1. Revise as estratégias e metas de sua unidade e para onde você precisa comunicar e colaborar.
2. Determine algumas dimensões para seu portfólio (algumas estão sugeridas no gráfico abaixo).
3. Identifique tipos de mídia candidatados que você deseja usar em lembretes (talvez usando o panorama de novas mídias deste livro).
4. Distribua-os no gráfico de portfólio mostrado abaixo.
5. Decida quais quer padronizar e quais podem ser opcionais para diferentes equipes.
6. Identifique os prós e os contras de cada escolha.
7. Priorize suas escolhas em uma linha do tempo.

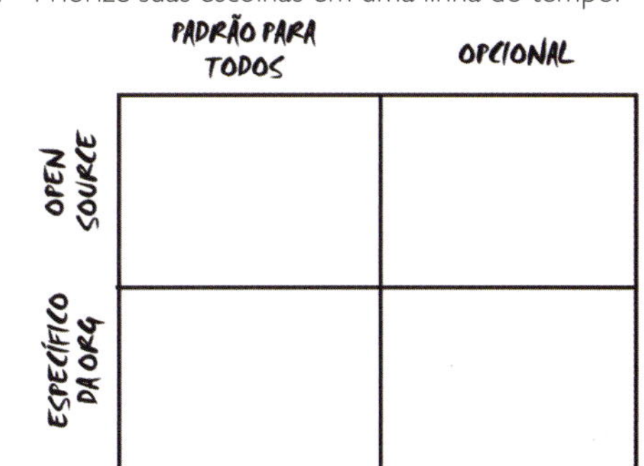

O MEIO É UMA MENSAGEM

Marshall McLuhan, um popular crítico de mídias do século passado, ficou famoso por dizer "O meio é a mensagem." Ele pode não ser "a" mensagem, mas a mídia definitivamente é **uma** mensagem.

- Se você não está de forma alguma envolvido em mídias sociais, e é importante que sua organização tenha algum apelo para os trabalhadores mais jovens, isso é uma mensagem.
- Se o seu trabalho envolve fazer as pessoas entenderem de que forma processos de ponta a ponta funcionam, e está empenhado em melhorá-los, isso é uma mensagem se não houver como observar os processos visualmente, e se você usa somente softwares de apresentação em suas reuniões.
- Por outro lado, se você faz o possível para trabalhar visualmente, para trabalhar mais, interativamente e de modo colaborativo — então isso é uma mensagem.
- O blog interno da HCL Technology, cujas postagens são respondidas ativamente por um líder, tornou-se um importante símbolo de sua filosofia de Funcionários em Primeiro Lugar. O quão frequentemente você está presente nas mídias sociais internas: isso é uma mensagem.
- Quando líderes se mostram alinhados na mesma direção, como os líderes da HealthEast fizeram, e usam um Infográfico visual comum para explicar essa direção, isso é uma mensagem.

Tal providência concentrou a energia de TI disponível no âmbito dos aplicativos, e logo a HP passou a ser uma das primeiras companhias a possuir e-mail realmente global. Muitas outras inovações afloraram. Esse nível de foco foi desvendado no final dos anos 1990 com a introdução de nove projetos de gestão de recursos empresariais em diferentes divisões que estavam instalando a popular plataforma SAP de gerenciamento de banco de dados. Infelizmente, a liderança não insistiu na padronização. Engenheiros focaram a criatividade no nível infraestrutural e a maioria dos projetos não foi entregue com a promessa de gestão de dados integrada.

Decisões Infraestruturais que Você Pode Controlar

O princípio de tratar assuntos de plataforma e infraestrutura para fazer a criatividade fluir para os programas de aplicativos e para o próprio trabalho aplica-se em suas seleções sobre como dar suporte à visualização.

- ❑ Ajustar um calendário comum para que menos energia seja gasta organizando reuniões?
- ❑ Escolher uma plataforma robusta de conferências via web que suporte vídeo e desenhos interativos para que a energia não fique atrelada em questões técnicas de conferências via web?
- ❑ Criar um plano comum relatando modelos para que a criatividade flua para comparação de planos cruzados e o pensamento de uma grande organização, em vez de apenas competir sobre visual e sentimento?
- ❑ Criar marcações padronizadas e convenções de versões de numeração em gráficos para coordenar atividades de arquivamento e recuperação muito demoradas?
- ❑ Concordar com ritmo e frequência de atualizações de comunicação importantes acerca dos processos de mudança, para que nenhuma energia seja desperdiçada questionando quem faz o quê, quando e onde?

Há, claro, muitas outras oportunidades para se ter flexibilidade de suporte à padronização. Como a determinação do que vai fuwncionar para você depende de avaliar onde se está perdendo tempo, isso é o resultado de não haver um padrão no local. Tudo decorre, é claro, de você saber onde quer chegar.

15. Liderança Virtual
Comunicando com Intenção & Impacto

Essa tal de liderança virtual existe mesmo? Vamos ver o que é possível quando você assume o controle de novas ferramentas de mídia em vez de simplesmente deixar que elas o controlem.

Líderes como Boias & Faróis

Por definição, espera-se que você e sua equipe de liderança forneçam diretrizes para os esforços gerais de trabalho. Mesmo em ambientes autogeridos, liderança é dar suporte aos valores e condições para tornar isso possível. Isso significa que, independentemente de seu foco, você precisa saber como dirigir a atenção organizacional, o que requer entendimento de como trabalhar com qualquer mídia que for escolhida para estabelecer uma conexão confiável com seu pessoal.

Se você já ouviu sirenes em uma baía tomada pelo nevoeiro, então sabe que em tais condições climáticas no oceano, os navios precisam de boias e faróis para navegar. O mesmo vale para funcionários em uma organização. Os detalhes sobre o movimento de seu navio são manuseados por sua tripulação, mas como capitão ou navegador, você precisa estar ciente de suas responsabilidades. Você sabe criar um sinal confiável, em uma névoa de informações, que sirva de orientação segura para o caminho que todos devem seguir?

Ganhe Confiança Através do Posicionamento

Warren Bennis é um dos principais autores sobre liderança desde os anos 1980. Antes da publicação do livro *Líderes: Estratégias para Assumir a Verdadeira Liderança* em 1985, ele descreveu sua pesquisa sobre 90 líderes bem conhecidos do Clube Commonwealth em São Francisco. Suas visões aplicam-se às novas mídias. De acordo com Warren, todos esses líderes compartilhavam quatro características (você pode notar o mapa de Quatro Fluxos):

1. **Visão:** Eles inspiraram com uma história de possibilidades convincente. (Isso destaca a importância da intenção e de um senso pessoal de propósito.)

COMO SER UMA BOIA EM UM MAR DE POSSIBILIDADES NEBULOSAS

1. **Eleve-se acima do barulho:** Sirenes na neblina chamam a atenção, não importa o que mais esteja acontecendo. Sua comunicação precisa destacar-se.
2. **Use sinais consistentes & rítmicos:** Boias luminosas e faróis repetem seus sinais em um determinado ritmo, para que todos possam acompanhar.
3. **Use mensagens claras e simples:** Boias e faróis não são complicados.
4. **Seja redundante; use múltiplas fontes:** Na orla marítima, há um sistema de buzinas de neblina que orienta os navios e fornece-lhes alguma certeza sobre onde eles estão.

2. **Confiança Pessoal:** Eles possuem consideração positiva de si mesmos e dos outros. Todos eram "campeões populares" que nunca difamaram as pessoas com quem contavam. (Audiências visuais ajudam a incorporar esse princípio.)
3. **Significado da Comunicação:** Os líderes que Warren estudou se preocuparam em interpretar o significado dos eventos e não apenas em comunicar informações. (Essa é a importância de entender as experiências de outras pessoas com as metáforas e modelos que você usa.)
4. **Posicionamento Confiável:** As pessoas querem saber em que direção estão indo e quando mudar de posição; elas querem avisos-prévios e ser guiadas durante a mudança. As pessoas ficam nervosas com gente brilhante que está errada em 30% do tempo. (Isso destaca a importância de fazer escolhas infraestruturais claras e consistentes, por exemplo.)

Em meio a tanta confusão é preciso focar em algo além da tecnologia — mais importante, naquilo a que você está "disposto" como líder. Na verdade, isso pode exigir uma reconsideração radical do que significa liderar.

Em sua conversa, Warren chamou a última característica de consistência. Quando *Líderes* foi publicado, ele a mudou para *posicionamento.* A palavra *consistência* sugere que ele concordava com o princípio da boia. Se as pessoas vão confiar em você e em sua equipe de liderança, então elas precisam ser capazes de se orientar consistentemente sobre o que você exige delas. Isso requer eliminar o "barulho" e o falatório do excesso de mídia. A palavra *posicionamento* é um termo melhor. Ela indica que alguma flexibilidade é necessária. Mas quando mudanças são feitas, elas precisam ser anunciadas antecipadamente, depois, um pouco antes da mudança, em seguida, na hora que acontecem, e, finalmente, logo após terem sido feitas, para sublinhar a nova posição. Tudo isso argumenta a favor da intencionalidade do uso de mídias.

Como a Intenção Molda o Uso de Novas Mídias

Em meio a tanta confusão é preciso focar em algo além da tecnologia — mais importante, naquilo a que você está disposto como líder. Na verdade, isso pode exigir uma reconsideração radical do que significa liderar. No passado, quando as informações e o conhecimento eram menos acessíveis, grande parte da liderança consistia em conduzir as pessoas sobre como fazer seu trabalho. Gerentes contratavam funcionários, ajudavam a desenvolvê-los, estabeleciam metas, exigiam performance e mediam recompensas e punição. Houve um tempo em que gerentes acreditavam que as organizações poderiam funcionar como máquinas bem lubrificadas: apenas aplicar gerenciamento científico, combinar as pessoas certas com os empregos certos e prosperar.

Esses dias acabaram faz tempo. Com a enxurrada de informações disponível, e circunstâncias de mercado tão dinâmicas que pessoas que trabalham em casa podem ser as últimas a saber o que está acontecendo, muitas organizações estão descobrindo que o papel de liderança está virando de cabeça para baixo.

HCL TECHNOLOGIES

O provedor de serviços de TI que mais cresce na Índia tem uma política de funcionários em primeiro lugar e transparência radical para as principais interações. Vineet Nayar, o diretor-executivo, pode ser um modelo do que a liderança virtual se parecerá em um futuro mais conectado em rede.

Transparência Total na HCL Technologies

Vineet Nayar era um dos "dissidentes de gestão" na conferência Inventando o Futuro da Gestão, de Gary Hamel, em 2008, em Half Moon Bay, Califórnia. Cerca de três dúzias de grandes líderes nesse campo se reuniram para explorar como a gestão pode ser tão inovadora quanto a tecnologia. (O último capítulo de *Equipes Visuais* conta a história com mais detalhes.)

Vineet é um exemplo relevante de como gestões podem ser diferentes com as novas mídias. Ele defendeu uma cultura de total transparência na HCL e uma filosofia de "Funcionários em Primeiro Lugar". A HCL é uma das companhias provedoras de serviços de tecnologia da informação (TI) digital que cresce mais rapidamente na Índia. Em 2008, ela recebeu o prêmio de Melhores Empregadores Hewett por sua atuação na Ásia. Todos os 55 mil funcionários postam feedback de mesa redonda uns aos outros online, para que todos vejam. Comentários individuais não são registrados, mas as avaliações gerais, sim. Somado a isso, Vineet descreveu um sistema de solicitações de emprego, ou tickets, feitos online para outras equipes e pessoas de uma unidade que precisam de ajuda. Todas as respostas também são postadas para que todos possam ver quão rapidamente diferentes unidades respondem umas às outras. Dentre outras inovações, ele instituiu um blog no qual qualquer funcionário pode postar perguntas. Todas as respostas requerem identificação. Ele reportou 3.500 postagens até o momento. Vineet também reportou que a HCL estava crescendo 40% ao ano. "Transparência cria confiança", ele disse. "Funcionários são o recurso mais precioso e você ganha a confiança deles com a transparência."

Uma pressuposição que impera é a de que novas mídias vão ajudar no processo de alinhar e inspirar funcionários. Você precisa compreender que essas mídias, por si só, não fazem a diferença. Sua intenção faz, quando alinhada a um comportamento visível.

Gerentes Apoiam a Linha de Frente na Nordstrom

Habilitar funcionários não envolve necessariamente tecnologia digital. Como você interage com seu pessoal como líder é, definitivamente, o que mais importa. Na Nordstrom, Betsy Sanders era uma jovem vice-presidente e gerente-geral que viu uma pirâmide invertida, que a empresa usava para orientar novos funcionários, e acreditou nela. Na figura, os consumidores estavam no topo e os gerentes apoiando os trabalhadores da linha de frente, que eram encorajados a fazer o que fosse necessário para gerar grandes resultados. Contrariando todas as expectativas, ela embarcou para a Nordstrom, que fica na região de Los Angeles, e, em uma reviravolta lendária, pôs em prática o princípio da inversão e despertou uma onda de contribuição dos funcionários e lealdade dos clientes. Seu livro *Fabled Service: Ordinary Acts, Extraordinary Outcomes* explica por que fazer os clientes se sentirem preciosos é um bom negócio.

Uma pressuposição que impera é a de que novas mídias vão ajudar no processo de alinhar e inspirar funcionários. Você precisa compreender que essas mídias, por si só, não fazem a diferença. Sua intenção faz, quando alinhada a um comportamento visível. "A maioria dos gerentes não vê seus papéis invertidos", Vivian Wright relata. "Se o fizessem, agiriam como consultores e tratariam seus funcionários como voluntários. O empenho em ampliar o poder da instituição e o papel de cada um tira a vivacidade das situações. Trabalhar para aumentar o poder da equipe a traz de volta."

Liderando Interativamente com Oportunidades de Consultoria

O fato de que o ambiente proposto pelas novas mídias é confuso abre uma grande porta para oportunidades se você escolher seguir uma orientação colaborativa e consultiva. Caso sua intenção seja dar suporte às comunicações em um ambiente de ferramentas adequadas, pense em envolver seu pessoal nessa escolha como uma oportunidade para que desenvolvam sua capacidade de pensar, de tomar decisões e de resolver problemas. Encoraje seus subordinados diretos e outros interessados envolvidos a auxiliá-lo a decidir quais as plataformas certas para seu trabalho. A seguir, algumas maneiras de fazer isso.

- **Colabore com o design do site:** Você sabe que ter um site organizacional, talvez com capacidade de fóruns ou blogs, pode ser desejável. Em vez de contratar uma empresa terceirizada para desenvolvê-lo e entregar algo bonito, insista para que o processo de design envolva você e seu pessoal em uma série de sessões de design. Na hipótese de seus designers não trabalharem dessa maneira, então encontre alguém que o faça. Se as pessoas ajudarem a criar o site e suas interfaces, elas irão usá-lo.
- **Cocrie Infográficos e planos visuais:** A história da HealthEast demonstra como aqueles líderes, inteligentemente, usaram os interesses das pessoas em concordar com o que deveria ser colocado no Mapa de Jornada de Qualidade como meio de engajar toda a organização. Todos os ciclos de revisão concederam chances para importantes conversas internas. Não padronize apenas para chegar a um produto final.
- **Escolha uma plataforma baseada em sala de equipe:** Há muitas escolhas para se ter uma informação central e um recurso de gestão de projetos para suas equipes. Em vez de selecionar um e delegá-lo, convide um grupo de trabalho para atender ao desafio de envolver pessoas e fazer recomendações. Sua liderança seria garantir que quaisquer obviedades ou impasses sejam comunicados. Pode ser importante integrar-se com outras partes da organização, e você precisa insistir nisso como um critério de design. Mas os impasses são amigos da inovação. Se as pessoas que os têm puderem falar, então eles surgirão na ocasião.
- **Design conjunto de uma sala de decisão:** Em vez de determinar um ambiente de trabalho pare reuniões críticas, seja virtual ou presencial, junte alguns de seus funcionários criativos para ajudar a pensar nisso com você. Se eles tiverem voz ativa, como você acha que se comportarão na primeira vez que usarem o ambiente?
- **Estimule o uso regular de vídeo:** Procure seus trabalhadores com mais experiência em mídias para começar a produzir vídeos que comuniquem ideias importantes e proporcionem

DESIGN THINKING

Designers normalmente trabalham em equipes, criando protótipos e conceitos juntos. Os Guias Gráficos do The Grove dão suporte a esse tipo de pensamento em sessões de planejamento. Por que não tratar seu desenvolvimento de mídia como um desafio de "design thinking" e convencer as pessoas sobre o que você quer criar?

aprendizado. Faça com que eles entrevistem clientes e tragam relatórios em vídeo. Entreviste parceiros. Crie seu próprio YouTube interno com dicas de "como fazer". Provavelmente, tudo que é necessário para isso é fazer com que as pessoas consigam utilizar equipamentos de vídeo sem muita complicação, e talvez obtenham algum treinamento com softwares de pós-produção. É algo incrivelmente acessível hoje em dia. Você não precisa saber como fazer isso para começar, mas precisa dominar a abordagem se esse não é o jeito normal de sua empresa trabalhar. Você pode ter que gastar um pouco de dinheiro antecipadamente em equipamento e organizar uma locação online segura para arquivar.

A Colaboração É Necessária?

Regeneração, cocriação e transformação não são possíveis sem engajamento geral de seu pessoal e entendimento geral dos processos, valores culturais e de outros elementos críticos da vida de uma organização.

Todas as ferramentas têm tendência a ser desenvolvidas para servirem a determinados propósitos. Mas ferramentas podem ter usos que designers nunca anteciparam. A visualização do tipo descrito neste livro é voltada ao suporte de colaboração e entendimento, divulgando a história do que você quer alcançar e de como quer trabalhar tão amplamente, que todos possam perceber como seus trabalhos podem ajudar em um esforço maior. Sistemas vivos incorporam o DNA em todas as suas células, não apenas em algumas.

Não obstante, essas mesmas ferramentas podem ser usadas para criar um ambiente focado e direcionado que não é muito colaborativo. É possível para organizações em grande crescimento, e até mesmo para algumas organizações especializadas e institucionalizadas, operar de modo mecânico, para gerar resultados. Se você é o chefe e tem o poder, certamente pode usar mídias como suas ferramentas de alinhamento sem muita colaboração. As pessoas querem manter seus empregos e farão o que for preciso se lhes for dito que ser demitido é a alternativa.

Porém, regeneração, cocriação e transformação não são possíveis sem engajamento geral do pessoal e entendimento amplo dos processos, valores culturais e de outros elementos críticos da vida de uma organização. Abordagens excessivamente diretas da liderança podem apresentar bons resultados, porém, em contrapartida, os funcionários ficam predispostos a reter uma porção de sua energia de comprometimento, recusando-se a dedicar-se integralmente. Reconhecimento, envolvimento e respeito por seu pessoal são o caminho para o comprometimento total, segundo a maioria dos que escrevem sobre liderança.

QUADROS SMART

Com o software Bridgit, da SMART, você pode conectar até 64 quadros, tablets e computadores.

Fazendo Jogadas Iniciais Inteligentes como Líder Visual

Vamos assumir que você esteja interessado em utilizar a sabedoria coletiva de seu pessoal e queira liderar de maneira mais consultiva e voltada ao aprendizado. Como você pode começar? A seguir estão alguns cenários que podem ser o foco de uma reunião de design colaborativa para determinar especificações.

- ❑ **Dê suporte a um serviço de conferência via web favorável ao uso de vídeos:** O Adobe Connect é um exemplo de serviço de conferência via web desenvolvido para suportar o uso massivo de vídeo. Isso significa que você pode reunir seu pessoal através de suas webcams e, ao mesmo tempo, elaborar alguns desenhos colaborativos e visualizações sem desacelerar as coisas. Embora o uso do Skype seja relativamente gratuito, ele não suporta fazer as duas coisas simultaneamente. Se for fácil para o grupo realizar conferências via web robustas e visuais, então eles começarão a fazê-las.
- ❑ **Treine um conjunto de facilitadores gráficos em sua organização:** Toda organização tem seu pessoal "usuário da caneta preta" (veja a página XV) que adora desenhar e registrar. Se você investir em treinar parte de seu pessoal interno, pode começar a ter reuniões visuais naquelas ocasiões em que realmente poderia se beneficiar do aspecto visual — tais como planejamento anual ou um workshop especial de resolução de problemas. Você gostaria de garantir que eles tenham acesso a grandes folhas de papel, canetas marcadores e câmeras digitais para gravar e compartilhar o trabalho deles.
- ❑ **Invista em uma rede interativa de quadros brancos:** A SMART Technologies desenvolveu o software Bridgit, que permitirá que você conecte um Quadro SMART com um PC, Mac ou tablet e faça com que todos os conectados possam interagir e desenhar. O investimento varia entre $10.000 e $20.000 dólares. Caso sua organização necessite se engajar em design colaborativo, é uma ótima forma de fazê-lo. Como líder, você deve tomar alguma iniciativa para instalar essa capacidade.
- ❑ **Crie um Infográfico de sua visão e estratégia:** Liberte-se dos slides e crie um grande mural gráfico de sua próxima visão e plano estratégico, se você tiver um. Isso envolve trabalhar com um designer de informação interno ou externo para o próprio mural, e trabalhar com facilitadores para desenvolver a mensagem. Você se surpreenderá com o quanto pessoas engajadas se tornam prestativas para ajudar e editar esses gráficos (ver o Capítulo 12).

TRABALHANDO COM UM FACILITADOR GRÁFICO

Facilitadores gráficos profissionais são pessoas que regularmente conduzem e gravam reuniões e ajudam a desenvolver processos visualmente orientados para grupos. Seguindo estes passos, você será capaz de trabalhar com esses recursos:

1. Faça sua equipe identificar duas ou três possibilidades e peça amostras do trabalho do facilitador.
2. Faça uma entrevista por telefone para avaliar o nível de experiência, abordagem de consultoria e a função que você deseja que o facilitador exerça. Ele é um bom ouvinte, ou já trabalhou em sua área?
3. Faça uma reunião inicial de design na qual você esclarecerá os resultados desejados, agenda, funções e regras.
4. Pergunte aos facilitadores gráficos como eles lidam com questões específicas que você sabe que são prováveis de acontecer, e especifique o grau de envolvimento que gostaria que eles tivessem para esclarecer as coisas.
5. Certifique-se de que você é a "voz dos resultados" em sessões de design e na reunião.
6. Faça com que o facilitador seja a "voz da agenda" na gestão do tempo. Ele deve ser como um motorista, conduzindo você, o passageiro, ao aeroporto.
7. Certifique-se de que você tem clareza quanto à documentação que gostaria de dispor após a reunião. Simples fotos digitais são suficientes? Você precisa de alguma informação digitada? Quer envolver outras pessoas para ajudar o facilitador?

- ❑ **Pilotar usando salas de equipe online:** Escolha uma equipe que precise trabalhar a distância e que se beneficiaria tendo um lugar em comum para colocar documentos críticos, calendários, linhas do tempo e trocas a respeito de um projeto. Se você investir em um pouco de treinamento, então poderá criar um exemplo que poderia se repetir em outras partes da sua organização. Envolva a equipe em ajudar a pesquisar opções. (O livro *Equipes Visuais* tem uma grande quantidade de informações sobre esses tipos de ferramentas.)
- ❑ **Organize uma cúpula visual:** Muitas vezes é importante reunir um grupo para se alinhar a novos planos, trazer novos funcionários à cultura e fortalecer relações pessoais entre todos. Organize uma cúpula, na qual você crie uma história visual e envolva todos em pequenas descobertas, observando as questões atuais e controlando a força da mudança. Faça alguma visualização e estabeleça prioridades. A Reunião de Mapeamento da Jornada de Qualidade da HealthEast é um evento desse tipo. Esses eventos permitem a você criar um verdadeiro teatro de ideias.
- ❑ **Encoraje estudos de caso em vídeo:** Compre câmeras de vídeo e encoraje equipes que estão fazendo algo que precisa ser compartilhado, a fazer vídeos informais incluindo entrevistas, explicações e principais modelos e estruturas usadas em seu trabalho. Providencie junto ao seu pessoal de TI para que haja um lugar no qual esses vídeos podem ser armazenados e transmitidos, ou contrate um serviço terceirizado que possa fazer isso. Você também deve encontrar uma empresa que possa editar os vídeos com baixo custo ou treinar alguém internamente para realizar essa tarefa. Isso provavelmente vai exigir algum gasto com equipamento. Edição de vídeo exige discos rígidos potentes e um computador com capacidade considerável. Notebooks podem resolver se tiverem memória suficiente e discos rígidos externos portáteis.
- ❑ **Comece a usar gráficos PARR em reuniões comuns:** Habitue-se a se certificar que seus papéis, agenda, resultados e regras sejam registrados com clareza e o quanto você leva a sério esse procedimento, para que não se transforme em mera formalidade.
- ❑ **Use modelos gráficos em suas reuniões de planejamento:** Use modelos gráficos para visualizar diferentes passos em um processo de planejamento. Crie um mural sumarizando prioridades e

deixe-o disponível para postagem online, ou fisicamente no ambiente de trabalho. Então, construa seu próximo ciclo de planejamento revisando o trabalho no gráfico anterior (veja o Capítulo 9).

O Desafio das Redes Sociais

Líderes são ocupados. A maioria não tem muito tempo para gastar em redes sociais. Mas há maneiras de usá-las efetivamente como líder. A coluna lateral desta página lista instruções caso as mídias sociais sejam novas para você e ache que seu uso atual não é muito efetivo. No The Grove, nós sabemos que os nossos clientes e associados são interessados no desenvolvimento do campo da visualização, especialmente de qualquer coisa conectada com facilitação estratégica, trabalho em grupo e suporte colaborativo. Focados nesses temas, nós regularmente postamos no Twitter, no Facebook e no LinkedIn (a rede social mais focada em profissões), apontando nossos recursos online, artigos de revistas, livros e exemplos gráficos que são relevantes. Fazemos isso com regularidade, entre duas e quatro vezes por semana. Não é algo que demore se você usar aplicativos que publicam uma postagem em diversas redes ao mesmo tempo. Se um colega envia um artigo ou site específico, podemos mandar uma mensagem com um link para nossa rede. Leva menos de um minuto para fazer isso. O que faz a diferença é o foco, e saber o que as pessoas consideram valioso.

Se você é um líder que gosta de usar vídeos, pode usar suas redes sociais para indicar às pessoas vídeos que deseja que elas vejam. Caso goste de usar grandes murais para comunicar sua visão, pode usar PDFs e enviá-los como anexos em e-mails. Ou, se você gosta de blogs, pode usar a rede social para conectar-se ao blog que você escreveu. Pode ser que seu dom seja conhecer diversos especialistas que têm habilidade para selecionar quais ideias são mais importantes. Isso pode ser o foco de sua atividade na rede.

Em *O Ponto da Virada: Como Pequenas Coisas Podem Fazer uma Grande Diferença*, Malcolm Gladwell descreve conectores, especialistas e vendedores como três tipos de líderes que fazem a diferença em conseguir novas ideias. Quando as situações são dinâmicas, pode-se precisar de mais do que um empurrãozinho no momento certo para fazer com que as coisas se tornem "virais" (note o modelo celular mental).

INSTRUÇÕES PARA O USO DE REDES SOCIAIS

As redes sociais são diversas e ocupadas, até mesmo aquelas que são internas à sua organização. Para conseguir o efeito de boia e que as pessoas prestem atenção, siga estes princípios:

1. **Foco:** Determine um foco bem claro para suas postagens — por exemplo: planos, progresso, reconhecimentos da empresa.
2. **Frequência:** Determine uma frequência regular para que as pessoas saibam como se sintonizar. Você postará diariamente, semanalmente ou mensalmente? A constância pode ser mais importante do que o volume.
3. **Brevidade:** Mantenha suas postagens no assunto. Se você usar o Twitter, então terá que ser breve. Fóruns e blogs não são tão restritos.
4. **Links:** Uma das grandes vantagens de plataformas de redes sociais é a capacidade de se conectar, ou apontar, outras fontes de informações. Se você usar seu papel de líder para criar postagens que funcionem como pequenos faróis apontando para documentos relevantes, poderá ajudar a manter todos orientados sobre o que é importante.
5. **Relevância:** Mantenha suas postagens úteis e relevantes ao trabalho que as pessoas estão fazendo. Como líder, seu comportamento é amplificado. Certifique-se de que você está magnificando o comportamento que mais quer ver.
6. **Reconhecimento:** Redes sociais são um pequeno holofote que pode dar destaque a algumas coisas que estão funcionando bem. O reforço positivo cria mudanças.

- **Conectores** são pessoas que conhecem muita gente.
- **Especialistas** dominam a maior parte de um dado assunto e são indicados para lideranças fortes.
- **Vendedores** são negociantes persuasivos que têm habilidade para atrair outros e adoram traduzir ideias.

Fãs de novas mídias acreditam que estamos entrando em uma era em que fazer sentido coletivamente é possível através das redes e suas ligações. Há uma questão de que a informação factual está nas pontas dos dedos de todos, literalmente, se você tiver um smartphone que pode se conectar à internet. Mas esse tipo de conhecimento — sobre como usar as informações — é do tipo que traz resultados?

Você pode ser qualquer um desses tipos de líder. O que ajuda é vincular você com seus complementos e, juntos, criarem atenção ao redor de ideias relevantes. Se você é do tipo vendedor, pode querer enviar coisas para conectores amplificarem. Caso seja um especialista, pode querer recrutar vendedores para ajudar. O princípio básico é estabelecer uma identidade online na qual os outros possam confiar.

Conhecimento da Rede

Fãs de novas mídias acreditam que estamos entrando em uma era em que fazer sentido coletivamente é possível através das redes e suas ligações. Há uma questão de que a informação factual está nas pontas dos dedos de todos, literalmente, se você tiver um smartphone que pode se conectar à internet. Mas esse tipo de conhecimento — sobre como usar as informações — é do tipo que traz resultados? E até que ponto ele está nos ajudando a entender sistemas e interconexões das coisas, usando nossas capacidades de visualização? Velocidade e brevidade em comunicações não dão suporte à compreensão profunda de uma organização da maneira que cocriar visuais o faz.

Nos últimos capítulos deste livro voltaremos ao desafio humano de conduzir a mudança. Se você falar com pessoas experientes na implementação de novas tecnologias de qualquer tipo, elas admitirão que mudar comportamentos, normas e atitudes é *muito* mais difícil do que mudar a tecnologia. Vejamos este problema de perto e como líderes visuais lidam com ele.

Parte Cinco:
Liderando a Mudança na Organização

Parte Cinco:
Liderando a Mudança na Organização

16: Antecipando a Necessidade de Mudar Mudança e transformação, por definição, levam você a um território em que sua organização terá novas prioridades, precisará de novos comportamentos e da implementação de novos processos. O que é confuso para todos, pois não há guias sobre como isso acontecerá. Este capítulo descreve uma estrutura útil para antecipar os estágios da mudança usando a abordagem do Infográfico.

17: O Efeito Crisálida (Casulo) Devido ao fato de que as organizações são constituídas de seres humanos que possuem atenção, sentimentos, uma ampla variedade de habilidades, sérias restrições no sentido de quanto de mudança conseguem suportar e dúvidas de quão rápido ela acontecerá, finalizaremos este livro olhando para o coração da liderança visual — como você cria situações de confiança que permitem que sua organização se transforme. Tomando emprestada a analogia da lagarta que se toma borboleta, vamos olhar metodicamente para como a liderança visual pode ajudar enormemente neste desafio. Também veremos o que você, como líder, pode fazer para garantir que as pessoas estejam se divertindo e vendo resultados enquanto as ajuda a desenvolver seu QI visual e capacidades.

16. Antecipando a Necessidade de Mudar

Colocando as Ferramentas Visuais para Trabalhar

Até agora vimos diversas ferramentas e métodos para aumentar o seu QI visual e o de sua empresa. Essas ferramentas e práticas ganham vida quando integradas com o tempo em um planejamento específico, ou em processos de solução de problemas. Elas são mais importantes quando sua organização precisa mudar. Este capítulo é a chance de verificar como as ferramentas e métodos descritos neste livro atuarão em sua situação real. Vamos ver como isso pode acontecer se você estiver envolvido, ou decidir promover uma mudança de larga escala na organização.

Nas próximas páginas há um modelo gráfico pelo qual caminham, em geral, os tipos de estágios do processo de mudança, e as várias atividades que costumam entrar em cena. Isto é um mapa global, é claro, e é ilustrado como um Infográfico acompanhado de descrições. Neste caso, o território é sua empresa. Para dar vida a essas ideias, você deve colocar em prática as ferramentas compartilhadas neste livro e, literalmente, criar seu próprio mapa, usando esta estrutura como um ponto de partida. É tão simples quanto juntar várias folhas de papel e marcar um conjunto de colunas representando os diferentes estágios. Enquanto você lê as descrições, traduza os pontos gerais e dicas em suas especificidades. Você pode fazer isso a respeito de um processo de mudança passado, ou sobre um que você queira imaginar sobre o futuro. Em ambos os casos, o que você incluir ou omitir fluirá das especificidades de suas próprias circunstâncias, suas metas para mudança e com quais tipos de recursos precisa trabalhar.

Visualizando Padrões Previsíveis na Mudança

A estrutura de transformação é resultado da necessidade de um mapa como este para fornecer um ponto de referência em grandes projetos de consultoria. Ele reflete um modelo em evolução sobre como as coisas funcionam, que integra inúmeras suposições. Na prática, é um checklist ilustrado. No Capítulo 5, vimos uma versão de nível mais alto de um tipo parecido de mapa, o Modelo de Organizações Sustentáveis (Modelo OS). Sua intenção era pensar em escolhas de forma organizacional. O modelo de transformação se foca nas especificidades de como você implementaria uma dessas mudanças. Você seguiria tal processo quando começar a sentir que sua organização atual perdeu vitalidade e efetividade ou precisa ser mais eficiente.

CURVA DE GREINER

É amplamente aceito que estágios de crescimento em uma organização são uma série de desenvolvimentos evolucionários interrompidos por períodos revolucionários de mudança. Larry Greiner popularizou essa ideia nos anos 1970 com este gráfico. O Modelo OS (Capítulo 5) ecoa esse padrão subjacente.

Mantenha esse padrão oscilante em mente, pois ele também ressoa no processo de transformação mais específico que você estiver conduzindo. Pense no modelo de transformação de organização como um zoom em um dos momentos de revolução. O mesmo padrão se aplica. Espere saltos e então períodos de integração, mais saltos e então mais integração. Sua jornada específica será, é claro, única. Esses tipos de modelos conceituais podem conduzir sua atenção mas não devem impedi-lo de ver padrões únicos em sua situação específica.

Colocando Ideias em Prática

Muitos motivos diferentes podem ativar a necessidade de mudanças em sua organização. Qual destes pode se aplicar a você?

- ❑ Você é uma startup que precisa focar em um produto ou serviço principal e gerar algum fluxo de caixa real ou fluxo de novos apoiadores?
- ❑ Você está satisfeito sendo uma organização com grande crescimento mas precisa de um produto ou serviço diferente para ser o número um?
- ❑ Você é uma organização especializada mas o todo e a performance não estão exatamente adequados?
- ❑ Você está liderando uma instituição que simplesmente precisa se ajustar e ser mais eficiente?
- ❑ Você está em uma organização orientada para processos que está empacada em seus próprios procedimentos e precisa tornar-se mais inovadora e cocriativa, talvez se aliando a outras organizações?
- ❑ Você simplesmente precisa fazer melhor o que sabe que precisa fazer, e aumentar os níveis de motivação e desenvolvimento de habilidades?
- ❑ Ou a crise e o desafio que você enfrenta estão em sua própria liderança? Talvez você precise entender como ser um gerente que delegue mais, em vez de concentrar tudo em suas mãos?

Em qualquer um desses casos, mapear como você deve proceder sobre a mudança é um jeito de começar. À medida que entramos em um processo de mudança completo, e considerando que as diferentes ferramentas e métodos de liderança visual se aplicam a cada estágio, preste atenção ao que parece bom. Tenha em mente que também há aspectos não visuais que são muito importantes, como dar tempo às pessoas para abandonar velhas ideias, reservar tempo para diálogos profundos, e ouvir que isso não é conceitual ou explícito. Os gráficos ilustram cada estágio e fornecem uma lista de características genéricas que normalmente pertencem a esses estágios. O texto revisará as ferramentas que vão ajudar. O arco-íris através do gráfico sugere o fluxo corrente de trabalho que deve continuar durante qualquer processo de mudança. A ilustração desse gráfico é propositalmente dinâmica para refletir uma mudança organizacional em forma de rio, de natureza fluida.

1. Visualizando o Chamado pela Mudança

Não importa o tipo de crise em que você esteja, os motivadores serão uma combinação de desafios internos e externos. Visualizá-los é o primeiro passo para entender o que é demandado. A seguir estão algumas coisas que você pode fazer neste estágio:

- ❑ **Mudar a orientação processual:** Compartilhar o Modelo OS ou estrutura Greiner com sua equipe e compartilhar o que pode estar envolvido se você quiser começar a trabalhar na mudança.
- ❑ **Realizar buscas & entrevistas:** Listar os desafios internos e externos que o fazem pensar em mudança. Entrevistar clientes, outras companhias ou pessoal interno para desenvolver uma noção do que está acontecendo no ambiente como um todo. Verificar as pesquisas sobre seus funcionários. Escolher um modelo gráfico e pedir à equipe para reportar de volta de modo que lhe permita comparar visualmente e contrastar os dados em uma reunião de decisão.
- ❑ **Sessões de escopo facilitadas:** Envolver outros em mapear o que você acha que a mudança pode envolver, depois de criar o primeiro rascunho. Quanto investimento você precisa para alinhar liderança e interessados? Quanto trabalho você precisa para acordar seus funcionários para o que você está vendo? Uma sessão de escopo visual trará todas essas questões à baila, e simultaneamente estimulará sua equipe de mudança (Passo 2).
- ❑ **Mapeamento histórico gráfico:** Lançar um olhar mais demorado na história da organização e nas raízes da mudança. Criar algo como os mapas da Visa para sua própria organização e comprometer as pessoas a dialogar sobre valores centrais, mudanças do passado e melhores práticas. Em qualquer uma dessas sessões suas metas abrangentes são destacar a necessidade de mudança e criar quanto consenso for possível.

1. Chamado por Mudança

- Vozes da mudança se apresentam.
- Algumas despertam para as necessidades.
- O pensamento ultrapassado é desafiado pelas circunstâncias.
- Algumas articulam um estado futuro desejado.

- Mudar Orientações Processuais
- Realizar Buscas e Entrevistas
- Sessões de Escopo Facilitadas
- Mapeamento Histórico Gráfico

2. Estimular uma Equipe

- Líderes de mudança exploram a realidade atual, desenvolvem visões e alteram estratégias.
- A equipe central recruta aliados e renitentes ao processo.
- Organizações maiores se engajam em diálogo e aprendem sobre problemas e oportunidades.

- Mapeamento de Contexto
- Visualização Estratégica
- Facilitação Gráfica
- Facilitação de Diálogo

2. Estimular uma Equipe

Se você está certo de que precisa de um esforço de transformação concentrado, então precisa de uma equipe de líderes alinhados para ajudá-lo. Uma liderança visível é essencial para superar a resistência. O gráfico sugere que se façam algumas coisas no nível geral por meio de reuniões estratégicas e sessões de escopo e, simultaneamente, fazer mergulhos mais profundos na organização para começar o embalo nos níveis mais baixos. Além de todo o recrutamento de indivíduos necessário, aqui estão algumas ferramentas que você pode usar:

- ❑ **Mapeamento de contexto:** Revisitar os problemas identificados e desenhar os motivadores da mudança. Mapeá-los em um grande gráfico mostrando as inter-relações. Isso pode combinar fatores internos e externos (veja o modelo da página 122).
- ❑ **Visualização estratégica:** Conduzir sua equipe de liderança explicitamente, através de um processo de Visualização Estratégica, com revisão de história, contexto, análise SPOT, visualização, potenciais passos seguintes e planos de ação. Visualizar o contexto completo de múltiplas perspectivas é crucial neste estágio.
- ❑ **Facilitação gráfica:** Usar métodos de reunião visual para documentar discussões e respostas. Em processos de mudança, as pessoas precisam ser ouvidas e respeitadas por suas preocupações. Ouvir as pessoas aumenta as chances de que elas o ouçam.
- ❑ **Facilitação de diálogo:** Você vai querer se certificar, a essa altura, de que seus esforços possibilitem às pessoas a chance de se conectarem ao sentimento no nível dos relacionamentos pessoais. Suas sessões gráficas devem sempre suportar o diálogo real. Na mudança, novas ideias surgem através da prática de escutar.

O tempo de duração deste estágio, e a quantidade de reuniões e conversas individuais, podem variar muito. Culturas de organizações colegiadas podem precisar de um número grande de ciclos tanto nos níveis altos quanto nos demais. Culturas mais hierarquizadas podem concentrar mais energia no nível da liderança, certificando-se de que um grupo central está alinhado e comprometido com todo o trabalho que a mudança requer.

3. Testar Visão & Know-How

O trabalho central da sua organização precisa ocorrer durante a mudança, mas você também precisa testar e fortalecer quaisquer visões e iniciativas que saiam de suas reuniões estratégicas. Vitórias rápidas são úteis para criar embalo. Você e outros líderes principais precisam, de modo amplamente visível, dar suporte à mudança, sendo necessário desenvolver as capacidades internas de membros da equipe e outros recursos. A seguir estão algumas coisas explícitas que você pode fazer:

- ❑ **Coaching (Tutoria) de liderança:** É muito útil que outros líderes, e você, pratiquem contar a história sobre Por Que Mudar? e Qual É Nossa Visão? As pessoas também querem saber que há estrutura para mudança. Diversas organizações desenvolverão infográficos do processo de mudança a essa altura, e treinarão líderes para explicá-los.
- ❑ **Facilitação & treinamento de equipe:** Com o número de reuniões e conferências via web que uma grande mudança requer, é crucial treinar uma equipe interna de facilitadores que compreendem práticas de reunião visual e possuem entendimento sólido de dinâmicas de equipe normalmente. Em organizações maiores, executivos costumeiramente habilitarão uma equipe de mudanças para conduzir o processo. Se esse grupo usa métodos visuais, eles podem aprender fazendo.
- ❑ **Treinamento de experiência:** O máximo que puder, inicie projetos que dão às pessoas experiência atual com novos comportamentos e atitudes que ajudarão a acelerar a mudança. Na Nike, uma grande mudança na organização de aquisição global de insumos é suportada por equipes que testam os novos processos e compartilham seu aprendizado com outras equipes. No Centro de Artes Headlands, decretos tangíveis foram essenciais para se obter financiamento.
- ❑ **Design de aprendizado de ações:** Se você e seus gerentes estão cientes de quais tarefas exigem equipes e grupos de trabalho especiais, então desafie seus líderes mais novos a confrontá-las como forma de aprendizado por meio de ações. Fazer essas equipes usarem ferramentas visuais para planejar, e então reportar de volta graficamente, ajudará você a compartilhar seu aprendizado.

3. Testar Visão & Know-How

- Equipes com iniciativa enfrentam assuntos mais urgentes.
- Líderes exigem aprendizado.
- Organização adquire pessoas e habilidades necessárias.
- Visão e metas conduzem o planejamento a novas normas, designs organizacionais e sistemas.

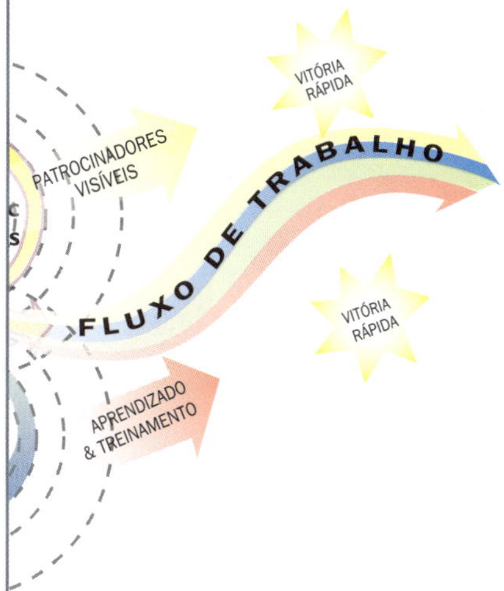

- Coaching (Tutoria) de Liderança
- Facilitação & Treinamento de Equipe
- Treinamento de Experiência
- Design de Aprendizado de Ações

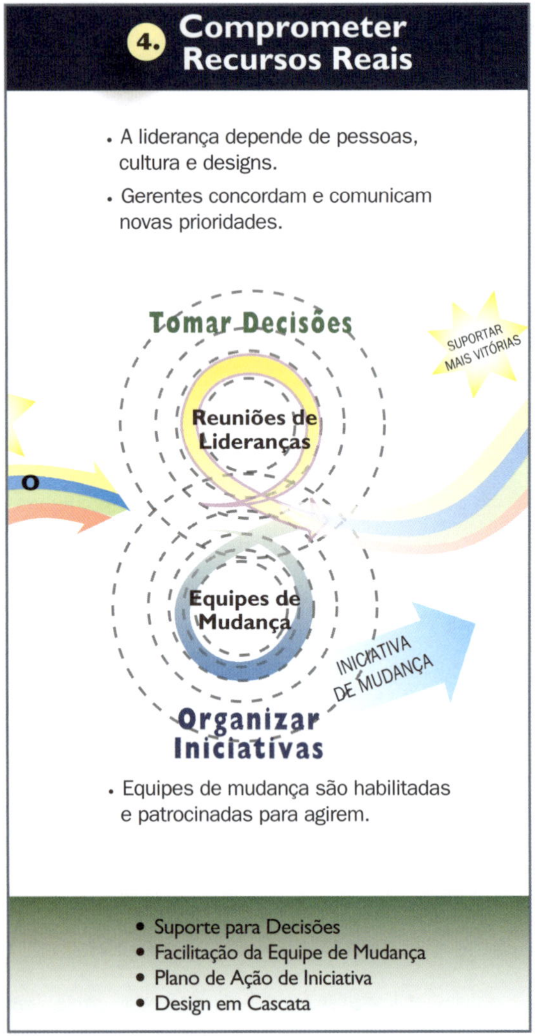

4. Comprometer Recursos Reais

Chegará um momento em que você e sua organização precisarão fazer um movimento completo rumo à mudança e ir além de simples pilotos e projetos hipotéticos. Esse é o ponto de inflexão que a Teoria Processual e o Modelo OS retratam graficamente. Novamente, isso precisa acontecer tanto nos níveis mais altos de liderança quanto no restante da organização, em geral através de alguns processos visuais bem planejados. Foi assim que John Schiavo se preparou para a decolagem — em um avião de verdade.

- ❑ **Suporte para decisões:** É neste ponto que simular uma sala de decisão real faz sentido. Trazer para o processo ferramentas de decisão que permitam avaliar e classificar. A escala de compromisso que você fizer pode ser tecnológica, e contratar uma grande firma de consultoria é o passo que compromete sua organização. Pode ser a decisão de investir em uma nova linha de produtos ou entrar em um novo mercado. Pode ser a decisão de refazer seu modelo empresarial. Seja qual for o nível da decisão que tomar, você pode contar que algumas pessoas sentirão que estão correndo muitos riscos. Será vital reforçar as razões das mudanças e seus benefícios.
- ❑ **Facilitação da equipe de mudança:** Organizar e designar tarefas específicas para as equipes de mudança que trabalham em uma organização é uma estratégia comum neste estágio. Em grandes instalações tecnológicas, uma equipe de projetos composta por especialistas ajudará a caracterizar os processos necessários, mas equipes especiais precisam treinar outras, preparar-se para a mudança e focar em outras tarefas especiais que cercam a grande decisão.
- ❑ **Plano de ação de iniciativa:** Modelos gráficos são uma ótima forma de esclarecer e alinhar suas equipes de iniciativa e manter contato com elas através de relatórios visuais.
- ❑ **Design em cascata:** Outro tipo de ação é fazer com que gerentes configurem explicitamente uma nova visão e estratégia e solicitem feedback da organização. Isso já pode ter sido feito em escala menor antes. Os Infográficos da AAA da Califórnia permitiram que ela ocorresse em todos os call centers e fosse explicado o processo para todos.

5. Amplificar & Alinhar

Um dos meios mais efetivos de criar o ímpeto para a mudança é amplificar e dar suporte a qualquer coisa que se mova na direção certa. É isso que Tom Mehlone estava fazendo na North American Tool & Die com seus prêmios de geladeira. É o que seu pessoal de comunicação interna pode fazer ao destacar equipes de iniciativa que estão obtendo resultados. Tão importante quanto isso: você e sua equipe de liderança precisam se mostrar alinhados em ação. A razão mais comum para o fracasso de projetos de mudança é o suporte inadequado da liderança. Não é muito difícil permanecer na inércia em vez de provocar uma mudança. É muito fácil enviar mensagens dúbias sem querer, se você não tiver alinhamento. Um gerente poderoso que não esteja em conformidade pode comprometer um processo de mudança cultural inteiro.

- ❑ **Murais de Infográficos:** Eles são bem efetivos em ajudar a alinhar lideranças e os outros durante seu processo de criação e, também durante conversas críticas (o Capítulo 12 explica essa abordagem).
- ❑ **Mudar roteiros**: Esses tipos de gráficos são indispensáveis para fornecer um sentido de ordem no meio de qualquer turbulência que surja enquanto a mudança é implementada (veja o Capítulo 11).
- ❑ **Mapeamento de processos:** A maioria das mudanças organizacionais envolve mudar como as coisas são feitas, ao longo do tempo. Usar equipes especiais para caracterizar graficamente, analisar e melhorar processos específicos acontece comumente neste ponto.
- ❑ **Redesign de processos:** Qualquer processo que você propuser no começo da mudança começará a evoluir baseado em eventos reais. Se você e sua equipe de gestão começarem a iterar sobre seus gráficos estratégicos, visões e mapas de processo, as pessoas perceberão que está guiando e respondendo de forma organizada. Fazer isso também fornece um meio de você preservar o apoio à liderança de modo didático, equilibrando a prática tentadora de se tornar mais diretivo quando surgirem desafios. Quanto mais você conseguir extrair do DNA do histórico de mudança para as partes da organização, mais inovação e improviso você verá.

5. Amplificar & Alinhar

- Líderes encorajam o que funciona.
- Organizações param o que não dá suporte à mudança.

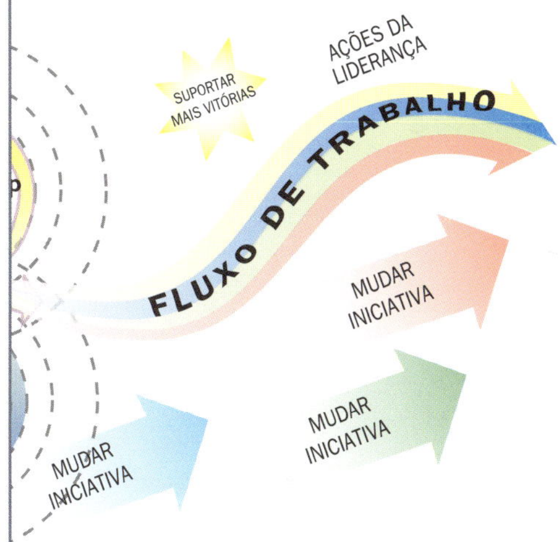

- Líderes apoiam novas normas.

- Murais de Infográficos
- Mudar Roteiros
- Mapeamento de Processos
- Redesign de Processos

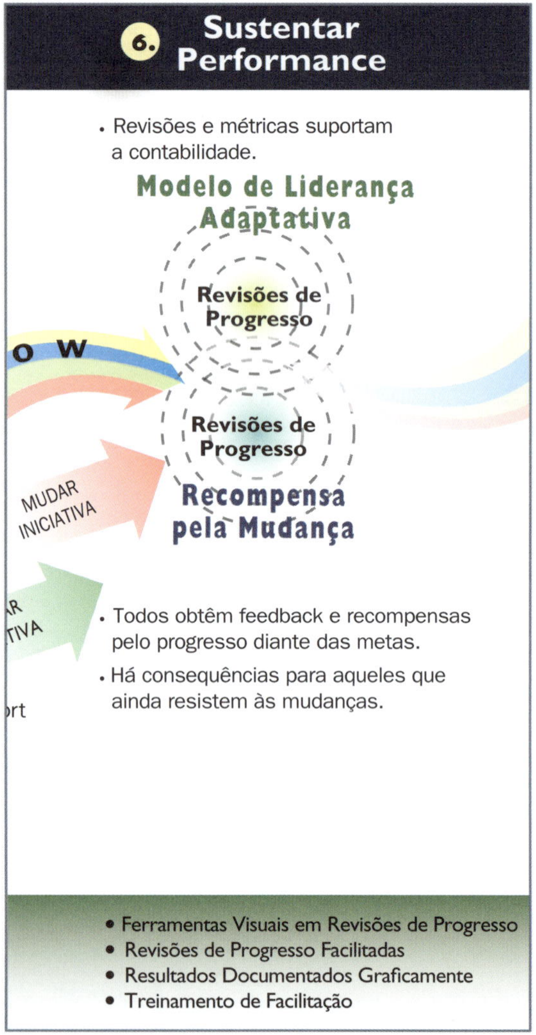

6. Sustentar Performance

Uma vez que a mudança comece a "entrar nos eixos", então você, como líder, deve agir para apoiar e dar conhecimento disso. A questão é estabelecer um novo conjunto de comportamentos e orientações que se torne aceito em toda a organização. O papel dos líderes é revisar o progresso em todos os níveis e manter a atenção organizacional nos fatores corretos. Nesse momento, as pessoas poderão notar os resultados tangíveis e visíveis de todo o trabalho que realizaram. A seguir você verá como pode dar suporte a este estágio.

- ❑ **Usar ferramentas visuais para revisões de progresso:** Fornecer plataformas para trocas virtuais que encorajem o design de modelos para registrar o projeto, que ajudem você e os outros a ver como estão as coisas.
- ❑ **Facilitar revisões de progresso:** Fornecer facilitadores que possam dar suporte a revisões especiais, com estratégias de reunião visual para que equipes cruciais se sintam apoiadas e processos essenciais continuem nos trilhos. Equipes que estão entrando em território novo não conseguirão fazer tudo certo. Um ambiente que encoraja experimentação e inovação sempre relativizará os erros que acontecem. Gerentes que estão sob pressão em busca de resultados precisam do apoio balanceador de facilitadores que estejam focados em processos de grupo bons e eficientes.
- ❑ **Resultados documentais:** Fornecer feedback regular do progresso para uma organização inteira, investidores e patrocinadores é indispensável. Comunicações de vídeo, além das regulares, comprometem o pessoal de comunicação interna a fornecer um ritmo veloz de informações de resultados e faz atualizações estratégicas para Infográficos importantes.
- ❑ **Usar treinamento de lideranças facilitador:** Quando uma organização dá o primeiro passo e está completamente imersa no processo de mudança, o papel da liderança também muda para um patamar mais elevado. Se você trabalhou duro para criar um ambiente organizacional adaptável, no qual responder a mudanças se torna uma competência, precisará ir além, fornecendo ferramentas visuais e garantindo que seus líderes estejam treinados e tenham apoio.

7. Criar uma Nova Cultura

Se Charles O'Reilly está certo quando diz que a cultura se sobrepõe à estratégia, fazer com que sua mudança se torne a nova cultura é um estado final desejável. Isso significa que as expectativas cotidianas suportam um comportamento que apoie novas formas de trabalho. As lições do processo de mudança, agora, precisam ser integradas no treinamento corrente e em programas de desenvolvimento, práticas de gestão de talentos e a maneira com a qual você e outros líderes se portam em reuniões regulares e especiais. Aqui estão exemplos.

- ❑ **Sessões de aprendizado facilitado:** Durante os três anos necessários para que a Agilent Technologies se desmembrasse da Hewlett-Packard, o departamento de tecnologia da informação (TI) da Agilent clonou cada sistema empresarial possível. Foi o maior processo desse tipo já tentado. Para dar a conhecer esse esforço, a Agilent criou um grande infográfico do processo e envolveu todas as pessoas que o tornaram possível. Esses tipos de sessões de aprendizado facilitado podem desdobrar-se tanto em reconhecimentos como em celebrações.
- ❑ **Eventos de celebração:** Simular eventos muito especiais que dramatizam a mudança significam muito para as pessoas envolvidas. Isso pode funcionar mesmo em mudanças menores. Milliken Carpet é famosa por organizar manifestações festivas de congraçamento que honram equipes e pessoas que contribuíram com a mudança. O envolvimento central da liderança fez com que esses eventos se parecessem como Oscars para as pessoas envolvidas. Eles são especialmente importantes em organizações que fornecem muitos serviços e produtos para um público amplo, como a Nordstrom, cuja atitude dos funcionários é um diferencial.
- ❑ **Desenvolvimento de sistemas didáticos:** Refletir sua nova cultura no treinamento e desenvolvimento que sua organização faz garante que ela se torne parte da nova composição de todos os novos e emergentes funcionários, assim como das pessoas que estiveram diretamente envolvidas na mudança.
- ❑ **Desenvolvimento de estudos de caso:** Histórias gráficas fornecem um modo interessante de refletir sobre um processo longo e para colher aprendizado. Elas podem oferecer suporte a vídeos, livros e outras mídias que abordam as práticas e ferramentas da mudança recém-ocorrida.

7. Criar uma Nova Cultura

- Equipes celebram e compreendem o sucesso.
- Líderes interpretam falhas.

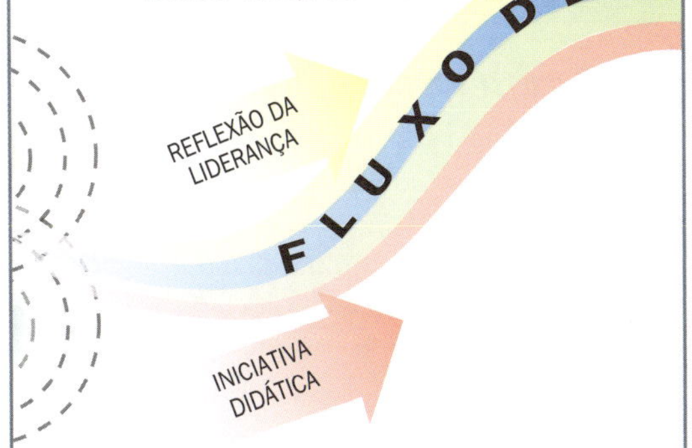

- A organização se mantém ancorada a resultados e aprendizado contínuo.

- Sessões de Aprendizado Facilitado
- Design de Eventos de Celebração
- Desenvolvimento de Sistemas Didáticos
- Desenvolvimento de Estudos de Caso

O MODELO DE TRANSFORMAÇÃO ORGANIZACIONAL DO THE GROVE

Comandando a Vantagem da Interpretação

Nesta página está o processo inteiro em um gráfico. A esta altura você deve compreender que esses tipos de estruturas visuais para pensar sobre mudanças estão para o trabalho real como pianos estão para a música. O teclado é organizado logicamente, baseado nas notas musicais reais e tamanho dos dedos. Mas a música varia infinitamente. Estágios podem se repetir. Alguns podem ser estendidos. Outros podem ser comprimidos. Existem partes dissonantes e harmonias. Se você trabalhou em seu próprio mapa de mudança, enxergará esses modelos visuais como se fossem um tipo de instrumento mental, e aprenderá a confiar no que vê através deles sem ficar obcecado para tentar fazer com que as circunstâncias se encaixem *dentro* dele. Seu pessoal experienciará essa dicotomia mapa/território quando você criar um mural sobre sua visão e processo de mudança. O mundo real não flui exatamente desse jeito. É por isso que você precisa saber como explicar e conversar sobre relações entre pensar e agir.

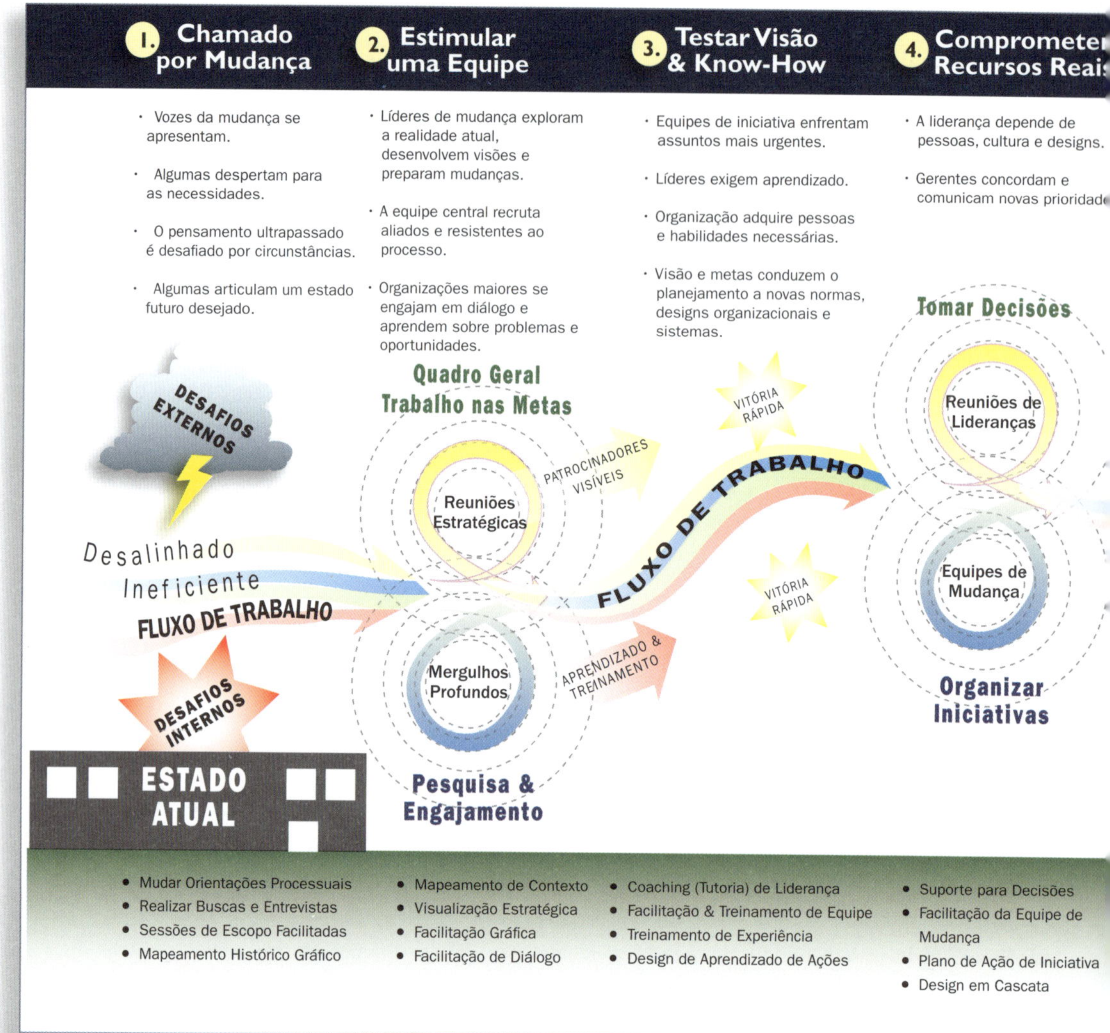

O MODELO DE TRANSFORMAÇÃO ORGANIZACIONAL DO THE GROVE

Aqui está o modelo combinado de mudança. Ele evoluiu da experiência de 35 anos de consultoria no The Grove Consultants International e dos insights de Peter Gaarn, um consultor organizacional sênior profundamente envolvido nos processos de mudança da Hewlett-Packard durante os anos 1990 e 2000. O modelo também remete à Teoria Processual de Arthur M. Young e relaciona-se transversalmente com o famoso modelo de mudança de John P. Kotter. Ele é configurado na forma de uma familiar curva em "S", e junto com os estágios funciona como um pano de fundo, ao estilo comum a um grande número de cenários de idealizações em organizações. A meta do gráfico é ilustrar em que rumo o trabalho deve continuar ao redor da mudança e a importância de trabalhar em todos os níveis da organização (as imagens de oito figuras ilustram esse ponto). Como em todas as abstrações, um processo de mudança real refletirá em diversas variações, mas esses sete estágios precisarão ser atendidos em algum momento. As maneiras como você pode suportar seu próprio processo de mudança como líder visual estão sumarizadas na parte de baixo. Para extrair mais valores desse tipo de estrutura, reserve tempo para mapear uma experiência com a qual você seja familiarizado, usando esses estágios como um guia para suas reflexões.

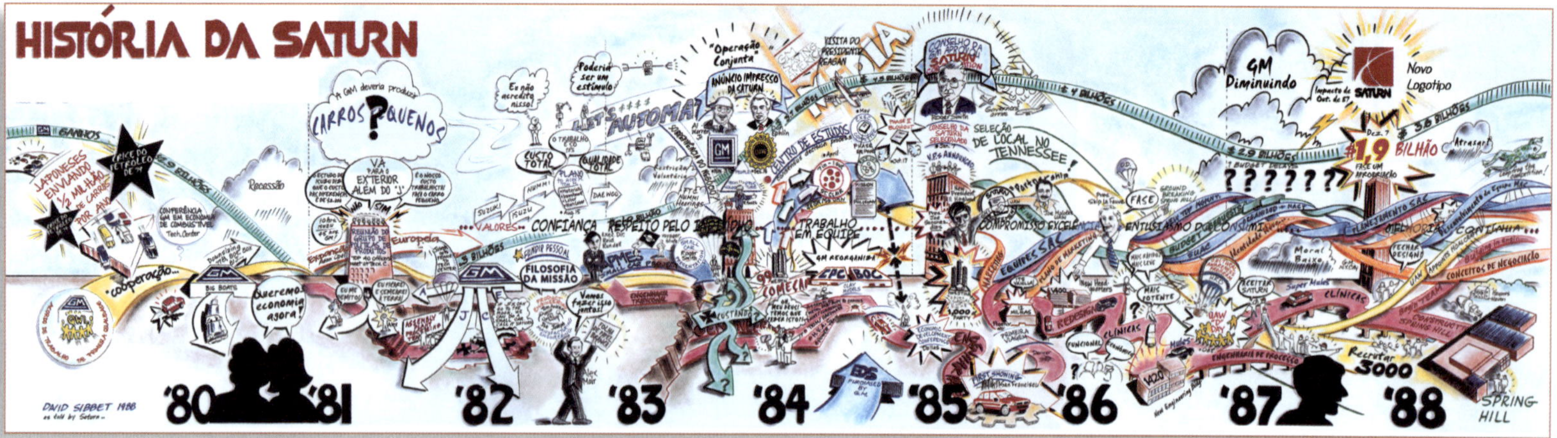

TRANSFORMAÇÃO DA SATURN

Em 1988, a General Motors abriu a primeira fábrica de manufatura de carros novos construída nos Estados Unidos em muitas décadas e precisou orientar seus 3 mil novos trabalhadores sobre a história e a visão da Saturn. O infográfico mostrado aqui foi patrocinado por John Weigand, o consultor organizacional sênior que trabalhava com Skip LeFauve, presidente da Saturn. John sabia que fazer a liderança concordar com sua história a engajaria em uma conversação de alinhamento sobre o futuro. Três iterações e algumas reuniões internas bastante drásticas cumpriram bem esse papel. As fitas azuis representam a história da gerência, a amarela são os trabalhadores, a vermelha é a engenharia, a laranja é o marketing e a verde representa as finanças. Os altos e baixos nas fitas e estradas representam períodos de confiança e crise, os quais têm, cada qual, uma história por trás. O mural foi tão eficaz que três anos mais tarde, a Saturn comissionou uma extensão dessa história.

A Vida Real É Muito Dinâmica

Aqui, no final do capítulo, focar em conceitos gerais e ferramentas (que esperamos estarem ancoradas às realidades específicas de sua situação) ilustra a mudança atual de outra organização. A história da antiga Organização Saturn da General Motors representada nesta página é um lembrete gráfico de que transformações verdadeiras em organizações são dinâmicas e complexas. Este infográfico foi gerado em uma reunião com 20 dos fundadores da Saturn e submetido à advocacia interna, e apresentado em reuniões com a alta administração e trabalhadores. O consultor organizacional interno John Weigand usou esse mural intencionalmente para engajar a alta administração e a liderança trabalhista em conversações que precisavam acontecer sobre o propósito e visão da Saturn no momento em que eles abriram uma nova planta fabril em Spring Hill, Tennessee.

A evolução da Saturn foi uma série de crises e improvisos, ilustrada pelo emaranhado e desembaraço das fitas do gráfico. Esse padrão de sobe e desce reflete o arco do processo do modo como uma composição musical real reflete as escalas e estruturas harmônicas abstratas de um teclado musical. A Saturn teve uma expansão consideravelmente bem-sucedida como uma nova espécie de cultura manufatureira, e então foi reabsorvida pela General Motors. Isso reflete o fato de que se há algum truísmo sobre a mudança, é que tudo mudará.

17. O Efeito Crisálida (Casulo)

Criando as Condições para a Transformação

Um tema abordado ao longo deste livro foi o valor de pensar em sua organização como um sistema inteiro enquanto você trabalha nas partes. Visualização, especialmente a de larga escala e modelos mentais apropriados, são centrais para experienciar esse valor em ação. Se você e seus subordinados diretos são as únicas pessoas que podem fazer isso, então, por definição, estarão na dependência das atribuições da liderança em comandar e controlar de cima para baixo. Se você puder elevar a organização inteira a um novo nível de alfabetização visual, suas chances de divulgar conhecimentos-chave da organização de maneira geral, como o DNA de sistemas vivos, serão enormemente aumentadas. Isso é possível?

AMARRANDO TUDO JUNTO

O Mapa da Jornada de Qualidade da HealthEast permitiu que Craig Svendsen, chefe da área de qualidade médica, contasse a história como uma visão integrada. O logo em forma de nó da HealthEast se funde com as quatro estratégias da Visão da Jornada de Qualidade e uma imagem do "espírito da enfermagem", destacando a medicina baseada em evidências, alcançando os braços da atenção e serviço, e se autoavaliando com base em seis parâmetros de qualidade no grande "Q", literalmente amarrando a história em si mesma. "Atingimos nossa meta de 2010!", disse Craig. (Veja o Capítulo 1 para ver como ele foi criado.)

Que Diferença o Mapeamento Fez na HealthEast?

Craig Svendsen é um médico que ganhou o posto de chefe da área de qualidade médica em 2005, no começo do processo da Jornada de Qualidade da HealthEast (veja o Capítulo 2). Ele participou do processo inteiro e continua sendo seu líder. Então sua liderança visual fez a diferença? "Sim", ele diz. "De muitas maneiras."

1. **Reunindo as pessoas:** "Foi preciso que todos se reunissem em uma sala como contribuidores, colaboradores e possuidores da memória da organização para entender nossa herança, ver o que realmente somos e concordar para onde queríamos ir. Isso criou um espaço para discussão. Isso foi incrivelmente valioso", disse ele.
2. **Linguagem comum:** "Criou-se um quadro gráfico do nosso passado, presente e para onde íamos. Poderíamos conversar sobre o 'rio de desafios', o que nos manteve fixos na margem gramada e o que a estrada precisava para se mover ou mudar."
3. **Gatilho para pensamento analítico:** "Muitas pessoas da área médica são analíticas e orientadas por números. As imagens gráficas despertaram memórias e metáforas úteis, como o cheiro de lilases faz."

A EVIDÊNCIA ESTÁ NOS NÚMEROS

Os acordos feitos enquanto se criava o Mapa da Jornada de Qualidade no Sistema de Saúde da HealthEast fez com que todos se focassem no que deveriam medir. Eles mediram, e os resultados lhes permitiram afirmar com confiança que a instituição se tornaria uma referência em qualidade na região de Twin Cities em 2010.

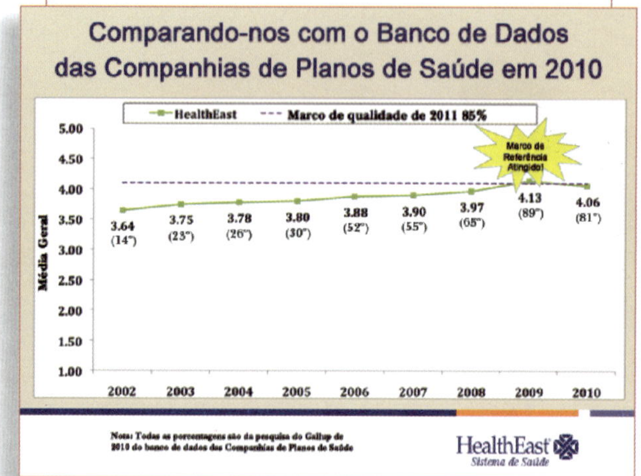

Este é um slide da seleção apresentada ao conselho em 2010 quando a organização se preparou para entrar em sua rodada de planejamento para a década seguinte.

4. **Eficiência & flexibilidade na comunicação:** "Uma imagem me permitiu explicar em cinco minutos ou uma hora, para qualquer público, o que era apropriado a eles."
5. **Pano de fundo em vídeo:** "Nós criamos um vídeo em que fiz o discurso da Jornada de Qualidade que estava em nossa Infonet para que todos vissem e comentassem."

Na condição de oficial de qualidade na HealthEast, Craig lidera um instituto de qualidade virtual, composto de líderes que têm responsabilidade com a qualidade. Depois da Reunião de Mapeamento, eles se conscientizaram de que a liderança estava alinhada nas quatro estratégias. Antes da reunião, quando a liderança estabeleceu a meta de qualidade de 2010, ele e Pam relataram que tiveram enorme dificuldade para decidir como mediriam o progresso. Depois da Reunião de Mapeamento, sabiam exatamente o que fazer. Eles precisavam medir a experiência do paciente, a experiência dos funcionários, a performance clínica e a eficiência operacional — as quatro estratégias principais da visão. E os resultados vieram (veja o quadro ao lado).

"Nós estamos olhando agora para os nossos próximos cinco anos com um novo CEO", Craig disse no outono de 2012, "e estamos usando os gráficos de Pam! Envolvemo-nos em uma conversa similar sobre como colocar nossa estratégia em forma de gráfico. Devido ao processo da Jornada de Qualidade, há muito mais vontade, e até avidez, para fazê-lo efetivamente."

Craig se descreve como um médico "muito analítico". Ele se surpreendeu com suas respostas pessoais aos gráficos. "Descobri que posso ser muito analítico com eles", ele disse. "Imagino se analistas fortes são melhores para aprender as maneiras de pensar de pessoas criativas do que o contrário?" Não há pesquisa sobre isso, mas Craig reflete o fato de que elementos visuais possuem um espectro completo de usos, do analítico ao muito impressionista.

HealthEast se Torna uma Cultura de Planejamento Visual

Como estrategista líder da HealthEast, Pam Hull não deixou de ser visual com a conclusão do processo da Jornada de Qualidade. Ela e suas colegas, Betsy Stites e Susan Nelson, se tornaram facilitadoras gráficas proficientes e especialistas no uso de modelos de planejamento visual. E foram além: licenciaram Os Guias Gráficos do The Grove para acesso completo pela organização em sua Infonet. Pam não apenas se tornou uma visualizadora convicta (apesar de que confessou que seus desenhos são bem básicos), como a organização inteira está trabalhando dessa maneira em seu planejamento. Aqui está o que ela relata:

- **Reuniões visuais:** "Eu não vou a nenhuma reunião com uma agenda vazia", diz Pam.
- **Mapeamento histórico:** O Hospital de Bethesda conduziu seu próprio Pôster de Qualidade, usando o Mapa da Jornada de Qualidade como modelo, e baseou todas as ideias nas especificidades de seu hospital.
- **Modelos gráficos:** Modelos gráficos são acessíveis a todos da Infonet e usados no planejamento. "Nós usamos todos eles", diz Pam. "Mas acho coisas como o (modelo) SPOT muito poderosas. É quase um diagnóstico."
- **Vídeo:** Craig não colocou apenas sua conversa sobre o Mapa de Qualidade na Infonet, mas Kathryn Correia, a nova CEO da HealthEast, faz uso regular de vídeos a cada duas semanas, que são postados para serem comentados. "Ela até se dirige ao cavalete e faz desenhos", diz Pam.
- **Mapas de processos:** A Equipe de Melhoria de Processos Empresariais da HealthEast usa os modelos gráficos, junto com os Guias de Líderes que os acompanham. Eles usam a Mandala e outros para articular estados futuros e análises LEAN (método de gestão baseado na redução de desperdícios).
- **Sessões de experiência do paciente:** "Pedimos aos pacientes que criem construções com blocos de Lego sobre suas experiências, e então as traduzimos em histórias de experiências de pacientes", diz Pam.
- **QI visual:** Craig e Pam reportaram transformações reais em seus pensamentos. Ambos falaram que sua experiência e a de outros melhoraram suas capacidades analíticas. Os gráficos colaboram com foco e são claros. Eles também permitem ver conexões.

PAM HULL — UMA LÍDER VISUAL DE SUCESSO

"Quando comecei essa jornada, era uma pessoa da linha de frente, enviando documentos sobre estratégia com 20 páginas para revisão e comentários", relata Pam Hull. "Eu consigo respostas lógicas. Agora, eles podem me chamar de 'moça do círculo'! Não consigo fazer nada sem gráficos."

Eis o que ela já ganhou:

- **Envolvimento:** "Temos 7 mil pessoas unidas ao redor de nossa visão e metas", diz.
- **Articulação estratégica:** Faz com que ela pensasse mais clara e sucintamente.
- **Sentido:** As pessoas compartilham o que está em seu coração, assim como em sua mente, quando reagem aos gráficos.
- **Memorabilidade:** As pessoas apontam para as imagens nas reuniões e sabem do que estão falando.

PRÁTICAS DE LIDERANÇA VISUAL DA HEALTHEAST

Abaixo estão algumas das melhores práticas da experiência da HealthEast para que você possa implementar em sua própria organização.

- ❑ **Estimular para a mudança:** Usar práticas de reunião visual para reunir uma massa crítica de lideranças ao redor da necessidade de mudar e construir a visão do que pode ser conseguido.
- ❑ **Criar um roteiro para a mudança:** Ter apenas a visão e os valores não é suficiente. Marcos e iniciativas específicos precisam ser definidos e articulados visualmente para que possam ser comunicados com eficiência e usados como referência regularmente.
- ❑ **Focar em vitórias iniciais:** Pedir para que grupos específicos façam seus próprios processos visuais e consigam resultados. A HealthEast fez o Pôster de Qualidade da Bethesda e o Processo de Melhoria Empresarial.
- ❑ **Garantir o comprometimento da liderança:** Certificar-se de que a alta administração dá suporte visível a quaisquer processos e novas ferramentas que você esteja usando caso elas sejam diferentes das práticas padrão.
- ❑ **Avaliar com visibilidade & comunicar o progresso:** Determinar indicadores de sucesso e comunicar o progresso visualmente.
- ❑ **Fornecer ferramentas visuais:** Deixar modelos e guias facilmente acessíveis para planejadores internos.
- ❑ **Usar mídias interativas:** A Infonet da HealthEast é uma parte fundamental do sistema de comunicação. Ela permite comentários em compartilhamento de vídeos e em documentos de planejamento visual.

PREPARANDO UM PLANO VISUAL

Pam Hull trabalha visualmente como uma prática regular agora, apoiada por modelos e sua própria vontade de envolver-se e desenhar.

De acordo com Pam e Craig, uma das razões pela qual a liderança visual conseguiu emplacar na HealthEast foi o apoio completo da liderança. Pam explica que as pessoas precisam ver o que é feito, experimentar os resultados *e* ver que o pessoal com autoridade aprova o novo modo de pensar. No caso da HealthEast, o fato de que Pam e Craig estavam visíveis — junto com os CEOs da Bethesda, os hospitais de tratamento intensivo, o chefe médico e o próprio CEO (e agora ela mesma) — deu confiança a todos para se envolverem.

Vamos olhar de maneira mais geral para esse problema de criar uma estrutura efetiva e suporte para a transformação.

A Metáfora da Crisálida

Dentro da comunidade de pessoas que pensam e escrevem sobre mudanças transformacionais, a metáfora da borboleta foi instrutiva como uma imagem de como as organizações podem alcançar mudanças transformadoras. Como você certamente sabe, as borboletas começam como lagartas — criaturas muito diferentes daquelas que as borboletas acabam se tornando, apesar de seus corpos possuírem certa similaridade. Essa transformação ocorre em um estágio no qual a lagarta tece uma pupa que endurece e vira uma crisálida, uma imagem que é mostrada aqui. De acordo com biólogos, as células da lagarta se soltam e entram em um estado disforme e pastoso. Nesse estado há células chamadas de células imaginais. Uma orientação biológica permite que essas células imaginais se encontrem, unam-se e acabem usando as velhas células da lagarta para se nutrirem.

A inferência dessa analogia é de que há um papel para uma estrutura firme e confiável, que pode manter as células juntas durante o estado pastoso. É somente dentro da estrutura confiável da pupa que isso pode acontecer. Em um processo de mudança, essa pupa é o plano, e a nitidez da "estrutura de firmamento" guiará a organização durante a mudança. Na mudança organizacional, a crisálida é uma imagem de possibilidade na imaginação de todos. Claro que há mudanças em sistemas físicos, pessoais e todos os tipos de outras coisas, mas a maior força por trás da mudança é a orientação e a aceitação de planos por parte de todos e a vontade compartilhada de explorar algo novo.

Depois de definir sua meta de qualidade para 2010, a liderança da HealthEast pensou que poderia tratar das coisas de maneira incremental, improvisando um ou outro processo de qualidade. Mas a organização não começou a mudar seriamente até que a Equipe da Jornada de Qualidade planejasse a grande Reunião de Mapeamento. Esse foi o processo que forneceu a crisálida para a mudança, com Betsy, Pam, Craig, Susan e outras pessoas reforçando suas fronteiras com clareza e persistência. Durante o diálogo e as narrativas, as pessoas que podiam imaginar a mudança começaram a se identificar, se aproximar e se conectar. Grande parte disso aconteceu durante as partes informais do processo — as refeições, os grupinhos e as sessões nas mesas.

Se você observar de perto alguns métodos de facilitação de grupos grandes bem-sucedidos, verá que todos eles buscam criar um ambiente seguro para a mudança. Alguns chamam isso de recipiente. Alguns podem usar a atual metáfora da crisálida. É a ideia de como o processo de mudança vai funcionar manifestado em um diagrama ou representação visual dos passos e estágios. Sem esses suportes visuais, é difícil imaginar o que vai acontecer. As pessoas se apertam e se seguram, esperando que chefes e outras pessoas apontem o caminho. Com entendimento compartilhado, todos podem começar a criar a nova organização de maneira dinâmica.

CÉLULAS IMAGINAIS

A metáfora da transformação celular da borboleta é apoiada por estudos científicos sobre o papel das células imaginais. A Wikipedia americana relata:

> Células imaginais ou discos imaginais são uma das partes da larva de insetos holometábolos que se tornarão uma porção do exterior do inseto adulto durante a transformação pupal. Contidos dentro do corpo da larva, há pares de discos que formarão, por exemplo, as asas ou pernas ou antenas ou outras estruturas adultas. O papel do disco imaginal no desenvolvimento dos insetos foi elucidado primeiro por Jan Swammerdam.
>
> Durante o estágio pupal, muitas estruturas larvais são destruídas, e estruturas adultas, incluindo os discos, sofrem um desenvolvimento rápido. Cada disco se contrai e se alonga, com a porção central do disco se tornando a parte distal de qualquer apêndice, asa, perna, antena, e assim por diante, que estiver se formando. Durante o estágio larval, as células no disco crescente parecem indiferenciadas, mas seu destino de desenvolvimento já está determinado.

É fascinante que os cientistas tenham escolhido esse nome. Como as células se encontram e se ligam para criar as formas, tem algo a ver com imagens. Um dos alunos de Arthur Young, Frank Barr, um médico, descobriu que as células gliais da membrana podem servir para a função de mapeamento, comunicando informações do mundo de fora.

O QUE IMPEDE A MUDANÇA QUE VOCÊ BUSCA FAZER?

Entre os dois processos de a lagarta fazer uma larva e a borboleta eclodir está o estágio oculto, confuso e pastoso, quando as células imaginais precisam se encontrar. Quais estruturas e processos fornecem essa segurança para os seus processos de mudança?

O Poder dos Princípios e das Regras Simples

Uma edição de setembro da *Harvard Business Review* (HBR) possuía inúmeros artigos sobre estratégia e como ela pode ser feita mais simplesmente do que a maioria das organizações faz. Os autores Donald Sull e Kathleen Eisenhardt, em seu artigo "Regras Simples para um Mundo Complexo", fizeram uma distinção entre planos baseados em capacidades compreendidas e trabalhar em mercados bem estáveis, e planos que naturalmente exigem flexibilidade e improviso. Nesse segundo tipo de situação, regras simples podem ser bem mais eficazes com estratégia do que um plano elaborado.

Em alguns aspectos, a lição da HealthEast e de outros projetos infográficos é que os processos de reunião visual podem ajudar efetivamente as organizações a ter entendimento sobre quais regras precisam observar. No caso da HealthEast, o Mapa da Jornada de Qualidade especificou vários comportamentos específicos que devem fazer parte de cada faixa estratégica. Na National Semiconductors, a Divisão Analógica decidiu fazer a mesma coisa e obteve um de seus mais bem-sucedidos processos. Quando Dee Hock formou a Visa, fez isso reunindo todos os pequenos bancos membros em um acordo de um conjunto de regras simples.

Enquanto você reflete sobre o espectro inteiro de modelos mentais com os quais pode pensar sobre a sua organização (páginas 58 e 59), esse padrão de flexibilidade e escolha será habilitado pela restrição que surge em certos lugares de uma forma ou de outra. A interdependência da liberdade e restrições é afirmada por pessoas que trabalham modelando comportamentos complexos. Em 1986, Craig Reynolds criou um programa de software para simular o voo de pássaros em um computador. Batizado de Boids, ele se tornou ícone para pessoas que se empolgavam sobre como padrões de ordem podem surgir de sistemas dinâmicos complexos. Imagine tentar programar um computador para antecipar todos os possíveis padrões de voo de pássaros e fazer algo parecido com uma revoada de pássaros. O desafio não é diferente de fazer milhares de pessoas em uma grande organização "revoarem" para um mercado ou produto similar e orientação de serviço. Mas Craig não tentou programar todo o pequeno Boids. Em vez disso, criou um ícone genérico de um pássaro batendo as asas e três regras simples que se tornaram a estrutura de constância que habilitou a flexibilidade (veja o quadro ao lado).

A compreensão fundamental que emerge dos estudos de como operar com sistemas vivos (isto é, células, plantas, animais e sistemas humanos) é que a ordem pode emergir da dinâmica global sem precisar ter instruções centrais. É também claro que esta necessita de uma certa estrutura. No caso Boids, são regras simples. No exemplo da estratégia HBR, são regras estabelecidas a partir de imersão profunda nos mercados, clientes e necessidades dos funcionários. No caso HealthEast, o gráfico baseado no Mapa da Jornada de Qualidade forneceu apenas orientação suficiente para "segurar" as muitas iniciativas individualmente inspiradas que se seguiram.

Se você obteve algum entendimento ao ler este livro, perceba como ele é útil para, por um lado, fornecer estruturas simples para que as pessoas possam trabalhar e, por outro lado, convidar ao engajamento, interação e contribuição enquanto você segue em frente. Quando se trata de pessoas pensando sobre organização e imaginando a mudança, imagens e estruturas que são visuais podem ser exploradas e utilizadas da forma como os designers utilizam diferentes conceitos. E quando se trata de implementar essas ideias, elementos visuais se tornam ações visíveis. As pessoas respondem a outras pessoas, e normas e exemplos de liderança são um guia poderoso. Ser um líder visual neste sentido vai bem além de murais, tablets e computadores. Você e seus colegas líderes são as boias e faróis que indicam a direção e destacam o que é "correto" para se focar. Em tempos tão dinâmicos e incertos como os nossos hoje em dia, sua vontade de surgir como um líder didático — alguém que pode ouvir e também direcionar, que pode explorar e questionar assim como declarar — é uma vantagem.

REGRAS SIMPLES PODEM SIMULAR A VIDA REAL

Boids, o famoso programa de software de Craig Reynolds, é uma simulação bem-sucedida no campo da "vida artificial". Ele funciona sob três regras.

1. **Separação:** Manobrar para evitar amontoados entre parceiros de revoada. Em outras palavras, "deixar um pouco de espaço."
2. **Alinhamento:** Manobrar diante da direção em comum dos parceiros de revoada presentes. "Igualar as velocidades."
3. **Coesão:** Manobrar para se mover diante da posição mediana (centro de massa) dos parceiros de revoada presentes. "Ir rumo ao centro do bando."

Você pode ver essa simulação no YouTube, no endereço www.youtube.com/watch?v=GUkjC-69vaw, ou então, apenas procure por "Boids".

As ferramentas visuais fornecem o importante complemento à nossa natureza narrativa fundamental e à nossa habilidade de contar, medir e calcular com números e máquinas. É a visualização que pode nos fornecer um sentido de completude, enquanto honra e até celebra os detalhes dos quais essa completude surge.

Mais de uma pessoa já se perguntou por que há um sol brilhante e vazio na capa deste livro. Ele não deveria estar preenchido com alguma coisa? Deveria, mas esperamos que isso seja sua imaginação e aspirações. Cada geração molda seu próprio senso do que é possível e necessário, e, então, trabalha para trazer mais outra transformação. Que essas ferramentas ajudem você a fazer exatamente isso!

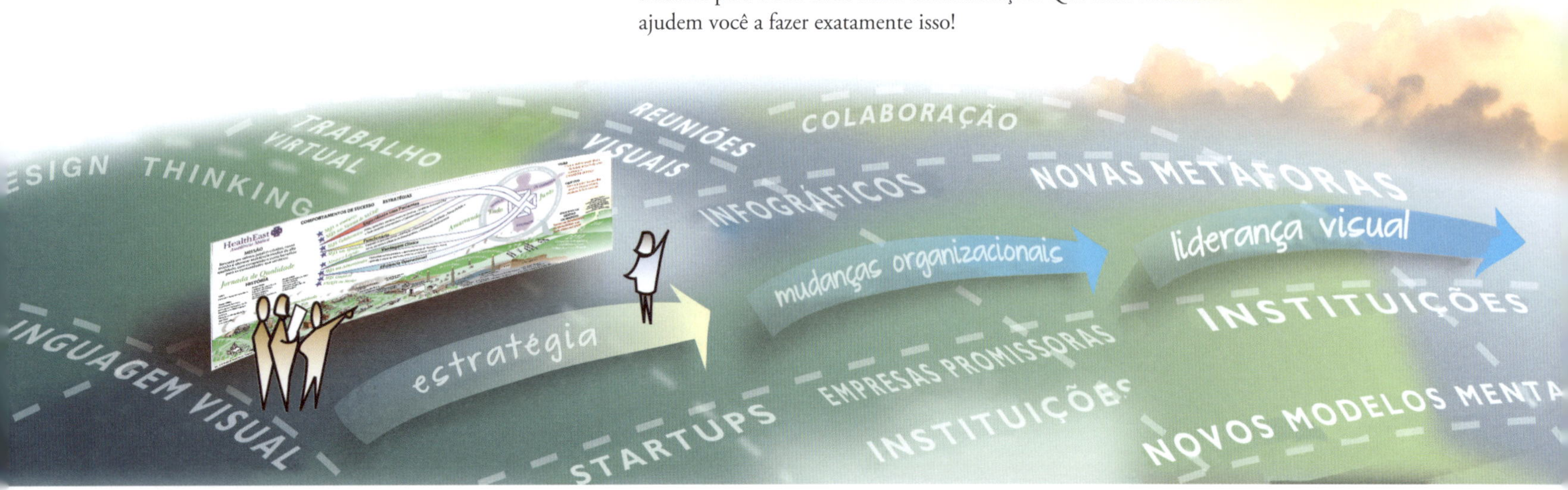

Parte Seis: Links, Livros & Outros Recursos

Parte Seis:
Links, Livros & Outros Recursos

18: Sites & Bibliografia Este capítulo fornece a você links para sites que têm conteúdos relevantes e para os autores que estão por trás das ideias deste livro. Cada um está anotado para dar a você uma noção de quais podem ser úteis.

Apêndice Esta curta inclusão fornece o histórico da Teoria do Processo de Arthur M. Young e onde o leitor pode encontrar mais informações sobre suas ideias.

Índice Fornece páginas de referência para nomes, ferramentas e conceitos-chave.

18. Sites & Bibliografia

Links

A literatura sobre liderança é extensa. Ao pensar sobre liderança visual, você, leitor, deve ter acesso a alguns dos padrões da área. A seguir estão também alguns links para sites que fornecerão acesso às ferramentas e o levarão a fundo em algumas das ideias deste livro sobre sistemas de pensamento, visualização e transformação organizacional. Todos os sites possuem conteúdo em inglês.

- ❑ **The Grove Consultants International:** The Grove é um grupo ou organização de serviços completos de desenvolvimento, e uma editora no Presídio de São Francisco. Ele oferece ferramentas para reuniões visuais desde 1977, quando foi formado. Oferece uma linha extensa de modelos de Guias Gráficos, Guia de Líderes e livros para visão pessoal, facilitação, performance de equipe e planejamento visual para qualquer pessoa que precise de processos em grupo eficazes baseados na visualização. The Grove patrocina regularmente o treinamento em Princípios de Facilitação Gráfica, Visão Estratégica e Performance em Equipe. Também possui todos os suprimentos para reuniões visuais. (www.grove.com; Facebook — The Grove Consultants International; Twitter — TheGroveConsult)

- ❑ **Academia Khan:** Líder em aprendizado online e fonte aberta de educação, a Academia tem mais de 3.300 aulas sobre tudo, de ciência a matemática e história. (www.khanacademy.org)

- ❑ **Arthur M. Young/Teoria do Processo:** Este link é para um site abrangente sobre o trabalho do inventor e cosmólogo Arthur M. Young, cujos livros sobre a Teoria do Processo e a natureza do pensamento foram seminais no trabalho do The Grove. (www.arthuryoung.com)

- ❑ **Business Model Generation:** Alexander Osterwalder e uma grande rede de colaboradores estão levando os modelos gráficos para a internet. Seu best-seller *Business Model Generation* mostra a você como combinar métodos de reuniões visuais com a análise de modelos de negócios. (www.businessmodelgeneration.com/)

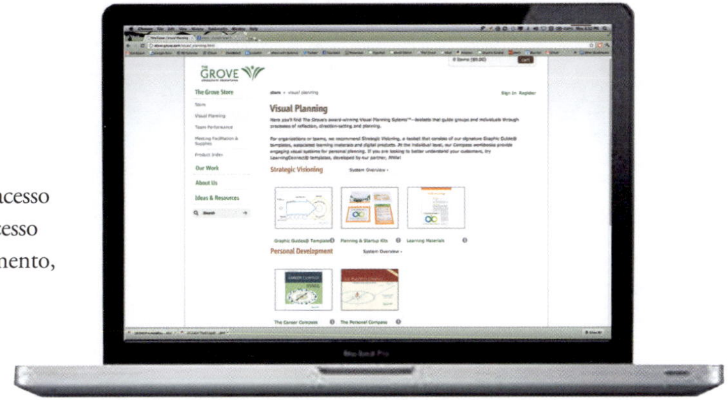

MAPAS COMPLEMENTARES DE *LÍDERES VISUAIS*

Se você quiser obter pôsteres em PDF grátis do Modelo de Organizações Sustentáveis, Sete Estruturas de Pensamento de Boulding ou o Modelo de Transformação Organizacional incluídos neste livro, visite www.grove.com/site/visual_leaders.html.

Você pode também encontrar uma ampla gama de ferramentas para praticantes visuais na loja do The Grove.

- **Centro de Assuntos Públicos Coro:** O Coro foi o berço do Grupo Gráfico. Fundado em 1948, é um dos pioneiros na educação de liderança baseada em experiências, com presença em sete cidades. O Coro treina alunos do ensino médio para se tornarem líderes profissionais. (www.coro.org)

- **Centro para a Liderança Criativa:** Fundado por acadêmicos, o Centro cresceu para oferecer uma das melhores seleções de ferramentas, avaliações e outros serviços de liderança. (www.ccl.org/leadership/index.aspx)

- **Centro para Facilitação Gráfica:** Peter e Diane Durand se tornaram um elo de informação sobre a revolução na prática visual. Eles estão ocupados treinando e ligando uma nova geração que eles chamam de escribas estrelas do rock. (http://graphicfacilitation.blogs.com/)

- **Círculo Heartland: The Convening Company:** O crescente Círculo de Pensamento de Líderes em Minnesota e na Califórnia está transformando abordagens para impulsionar a inteligência em grupo. (http://heartlandcircle.com/welcome.htm)

- **Cognitive Edge [Vanguarda Cognitiva]:** Para quem estiver interessado na ciência cognitiva vanguardista, a rede de David Snowdon levará a alguns dos melhores pensamentos no campo. É focado em auxiliar organizações com problemas e oportunidades verdadeiramente complexos. (www.cognitive-edge.com)

- **CoVision:** Pioneiras em suporte de decisão eletrônico, a CoVision fornece Conselho de software baseado na web para eventos como a Iniciativa Global Clinton, diálogos comunitários America Speaks e muitas inscrições organizacionais e planejamento de eventos. Ferramentas permitem o brainstorming eletrônico, seleção, agrupamento, classificação e comentários. (www.covision.com)

- **DavidSibbet.com:** Este é o meu blog, onde você encontrará posts sobre visualização, desenvolvimento organizacional, cognição, tecnologia, desenvolvimento pessoal e informação de design. (www.davidsibbet.com; Twitter — DavidSibbet)

- **Digital Roam, Inc.:** O livro de Dan Roam *The Back of the Napkin: Solving Problems & Selling Ideas with Pictures* trouxe a visualização simples para os negócios. Dan é um prolífico agente do pensamento visual.
  (www.danroam.com/)

- **Duarte:** Nancy Duarte e sua grande equipe de design são algumas das pessoas mais inovadoras em apresentação e comunicação no mercado. *slide:ology* é um livro de ponta sobre como fazer a apresentação funcionar se você usa slides.
  (www.duarte.com/)

- **Fórum Internacional de Praticantes Visuais:** Em 1995, um pequeno grupo de registradores gráficos fizeram uma conferência para compartilhar ideias e se apoiarem mutuamente. Essa organização cresceu e é hoje uma rede mundial de registradores gráficos, facilitadores e designers interessados em dar suporte a reuniões visuais. Seu site é cheio de exemplos.
  (www.ifvp.org)

- **Future Factor:** A ala de publicações da Strandgaard & Co., parceiras do The Grove na Dinamarca e Escandinávia, oferece modelos gráficos, materiais de reuniões visuais e links para os materiais de Performance em Equipe para a Escandinávia.
  (www.futurefactor.dk/en/)

- **Idea Connect:** Antigos parceiros do The Grove ramificaram seu próprio conjunto de ferramentas inspiradas no Grove para dar suporte ao aprendizado sobre clientes.
  (http://store.beideaconnect.com/)

- **Ideo:** Essa empresa de design tem sido uma líder na articulação do que é conhecido como "design thinking". Seus processos inovadores são exemplos excelentes de liderança visual.
  (www.ideo.com/)

- **Innovation Games:** Luke Hohmann é um pioneiro em usar a "gamification" para o planejamento e comunicações organizacionais. O The Grove's Cover Story Vision é um jogo em seu site.
  (http://innovationgames.com/)

- **Instituto pelo Futuro:** IFTF é um grupo independente sem fins lucrativos que trabalha com organizações de todos os tipos para tomar decisões mais informadas sobre o futuro. (www.iftf.org)
- **Interaction Associates:** Interaction Associates escreveu o livro sobre processos em grupo, facilitação e construção de culturas colaborativas. Seus cursos são de primeira. (www.interactionassociates.com)
- **Neuland:** The Grove fez parceria com Neuland para levar os modelos The Grove ao mercado alemão. Eles são executantes de todos os tipos de reuniões e equipamentos, incluindo grandes murais portáteis inspirados diretamente por praticantes visuais. (www.neuland.biz)
- **O Desafio da Liderança:** Jim Kouzes e Barry Posner criaram livros best-sellers, avaliações e aplicativos de liderança em torno de sua pesquisa. *O Desafio da Liderança* está em sua quinta edição e é um dos livros mais vendidos sobre liderança. (www.leadershipchallenge.com/home.aspx)
- **Pegasus Communications:** As conferências Pegasus atraem líderes, gerentes e consultores interessados no pensamento de sistemas aplicado. Seu site também possui um grande inventário de recursos disponível para membros. (www.pegasuscom.com/)
- **Rede de Desenvolvimento de Organização:** Essa organização tem raízes na teoria de sistemas vivos. Nos anos 1990, muitas escolas começaram a oferecer formações em desenvolvimento organizacional, e continuam a se relacionar por meio dessa associação. (www.odnetwork.org)

- **Sociedade de Aprendizado Organizacional:** A SoL (Society for Organizational Learning) foi formada em abril de 1997 para continuar o trabalho do Centro Organizacional de Aprendizado do MIT (1991–1997). Peter Senge, autor de *A Quinta Disciplina: A Arte e Prática da Organização que Aprende*, diz que o ato de visionar, os modelos mentais e os sistemas de pensamento são três das cinco disciplinas apontadas no livro.
(www.solonline.org)
- **TED:** Esta rede explora as interseções da tecnologia, entretenimento e design. Seu lema é "Ideias que Valem a Pena Espalhar". É um dos melhores exemplos de integrar conferências presenciais, vídeo e mídias online para comunicação.
(www.ted.com)
- **Timeless Earth Wisdom:** Firehawk Hulen e Pele Rouge são dedicados a levar a sabedoria Terra adiante nos nossos tempos. Firehawk é um cinegrafista talentoso e um ótimo exemplo do poder envolvente da imagem.
(www.timelessearthwisdom.com/)
- **Tony Buzan:** Inventor do Mapeamento Mental, Buzan é um autor e orador prolífico que fez mais do que qualquer outro para popularizar aplicações de pensamento visual fora do design.
(www.thinkbuzan.com/uk)

Bibliografia

Axelrod, Robert M. *A Evolução da Cooperação*. Brasil: Editora Leopardo, 2011. Um trabalho seminal que mudou a forma na qual especialistas viam a cooperação, baseado na análise do famoso jogo Prisoner's Dilemma.

Bachelard, Gaston. *A Poética do Espaço*. Brasil: Martins Fontes, 2008. Um dos livros mais populares desse francês famoso, escrito originalmente em 1958.

Bennis, Warren G. *Os Gênios da Organização: As Forças que Impulsionam a Criatividade das Equipes de Sucesso*. Brasil: Editora Campus, 1999. Apesar do mito da liderança heroica, os autores exploram inovações realizadas pelo esforço em grupo.

______ e Burt Nanus. *Líderes: Estratégias para Assumir a Verdadeira Liderança*. Brasil: Editora Harbra, 1988. É um relatório sobre as características compartilhadas de 90 líderes reconhecidos. Ainda é um clássico.

Bois, Sam. *The Art of Awareness*. 3ª Edição. Dubuque, IA: Wm. C. Brown Company, 1978. Um dos melhores livros didáticos que eu conheço sobre epistemologia e semânticas gerais — pensar sobre pensamento.

Boulding, Kenneth. *The Image: Knowledge in Life and Society*. Minneapolis: University of Minnesota, 1956. Este trabalho seminal moldou minhas percepções sobre modelos mentais e sua importância.

Bunker, Barbara, e Billie Alban. *The Handbook of Large Group Methods: Creating Systemic Change in Organizations and Communities*. São Francisco: Jossey-Bass, 2006. Fundadores da área reuniram as práticas dominantes.

Daniels, William. *Group Power I: A Manager's Guide to Using Task-Force Meetings*. Hoboken, Nova Jersey: John Wiley & Sons, edição revisada 1986. O guia mais prático e útil que você vai encontrar para a gestão de reuniões especiais.

______, *Group Power II: A Manager's Guide to Conducting Regular Meetings*. Pfieffer, 1990. Este livro inclui conselhos práticos sobre a gestão de todas as reuniões com as quais você regula sua organização.

Gladwell, Malcolm. *O Ponto da Virada: Como Pequenas Coisas Podem Fazer uma Grande Diferença*. Brasil: Sextante, 2009. Gladwell define três tipos de líderes de informação e como eles trabalham juntos para influenciar a mudança.

Hagel, John, John Seeley Brown e Lang Davison. *The Power of Pull: How Small Moves, Smartly Made, Can Set Big Things in Motion*. Nova York: Basic Books, 2010. Os autores trazem um caso sólido, bem pesquisado sobre como as pessoas usam conexões, conhecimento e recursos para solucionar problemas.

Horn, Robert. *Visual Language: Global Communication for the 21st Century*. Bainbridge Island, WA, 1998. Esta é uma história ampla sobre a emergência e aplicações do texto/gráfico e linguagem visual.

Jaworski, Joseph. *Sincronicidade: O Caminho Interior para a Liderança*. Brasil: Best Seller Ltda., 2005. Este é um dos melhores livros que examinam a liderança de uma perspectiva holística.

Johansen, Robert, David Sibbet, Suyzyn Benson, Alexia Martin, Robert Mittman e Paul Saffo. *Leading Business Teams: How Teams Can Use Technology and Group Process Tools to Enhance Performance.* Série sobre Desenvolvimento Organizacional Addison-Wesley, 1991. Este relatório do primeiro ano do IFTF/Projeto de Usuários de Software Colaborativo Grove ainda é muito relevante.

Kahane, Adam. *Poder & Amor: Teoria e Prática da Mudança Social.* São Paulo: Senac, 2010. Depois de *Como Resolver Problemas Complexos,* Kahane se aprofunda na necessidade de lidar com o poder, bem como com a confiança e a cooperação.

Kleiner, Art. *The Age of Heretics: A History of the Radical Thinkers Who Reinvented Corporate Management.* 2ª Edição. São Francisco: Jossey-Bass, 2008. O retratos informais de Kleiner focam em dissidentes corporativos, entre as décadas de 1950 e 1970.

Kouzes, James M., e Barry Z. Posner. *O Desafio da Liderança.* Brasil: Editora Caleidoscópio, 2009. A premissa básica do livro é que existem habilidades críticas identificáveis que qualquer um pode aprender para tornar-se um líder eficaz.

Kotter, John P. *Liderando Mudança.* Rio de Janeiro: Editora Campus, 1997. Kotter é seguido amplamente como um guia para o pensamento sobre liderança na mudança e foi útil na criação do Modelo de Transformação Organizacional.

______, e Holger Rathgeber. *Nosso Iceberg Está Derretendo: Mude e Seja Bem-sucedido em Condições Adversas.* Brasil: Best Seller, 2006. Este é um ótimo exemplo do uso de uma metáfora estendida para explicar o processo de mudança de Kotter.

Lakoff, George, e Mark Johnson. *Philosophy in the Flesh: The Embodied Mind and Its Challenge to Western Thought.* Nova York: Basic Books, 1999.

______, e Mark Johnson. *Metáforas da Vida Cotidiana.* Brasil: Mercado de Letras. Uma publicação de seu trabalho clássico de 1980 sobre metáforas com um novo posfácio.

______. *Mulheres, Fogo e Coisas Perigosas.* Chicago: University of Chicago Press, 1987. É uma elaboração da sua abordagem "experiencialista" do pensamento sobre cognição.

Mindell, Arnie. *Trabalhando com o Corpo Onírico.* São Paulo: Summus, 1990. Combina perspectivas das tradições junguiana e tibetana para sugerir maneiras de fazer um trabalho onírico.

Morgan, Gareth. *Imagens da Organização.* Brasil: Editora Atlas, 1996. Descreve como você pode liderar a mudança na organização ao usar a análise metafórica sistematicamente, isto é, organização como uma máquina, como organismo, como prisão ou como cérebro.

Pascale, Richard. *Administrando no Limite: Como as Empresas Mais Brilhantes Usam os Conflitos para Permanecer no Topo*. Brasil: Record, 1994. Uma construção perspicaz sobre o modelo Sete "S" de McKinsey, mostrando como as organizações suportam as tensões criativas em abordagens para estratégia, estrutura, sistemas, equipe, estilo, habilidades e metas superordenadas.

Sanders, Betsy. *Fabled Service: Ordinary Acts, Extraordinary Outcomes*. São Francisco: Jossey-Bass, 1997. Este livro detalha como a Nordstrom criou o lendário serviço ao consumidor.

Schein, Edgar. *Cultura Organizacional e Liderança*. Brasil: Editora Atlas, 2009. Schein é um dos principais líderes do pensamento no desenvolvimento organizacional e mudança de cultura.

Senge, Peter. *A Quinta Disciplina: Arte e Prática da Organização que Aprende*. Brasil: Best Seller Ltda, 2000. Identifica e descreve antecipadamente a organização do aprendizado e apresenta os sistemas de pensamento.

Sibbet, David. *Reuniões Visuais: Como Gráficos, Lembretes Autoadesivos e Mapeamento de Ideias Podem Transformar a Produtividade de um Grupo*. Rio de Janeiro: Alta Books, 2014. Este livro fornece uma base de entendimento para muitas das estratégias de visualização descritas em *Equipes Visuais*.

______. *Equipes Visuais: Ferramentas Gráficas para Comprometimento, Inovação & Alta Performance*. Rio de Janeiro: Alta Books, 2013. Descompacta o Modelo Drexler/Sibbet de Performance em Equipe e mostra como os líderes podem usar métodos de reuniões visuais através do arco completo de seu trabalho.

______, e Ed Claassen. *Team Leader Guide: Strategies and Practices for Achieving High Performance*. São Francisco: Grove Consultants International, 2003. Guia abrangente para gerentes de primeira linha, cobrindo estratégias de liderança, Modelo Drexler/Sibbet de Performance em Equipe, 80 melhores práticas ligadas ao modelo e 12 estratégias que mostram como coleções das melhores práticas podem levar a uma alta performance.

Tushman, Michael L., e Charles A. O'Reilly III. *Winning Through Innovation: A Pratical Guide to Leading Organizational Change and Renewal*. Boston: Harvard Business School Press, 1997. Introduz o modelo de alinhamento organizacional.

______, e Charles A. O'Reilly III. *Ambidextrous Organization: Resolving the Innovator's Dilemma*. Boston: Harvard Business School Press, 2009.

Young, Arthur M. *Reflexive Universe*. São Francisco: Delacourt Press, 1976. Anodos Foundation, 1999, Edição Revisada. Este é o trabalho seminal de Young sobre processos evolutivos e como a natureza reflete os princípios universais. Informa profundamente o Modelo de Organização Sustentável.

Apêndice

Arthur M. Young e a Teoria do Processo

Arthur M. Young graduou-se em matemática pela Princeton em 1927 e estudou relatividade e mecânica quântica com Oswald Veblen. No início dos anos 1930, Young dedicou-se a desenvolver uma teoria unificada sobre como os sistemas universais se relacionam uns com os outros; fez isso seguindo a tendência dos esforços gerais do início do século XX para descrever uma teoria de campo unificada, que integrasse as maiores descobertas da ciência. Nesse processo, passou boa parte das décadas de 1930 e 1940 concebendo e desenvolvendo o primeiro helicóptero comercialmente licenciado do mundo, o Bell 47.

Emergiu desse trabalho com Bell, e de sua pesquisa paralela, com a crença de que a unidade das coisas não pode ser encontrada no exame das formas e estruturas e das regras determinantes, mas apreciando a natureza do processo — as ações do fóton e as partículas fundamentais sobre as quais todo o resto é baseado. Young percebeu que todos os processos no universo exercem uma tensão criativa entre liberdade e limites, entre o potencial dos fótons de luz e as limitações de causa e efeito no nível molecular. Quando a matéria encontra as regras combinatórias no nível molecular, ela pode, então, voltar à liberdade, através das estruturas evoluídas de plantas, animais e humanos. Esse ciclo é representado, tridimensionalmente, pelo torus (uma superfície gerada pela rotação de um círculo sobre um eixo), e, bidimensionalmente, no arco do processo.

A Teoria do Processo apresenta um conjunto integrado de ferramentas para entender a evolução da vida e da consciência em muitos campos de estudo. Estudantes aplicaram a teoria com eficácia em tudo, desde a arte da cura até as relações internacionais. Young evoluiu sua teoria do processo ao trabalhar dedutivamente, a partir dos princípios básicos, e testando, sempre com base em fatos científicos e em teorias aceitas há pelo menos 30 anos. Foi capaz de mostrar que o processo da natureza é mais fundamental do que as estruturas que ele forma. Identificou sete fases distintas do processo, que se expressam através de sete reinos na natureza.

Na prática, as ideias de Young são claras e sensíveis, uma vez que você entende como trazer o papel do propósito de volta ao método científico. Os aspectos quádruplos da natureza e o padrão do arco de sete estágios, elementos-chave na teoria, aparecem não apenas na matemática, física quântica, química e biologia, mas também em filosofia e religião. Uma vez que Young escolheu expressar suas ideias filosóficas através da geometria (e de fórmulas de engenharia e da validação da filosofia e da mitologia), seu trabalho fornece uma base para o pensamento visual sobre organizações, que, no caso desse livro, referem-se ao padrão evolutivo que fundamenta as escolhas para sustentabilidade. Acesse www.arthuryoung.com (conteúdo em inglês) para mais informações. Em http://store.grove.com/product_details.html?productid=l, encontre uma imagem completa e o resumo da teoria.

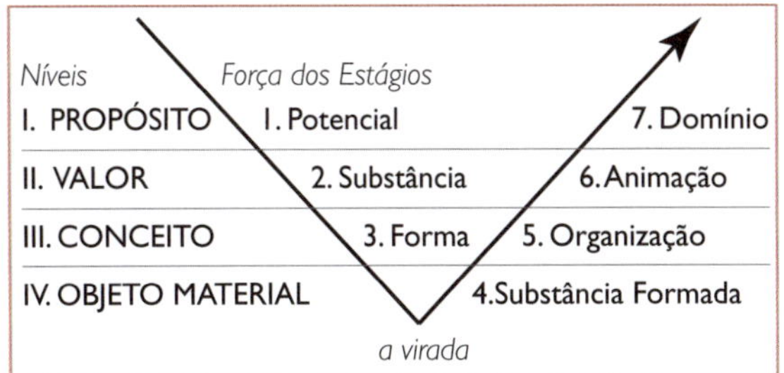

PRINCÍPIOS NO ARCO DO PROCESSO

- O universo é um processo colocado propositadamente em movimento.
- O desenvolvimento do processo ocorre em etapas — sete, no total.
- Cada estágio desenvolve um novo poder, retendo forças aprendidas em estágios anteriores.
- Poderes evoluem sequencialmente — como reinos e subetapas no mundo natural.
- Estágios iniciais têm limitações até a "virada"; estágios mais avançados recuperam a liberdade.
- Níveis de limitação são os mesmos em ambos os lados do arco.
- Estágios de processos alternam entre inovação e recapitulação.

O PADRÃO TORUS

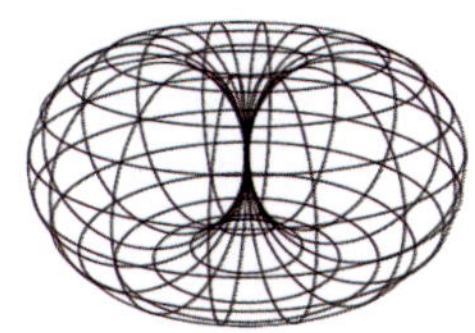

índice